JETZ GHERST DA KATZ!

Johann Rottmeir

JETZ GHERST DA KATZ!

Volk Verlag München

Die Deutsche Bibliothek verzeichnet diese Publikation in der Deutschen Nationalbibliografie; detaillierte bibliografische Daten sind im Internet über http://dnb.ddb.de abrufbar.

1. Auflage

Streitfeldstraße 19; 81673 München
Tel. 089 / 420 79 69 876; Fax: 089 / 420 79 69 86

Druck: Kösel Krugzell

ISBN 978-3-86222-224-7

www.volkverlag.de

Inhalt

Vorwort

Das Paradies. Hier hat die Geschichte der Menschheit begonnen. Wenn die biblische Erzählung stimmt, dann haben dort Adam und Eva eine wunderbare und sorgenfreie Zeit erlebt. Von der Schlange verführt und mit neuer, sich leider höchst unangenehm auswirkender Erkenntnis ausgestattet, mussten sie diese paradiesische Gegend, den Garten Eden, verlassen. Ihre Nachkommen fanden dann auf der Erde zunächst immer noch ein angenehmes Umfeld mit subtropischem Klima vor. Sie konnten sich von den Früchten ernähren, die ihnen die Natur in reichem Maße bot. Sie kannten weder unfruchtbare Wüsten noch die klirrende Kälte des Winters.

Nach der Vorgabe Gottes „Wachset und mehret euch!" nahm ihre Zahl zu, und sie begannen, sich auf der Erde auszubreiten. Die ersten Migrationsbewegungen führten sie auch in Gegenden, die nicht mehr so fruchtbar waren, auch die klimatischen Änderungen und Temperaturschwankungen von der Gluthitze des Sommers bis zur klirrenden Kälte des Winters machten ihnen zunehmend zu schaffen. Und so zogen sie weiter – immer in der Hoffnung, wieder irgendwo auf der Welt paradiesische Zustände zu finden.

Besonders großes Glück hatte bei der Auswahl seines neuen Siedlungsgebiets der Volksstamm der Bajuwaren. Wenngleich man nicht so genau weiß, aus welchen ursprünglichen Stämmen er sich entwickelt und welchen Weg er in der vorgeschichtlichen Zeit genommen hat, so kann man doch feststellen: Die Gegend, in die er eingewandert war und der er seinen Namen vermacht hat, nämlich Bayern, gilt heute als die Vorstufe zum Paradies – und das gleich in zweierlei Hinsicht: Als beste Reproduktion des verlorenen Garten Edens und dazu auch als irdischer Zwilling des transzendenten Orts, an dem sich die menschlichen Seelen zum Ewigen Leben einfinden werden, wenn sie das Diesseits verlassen haben – spätestens nach einer mehr oder weniger langen Übergangs- und Läuterungszeit im Fegefeuer. Mit dem perfekten Anschauungsobjekt – Bayern – vor Augen, war es für den hiesigen Schriftsteller Franz von Kobell ein Leichtes, in seinem „Brandner Kasper" sehr plastisch, am bayerischen Leben und an der bayerischen Volkskultur orientiert, eine höchst überzeugende Version des Paradieses zu präsentieren. Selbstverständlich spielt eine Blaskapelle, man trinkt Bier aus Maßkrügen, man tanzt und feiert den ganzen Tag, und das mit allen Menschen, die man im diesseitigen Leben kannte und gerne mochte.

Abgesehen davon, dass es in Bayern im Winter nach wie vor sehr frostige Temperaturen gibt, kommt heute tatsächlich die bayerische Natur dem Paradies sehr nahe – wobei hier das Paradies als Garten Eden und Kobells bayerischer Himmel fließend ineinander übergehen: die fruchtbaren Böden, die kräftig grünen Wiesen und Wälder, die vielen Flüsse und klaren Seen, die wunderschönen Landschaften mit den Bergen der Alpen, des Bayerischen Walds, der Fränkischen Alb und alles überspannt vom weiß-blauen Himmel, der seinen Niederschlag auch in der bayerischen Fahne und den Landesfarben gefunden hat. So stellen wir uns fast jede Art von Paradies vor.

Und selbst der Winter ist kein Problem mehr. Ganz im Gegenteil. Gegen die Unbill des Wetters gibt es schützende Mauern und wärmende Funktionsbekleidung, und mit dem Schnee in den Bergen lockt der Bayer die ganze Welt zum Skifahren an und sorgt dadurch auch im früher so gefürchteten Winter dafür, dass die Euros in die bayerischen Kassen rollen. Aber nicht nur wegen der schönen Winterlandschaft kommen die Fremden von nah und fern in das bayerische Paradies. Nein, auch die bayerische Kultur, Tradition und das Brauchtum wirken wie ein Magnet auf die ganze Welt.

Nicht zuletzt ist es die bairische Sprache, als zentraler Teil der bayerischen Kultur, die diesen Landstrich so interessant macht. Der göttliche Ursprung unserer himmlisch anzuhörenden Mundart lässt sich sogar durch folgende Anekdote fast lupenrein belegen:

Als Gott nach der Erschaffung der Welt die Sprachen und Dialekte verteilte, saßen alle gemütlich beisammen und diskutierten über die Schönheit der ihnen zugeteilten Sprachen. Alle waren mit der Auswahl zufrieden, jeder fand den ihm zugedachten Dialekt als den schönsten. Nur der Bayer ließ seine Lätschn hängen und man konnte an seiner verdrießlichen Miene unschwer ablesen, dass er höchst unzufrieden war. Zufällig kam der Herrgott vorbei, sah den missgelaunten Bayer und fragte ihn: „Warum schaugst denn drei wià-r-à Lätschnbene?“ Da klagte der Bayer sein Leid: Er sei übersehen worden, er habe als einziger keinen Dialekt bekommen. Daraufhin tröstete ihn der Herrgott: „ Ach geh, desweng brauchst doch net so zwider schaung. Dann redst einfach so wià-r-i!"

Und hier schließt sich der Kreis: Der Volksstamm, der Gottes Sprache spricht, der sein Plätzchen im irdischen Paradies hat, kann darauf bauen, auch im Jenseits paradiesische Zustände zu genießen. Nicht umsonst wird dem früheren bayerischen Ministerpräsidenten Franz-Josef Strauß nachgesagt, dass sein Platz im Himmel sehr nahe beim Herrgott sei. Manchmal sollen sich die beiden sogar darum streiten, wer jetzt eigentlich der Erste und wer der Zweite im Himmel ist. Und auch der Bayer selbst weiß ganz genau, was er an seinem Dialekt hat, wenn er sagt: „Hochdeitsch kànnte scho àà, aber då verstäh i mi oft soiwà nimmer." (Hochdeutsch könnte ich schon auch, aber da verstehe ich mich oft selbst nicht mehr.)

Obwohl es sich also bei unserer schönen bairischen Mundart um eine göttliche Sprache handelt, bewahrt sie das himmlische Patronat nicht vor Gefahr. Weil die Menschen auf der ganzen Welt erkannt haben, dass Bayern die Vorstufe zum Paradies ist, strömen nicht nur Preußen und andere Flachlandtiroler zu uns, neuerdings machen sich auch viele Menschen aus aller Herren Länder, die gerne in paradiesischen Verhältnissen leben möchten, auf die Reise. Sie bringen ihre eigene Sprache mit und lernen mehr oder weniger gut die schriftdeutsche Sprache, aber nur äußerst selten Bairisch. Und je größer die Zahl der Anderssprachigen, desto mehr gerät der bairische Dialekt ins Hintertreffen.

Wir Bayern aber lieben unsere Mundart. Wir pflegen sie durch täglichen Gebrauch – weil sie schön ist und weil der Dialekt für uns auch ein Stück Heimat ist. Eine Heimat, in der wir uns wohlfühlen. Weil sie für uns das Paradies ist. Die Bestätigung für diese Liebe liefern die zahlreichen bairischen Sprüche und Redewendungen, die dieses Buch enthält.

Das Bairische kann feinsinnig und hintersinnig, es kann aber auch derb und grob sein. Der Literat Josef Hofmiller – natürlich auch ein Bayer – schrieb, die bairische Sprache sei „geistreich, witzig, originell, sprachschöpferisch und fein – fein sogar noch in seiner humoristischen Derbheit".

Herbert Schneider hat dazu gemeint:

„Bairisch ist fein", hat da Josef Hofmiller gsagt –
er hat wahrscheinle an Huaba Lucki net kennt.
„Bairisch is gschert", hat d Frau Neureich gmoant.
Sie wiederum kennt an Hofmiller net.

Sollten Sie, liebe Leserin und lieber Leser, manche der in diesem Buch enthaltenen Redewendungen nicht so „fein" finden, kann das an der „humoristischen Derbheit" liegen, die manchmal nicht auf den ersten Blick zu erkennen ist. Ursache kann aber auch die frühere Nähe des bayerischen Stammes zur Natur und der damit verbundenen urigen Lebensart sein. Was man heute als derb empfindet, war früher einfach üblich, niemand hat sich daran gestört. Die authentische Wiedergabe des Bairischen darf deshalb zwangsläufig auch die etwas gröberen Formulierungen nicht aussparen.

Das vorliegende Buch knüpft an meine erste Sammlung bairischer Sinnsprüche, Redensarten und Lebensweisheiten an, die den Titel „A Hund bist fei scho" trägt. Auch wenn sich Hund und Katz nur selten vertragen, so gehören doch dieses erste Buch und der nun vorliegende Folgeband zusammen. Während der „Hund" vorwiegend Redewendungen enthielt, die ich von meinen Eltern und aus meiner Jugendzeit kannte, also aus den Landkreisen Freising und Dachau, habe ich mit dem zweiten Band das Einzugsgebiet der Redewendungen auf ganz Altbayern erweitert. Nach wie vor datieren die Sprüche auf die frühere, bäuerlich geprägte Zeit, waren vor hundert Jahren noch in aller Munde und sind zum Glück auch heute noch nicht ganz vergessen. Zum Teil wiederum stammen die Redewendungen aus meinen Erinnerungen und aus dem hilfreichen Gedächtnis meines Bekanntenkreises, zum Teil aus einschlägigen Werken der altbayerischen Literaten, unter anderem auch von den „Päpsten" des bairischen Dialekts Johann Andreas Schmeller und Dr. Ludwig Zehetner.

Besonders erwähnen und danken möchte ich an dieser Stelle Herrn Karl Baum aus Schrobenhausen für sein Buch „Aus Äbfe Amen". Er hat darin „oafache kurze Sprüch, Redensarten und kloane Weisheiten aus Oidbaiern" zusammengetragen, die zum Teil auch meine Eltern benutzten oder aber von der Diktion her deren Sprache so nahe kommen, dass diese Redewendungen auch von ihnen stammen könnten. Danken möchte ich ganz besonders auch meiner Lektorin, Frau Martina Dolhaniuk vom Volk Verlag, die sich nach meinem ersten Sprüchebuch und der anschließend unter dem Titel „Bazi, Blunzn, Breznsoizer" herausgegebenen Sammlung spezieller bairischer Wörter nun auch für dieses Buch tief in den bairischen Dialekt eingearbeitet und maßgeblich zum Gelingen meiner Bücher beigetragen hat.

Ihnen, liebe Leserin und lieber Leser, wünsche ich auch bei diesem Buch wieder viele „Aha-Erlebnisse" beim Wiederentdecken Ihnen bekannter, aber schon fast vergessener Redewendungen und viel Spaß beim Schmökern durch „Jetz gherst da Katz".

Johann Rottmeir

Erläuterungen

Darstellungsform der Sprüche und Redewendungen

Der jeweilige Spruch bzw. die Redewendung präsentiert sich fett gedruckt im bairischen Dialekt, gefolgt von einer wörtlichen „Übersetzung" ins Schriftdeutsche. In den weiteren Zeilen schließt sich die inhaltliche Umsetzung ins Hochdeutsche samt allen nötigen, interessanten oder einfach unterhaltsamen Erläuterungen zum Spruch an.

Dehnungen

Lang, also gedehnt gesprochene Vokale oder Umlaute werden durch Doppelung des entsprechenden Vokals gekennzeichnet: „schee" (schön), „Sååg" (Sack).

Betonungen

Sofern es notwendig erscheint, den betonten Vokal zu kennzeichnen, wird dem durch Unterstreichen Rechnung getragen.

Herkunft der Sprüche und Redewendungen

Die Herkunft der einzelnen Sprüche und Redewendungen lässt sich meist schon aus ihrem Wortlaut ablesen und erschließen, allerdings führt diese Herangehensweise nicht immer zum Erfolg. Steckt hinter dem Ursprung eines Spruchs mehr als dieser erahnen lässt, sind ihm nach Möglichkeit eindeutige etymologische oder zumindest historische Erklärungen seiner Herkunft beigegeben. Hin und wieder bleibt aber auch diese „Ursachenforschung" ergebnislos, man trifft auf zu viele unterschiedliche Meinungen und muss im Zweifel zum Schluss kommen: „Nix Gwiss woàß mà net!" (Nichts Gewisses weiß man nicht!) Sollte die Frage der Herkunft nicht mit Sicherheit beantwortet werden können, überlassen wir sie also dem wissenschaftlichen Streitgespräch der Fachleute.

Bairisch ist eine Sprache, keine Schreibe

Das heißt, dass es für das Bairische keine einheitliche Schreibweise, geschweige denn eine empfohlene oder verbindliche Rechtschreibung gibt. Sprüche und Redewendungen folgen in diesem Buch daher grundsätzlich dem mündlichen Dialekt, also der bairischen Sprech-Sprache.

Jeder Ausdruck wurde so niedergeschrieben wie er ausgesprochen wird. Auf eine Darstellung nach den Zeichen und Regeln der Lautschrift wurde dennoch verzichtet. Dies wäre dem genussvollen Lesen nicht zuträglich. Und es ist auch gar nicht notwendig: Um den Besonderheiten des gesprochenen Bairisch gewissenhaft Rechnung zu tragen, sind nur einige wenige Ergänzungen gegenüber dem Schriftdeutschen bzw. der heute weit verbreiteten, einen Tick zu simplen Schreibweise des bairischen Dialekts erforderlich. Berücksichtigt man diese Besonderheiten, so kann man die Sprüche und Redewendungen mit ein bisschen Übung – und eventuell der lautmalerischen Hilfe eines des bairischen Dialekts Mächtigen – so ablesen, wie sie der Bayer spricht.

Im Einzelnen geht es dabei um folgende Spezialitäten:

Die verschiedenen Ausformungen von „a“ und „e“

In Bayern bekommen die Vokale „a“ und „e“ von den Sprechern des Dialekts gern einen ganz besonderen Klang verpasst. Die verschiedenen Formen, die das gesprochene „a“ annehmen kann, schlagen sich im geschriebenen Text dieses Buchs auf folgende drei Arten nieder:

a = volles, offenes „a“

à = helles, breites „a“

Wie bei „kàffà“ (kaufen), „Bààm“ (Baum) oder – im Hochdeutschen – „Àktion“ oder „ovàl“.

å = dunkles, tief im Rachen angesetztes „a“

Ein Laut zwischen „a“ und „o“. In der Regel ist das „å“ ein lang gesprochener Laut, wie bei „båån“ (baden) oder „fåhn“ (fahren), ohne dass dies zwingend extra durch die Doppelung des Vokals angezeigt wird. Im Hochdeutschen gibt es diese Form („å“) nicht, allenfalls eine ähnlich klingende Variante des „o“, wie z. B. in „Ordnung“, „Orgel“ oder „Ort“.

Auch vom Buchstaben „e“ gibt es im Bairischen eine hell gesprochene Version:

è = helles, breites „e“

Wie bei „drèpfèn“ (tröpfeln).

Im Gegensatz zu den deutlich unterschiedlichen Formen des „a“ ist hier die Kennzeichnung nicht zwingend geboten, der Unterschied zwischen „e“ und „è“ ist nur gering. Sie erleichtert zwar grundsätzlich die

Aussprache des jeweiligen bairischen Spruchs, sollte den Dialektunkundigen, der den Unterschied wahrscheinlich kaum hören wird, aber nicht irritieren.

Alle übrigen Vokale wie Konsonanten lassen sich mit den Buchstaben des hochdeutschen Alphabets problemlos darstellen. Oder anders ausgedrückt: Das bairische Alphabet umfasst zwei Buchstaben (Vokale) mehr als das hochdeutsche.

Besonderheiten bei „i" und „e"

Der Sprecher des Bairischen ist kein Anhänger der Konsonantenfolge bzw. der Lautfolge „ch". Liest man bairische Texte, so wird ein „ich" schnell zum „i" verkürzt, ein „dich" zum „di" – siehe „Zupf di!" (Verzieh dich!) – und aus dem „Rettich" wird ein „Radi".

Wie diese Beispiele zeigen, wird das „i", auf das die übriggebliebene letzte Silbe endet, vorerst im Dialekt beibehalten. Nun tut sich der Bayer allerdings auch wesentlich leichter beim Aussprechen des lockeren, entspannt im Mund gebildeten „e" als beim hohen, eher gepressten „i". Nach Möglichkeit wird also das ursprüngliche oder durch eine Kürzung des hochdeutschen Worts zustande gekommene „i" zum angenehmeren „e" umgeformt – Fachleuchte bezeichnen das als Öffnung des Vokalwerts, d.h. der Mund ist beim Sprechen des „e" etwas weiter geöffnet als beim Laut „i".

Für die obigen Beispiele „ich" und „dich" kann man festhalten: Nur wenn das bairische „i" bzw. „di" am Anfang eines Satzes steht oder extra betont wird, bleibt es beim „i". Ansonsten wird ein „e" daraus.

Konkret sieht das dann folgendermaßen aus:
„Di håt d' Sunnà gscheit dàwischt." (Dich hat die Sonne stark erwischt – mit Betonung des Angesprochenen: „Di"/„Dich" steht am Anfang des Satzes.)
„D' Sunnà håt de gscheit dàwischt." (Die Sonne hat dich stark erwischt.)
Oder:
„I mächt dàvolàffà." (Ich möchte davonlaufen – der Sprecher betont, dass es genau er ist, der sich bald seinem Ärger Luft machen muss.)
„Dàvolàffà mächt e." (Davonlaufen möchte ich.)

Bindelaute und Assimilierungen

Stoßen bei zwei aufeinander folgenden Wörtern an Ende und Anfang zwei Vokale aufeinander, dann geht dies dem Sprecher meist nicht leicht von der Zunge: Die Häufung der Vokale stört. Deshalb wird im Bairischen dem Sprachfluss zuliebe häufig ein Konsonant als Bindelaut dazwischen geschoben:

„Der frisst wià-r-à Drescher." (Der frisst wie ein Drescher.)

Oder:

„à-n oids Wei" (eine alte Frau)

Auch zwei aneinander stoßende Konsonanten, die als Lautfolge nicht so recht miteinander harmonieren wollen, können zur Erleichterung der Aussprache angepasst werden:

„Die Farbe", auf bairisch auch eigentlich „d' Farb", wird zu: „b' Farb".

Das kann manchmal dazu führen, dass der Artikel zumindest textlich ganz verloren geht:

„Die Klupperl", bairisch „d' Kluppal", wird zu: „'Kluppàl".

Weitere Wortkürzungen, auf die meistens Assimilierungen folgen, gibt es bei den Endsilben „-ben", „-den" und „-gen". Im Interesse der größtmöglichen Nähe zum bairischen Dialekt werden auch diese Wörter so geschrieben, wie man sie ausspricht, z. B.:

bleiben – „bleim"

werden – „wern"

wiegen – „wiàng"

Augen – „Aung"

Abschließend kann man hierzu sagen: Die Vereinfachung der Aussprache ist im Bairischen bei so manchem Wort der Grund für eine Veränderung der ursprünglichen Buchstabenfolge – so wird z. B. aus einem „zum" regelmäßig ein leichter von der Zunge springendes „zon".

Der Diphthong „oi"

Im Bairischen ist der Diphthong „oi" ein häufiger Gast, wie z. B. in „Hoiz" (Holz), „oid" (alt), in „àmoi" (einmal), „Goid" (Geld) oder in „Kapoin" (Kapelle). Die Beispiele zeigen aber auch, dass diesem Laut sehr unterschiedliche Silben des Schriftdeutschen entsprechen. Noch komplizierter wird die Sache dadurch, dass man den Diphthong je nach Region auch im Bairischen unterschiedlich ausspricht, z. B. als „oë" beim „Hoëz",

„eu" bei der „Kapeun" oder als „öi" beim „Göid" – so bezeichneten meine im Landkreis Freising aufgewachsenen Eltern das Geld. Nur zehn Kilometer weiter südlich, im Landkreis Dachau, sagt man dazu „Geíd" („e" und „i" werden getrennt gesprochen), während es weitere sechs Kilometer weiter südlich in meinem Wohnort Weichs „Geud" heißt.

In „A Hund bist fei scho" habe ich mich dabei an der Sprechweise meiner Eltern orientiert, die in der Regel dem „öi" den Vorzug gegeben hatten. In diesem Buch, dessen Einzugsgebiet das gesamte Altbayern umfasst, habe ich mich dafür entschieden, im Interesse der besseren Lesbarkeit einheitlich die „oi"-Variante zu verwenden.

Genitiv, Dativ oder Akkusativ

Im Bairischen kommt der Genitiv so gut wie gar nicht vor, auch der Dativ genießt keine Zuneigung und wird oft durch den Akkusativ ersetzt. Bei den Sprüchen und Redewendungen heißt es also häufig „den" statt „dem" usw. Interessanterweise gibt es aber auch den umgekehrten Fall: Der (richtige) Akkusativ wird durch den (an sich falschen) Dativ ersetzt. Der grammatikalischen Korrektheit wird bei der „Übersetzung" ins Schriftdeutsche natürlich wieder mit dem passenden Kasus Rechnung getragen.

Doppelte Verneinung

Die Doppelte Verneinung ist im Bairischen keine klassische rhetorische Stilfigur. Mit einer Litotes, der doppelten Verneinung, mit der eine Sache vorsichtig bejaht werden soll („Die haben hier nicht das schlechteste Essen"), hat man als Sprecher des in der Regel sehr direkten Bairisch nicht viel am Hut. Typisch für den bairischen Dialekt, soll vielmehr durch die Doppelung das eigentliche „Nein" verstärkt werden:
„Då mach mà heit koà Gschäft net." (Wörtlich: Da machen wir heute kein Geschäft nicht.)
Gemeint ist, dass heute die Chancen für einen Handel aufgrund zu schlechter Konditionen des Handelspartners überhaupt nicht gut stehen, also in korrekter „Übersetzung": Da machen wir heute kein Geschäft.

In besonderen Fällen verwendet der Bayer zur Verstärkung der Aussage auch eine dreifache Verneinung, ja sogar eine vierfache Verneinung ist denkbar:

„Bei uns håt no nià koàner koàn Durscht net lein miàssn." (Wörtlich: Bei uns hat noch nie keiner keinen Durst nicht leiden müssen.) Gemeint ist: Bei uns musste noch nie jemand Durst leiden.

Umrahmung durch doppeltes „à"

Der unbestimmte Artikel „ein" bzw. „eine" dient im bayerischen Dialekt als doppeltes „à" der Verstärkung eines Worts. Der so betonte Begriff wird dabei von den beiden „à" eingerahmt, z. B.:
„à ganz à Schlauer" (ein besonders Schlauer)
„à so à gscherter Hund" (so ein unfairer Mensch)
„à bissl à Goid" (ein bisschen, also nur wenig Geld)

„Fei"

In den Sprüchen wird man gelegentlich auf das Wort „fei" stoßen. Diese Spezialität der bairischen Sprache wurde von den Bayern im Jahr 2004 sogar zum Lieblingswort gewählt, auch wenn die Herkunft von „fei" nicht ganz geklärt ist. Die aussichtsreichsten Kandidaten für den Ursprung der kurzen Buchstabenfolge sind das lateinische „finis" (Ende, Grenze), das französische „fin" (Ende) und nicht zu vergessen auch das deutsche „fein".

Die Möglichkeiten, „fei" in einen Satz einfließen zu lassen, sind mannigfaltig und dabei kommen dem kleinen Wörtchen die unterschiedlichsten Bedeutungen zu: Je nachdem kann es als reine Verstärkung einer Aussage daherkommen, als Hinweis, Bitte, Betonung, Drohung, Verbot, Respektsbekundung … – der Bayer bringt all das ökonomisch mit nur einer Silbe zum Ausdruck. Im Hochdeutschen hat man es weniger leicht, hier muss man auf die vielen vergleichsweise umständlichen Varianten von „fei" zurückgreifen, z. B.: „damit du es ja weißt", „auf jeden/keinen Fall", „wirklich", „sicher", „aber", „ja".

DES DÀBEICHST
DU NET,
SO VUI SINDN
DRUCKÀ DI.

LIÀWÀ-R-ÀN DEIFE
OIS WIÀ-R-À BÄS' WEI.

Der Herrgod und der Deife

Der Herrgott und der Teufel

Dass der Herrgott und die Bayern die gleiche Sprache sprechen, ist ja bereits kein Geheimnis mehr, ebenso wie der Status des schönen Bayernlands als Vorstufe zum Paradies. Und wie damals im Garten Eden, so hat der Herrgott in der gesamten Geschichte des Stammes der Bajuwaren eine wichtige Rolle gespielt – als gütiger Himmelsvater, der immer einen besonderen Blick auf dem Wohlergehen des bayerischen Völkchens hat; auch der Verzehr von Äpfeln ist ihm in den hiesigen Breitengraden kein Dorn im Auge mehr.

Kein Wunder also, dass der Herrgott im bairischen Dialekt in vielen Sprüchen seinen Auftritt hat und mittels zahlreicher Wendungen in den Alltag der gläubigen Bayern miteinbezogen wurde und wird. Man nennt ihn z. B. bei der Begrüßung („Griàß God") und verabschiedet sich mit dem Wunsch, er möge den Scheidenden behüten („Pfià God"). Beim Niesen soll der liebe Gott dem in der Nase Gekitzelten gegen eine eventuell nahende Erkältung – ursprünglich im Mittelalter gegen die Pest – beistehen („Hoif dà God" – Helf dir Gott) und auch bei Alltagsfloskeln wie „In Godsnam" (In Gottes Namen), „Um Godswuin" (Um Gottes Willen) oder „Woàß God wo" (Weiß Gott wo) vertraut man auf den guten Einfluss von oben. Die Beziehung der Bayern zu ihrem Herrgott war einfach immer schon eine besondere und vor allem enge.

Seit der Vertreibung aus dem Paradies muss sich die Menschheit aber auch mit dem Gegenspieler Gottes, dem „Deife" (Teufel), auseinandersetzen. Der ist nämlich die Ursache allen Übels auf der Welt, und nur wer ihn in Schach halten kann, darf auch auf paradiesische Zustände im Jenseits hoffen. Der direkte Draht zum Himmlischen wird da auch im gesegneten Freistaat oft auf eine harte Probe gestellt.

Hier im ersten Kapitel geht es um unseren Herrgott, um seinen höllischen Counterpart und den Einfluss, den sie auf die meist allzu leicht in Versuchung geführten Erdbewohner haben. Zu welchem der beiden großen Blöcke – selige Helfer oder teuflische Verführer – das Bodenpersonal Gottes gehört, war früher eindeutig, zählte doch der örtliche Pfarrer zu den obersten Autoritäten im Dorf. Unsere aufgeklärte Zeit hat daran allerdings einige Zweifel aufkommen lassen und an den einst unerschütterlichen Grundfesten der teils nicht so heiligen Mutter Kirche gerüttelt. Selbst der ein oder andere hohe kirchliche

Würdenträger musste zugeben, dass er dem Höllenfürsten nicht ganz entkommen ist. Angesichts dessen ist es mehr als berechtigt, wenn ein Pfarrer über das letzte Pfarrfest in seiner Gemeinde berichtete: „Es war wie im Himmel. Mancher, den wir erwartet hatten, glänzte durch Abwesenheit." Diese Entwicklung hat allerdings bisher noch kaum Eingang in die bairischen Sprüche gefunden.

Der Herrgott und der bayerische Volksglauben

Die ersten Sprüche gebühren – typisch für die in Bayern tief verankerte Gläubigkeit – dem Allerhöchsten, unserem Herrgott. Dazu gehört natürlich unsere gesamte christliche Religion, die Institution Kirche, das Gebet, die Wallfahrt und das überall zu findende Kreuz, dem früher wie meist auch noch heute in jeder Bauernstube ein Herrgottswinkel eingerichtet wurde. Die bayerische Lebensart, die in fast allen Bereichen eng mit der Religion verwoben ist, zeichnet sich dabei durch einen ungezwungenen und vor allem praktisch orientierten Zugang zu allem Göttlichen aus. Das zeigt sich unter anderem in Redewendungen, in denen die Länge der Sonntagspredigt mit der Länge einer weitaus lieber goutierten Wurst verglichen wird oder das Gewicht einer ordentlichen, dicken Bibel Maßstab für das gewünschte Stück Fleisch auf dem Teller sein sollte.

Des woàß koà Mensch, des woàß der liàbe Herrgod. / Das weiß kein Mensch, das weiß der liebe Herrgott.

Nur der Herrgott weiß alles, ich kleines Menschlein kann dazu leider nichts sagen, ich weiß nichts darüber.

Will man in dieser Angelegenheit nicht gleich den Herrgott persönlich bemühen, kann man auch sagen:

Woàß der Guggu. / Weiß der Kuckuck.

De dààt àn liàwàn àn Herrgod b'Fiàß åbbeißn. / Die würde am liebsten dem Herrgott die Füße abbeißen.

Maria Magdalena, je nach Quelle Arbeiterin im Geschäft der käuflichen Liebe, Jüngerin oder sogar spätere Missionarin, in jedem Fall aber Begleiterin von Jesus Christus, wird in der Kirche gern mit der anonymen Sünderin gleichgesetzt, die Jesus die Füße küsste, wusch und salbte. Besonders fromme Frauen wollen ihr gerne nacheifern. Geht die

Gottesfurcht aber eher in Richtung Bigotterie, unterstellt man den entsprechenden Damen, dass sie am liebsten noch einen Schritt weitergehen und die Füße Jesu sogar abbeißen wollen würden. Der aufmerksame Leser merkt an dieser Stelle: Mit „Herrgod" kann im Bairischen der liebe Gott höchstpersönlich oder ebenso sein Sohn Jesus Christus gemeint sein.

Mit lauter „Vergoit's God" konn i meine Kinder net aufziàng. / Nur mit Vergelt's Gott" kann ich meine Kinder nicht großziehen.

Auf Bairisch sagt man „Vergoit's God" statt des schriftdeutsch gebräuchlichen „Danke". Man bringt damit den Wunsch zum Ausdruck, dass der Herrgott sich für das überreichte Geschenk oder die unentgeltlich erbrachte Hilfeleistung erkenntlich zeigen und es im Jenseits durch wohlwollende Behandlung im ewigen Leben honorieren möge.

Nicht immer sind allerdings die Betroffenen mit einem „Vergoit's God" zufrieden. Mit dem Hinweis darauf, dass sie und ihre Kinder auch irdische Bedürfnisse haben, machen sie deutlich, dass sie statt eventueller himmlischer Belohnung mehr an einer materiellen Gegenleistung als Dank interessiert sind.

Eine ähnliche Bedeutung hat die Wendung:

Vom Versprechà werd mà net satt. / Von Versprechungen wird man nicht satt.

Aus diesen Worten spricht die Erfahrung, dass vieles versprochen, aber nicht alles gehalten wird.

De moànà vielleicht „Woàßgodwås". / Die denken womöglich „Weiß-Gott-etwas".

Weil ihnen der wahre Sachverhalt nicht bekannt ist, denken die womöglich irgendetwas Schlimmes oder Abwegiges. Und die positive Meinung der Nachbarn war und ist auch heute noch auf dem bayerischen Land ein Gut, dass man hegen und pflegen muss.

Jessàsmaria, werd doch nix bassiert sei! / Jesus und Maria, es wird doch nichts passiert sein!

Stoßgebet zu Jesus und Maria in der Hoffnung, dass kein Unglück geschehen ist.

Es Herrgodsàkrà, wer fluàcht denn då går àso? / Ihr Herrgottsakra, wer flucht denn da gar so heftig?

Mit dieser Wendung werden heftig fluchende Zeitgenossen kritisiert, wobei sich der Kritiker dabei als Mensch offenbart, dem die so beanstandeten Begriffe selbst recht locker von der Zunge gehen.

De håt's kreiznotwende. / Die hat es kreuznotwendig.

Die hat es besonders wichtig. Die Vorsilbe „kreuz-“ ist ein Element der Verstärkung eines Ausdrucks.

Die gleiche Bedeutung hat die Wendung:

De håt's gnädig. / Die hat es gnädig.

Håt mà koà Kreiz, na macht mà se oàns. / Hat man kein Kreuz, dann macht man sich eins.

Ausgehend vom Kreuz, das Jesus zu seiner eigenen Hinrichtung tragen musste, ist das Kreuz in der Volksfrömmigkeit Symbol und Synonym für Belastungen aller Art. Wer sich in einer schwierigen Situation befindet, der klagt: „Mei, is des à Kreiz!“ (Ach, ist das eine Last!)

Unverständlicherweise soll es oft vorkommen – und das bringt diese Wendung zum Ausdruck –, dass Mitmenschen, die keinerlei Probleme haben, diese Situation der Unbeschwertheit nicht aushalten und sich das Leben selber schwer machen, frei nach dem Motto: Wenn's dem Esel zu wohl wird, dann geht er aufs Eis.

Der geht mit dà Kiàchà um's Kreiz rum. / Der geht mit der Kirche um's Kreuz herum.

Üblicherweise ging der Pfarrer früher vor dem sonntäglichen Hauptgottesdienst mit einem Ministranten, der ein auf einer Stange befestigtes Kreuz trug, um die Kirche herum. Wer Kirche und Kreuz vertauscht, ist einer, der sich mit dem Organisieren eher schwer tut, Arbeiten gern verkehrt herum anfängt, also das Pferd von hinten aufzäumt.

Då konnst jetz drei Kreizzeichn machà. / Da kannst du jetzt drei Kreuzzeichen machen.

Das ist gerade noch einmal gut gegangen. Sei froh, dass es überstanden ist. Bei den Katholiken ist es üblich, sich bei bestimmten Gelegenheiten, z. B. während der Messe, beim einfachen Gebet oder zur Abwehr böser

Geister, dreimal zu bekreuzigen. Man beschreibt dabei mit dem Daumen der rechten Hand jeweils an der Stirn, am Mund und an der Brust die Form eines Kreuzes und verbindet den Ritus mit dem Spruch: „Im Namen des Vaters, des Sohnes und des Heiligen Geistes."

Då mach deine drei Kreizl hi. / Setze hier deine drei Kreuzchen drunter.

Es gab auch in Bayern eine Zeit, als Schulbildung und die Befähigung zu lesen und zu schreiben einer privilegierten Oberschicht vorbehalten waren. Anstelle einer Unterschrift machten die meisten Bayern also notgedrungen drei Kreuzzeichen. Die „drei Kreizl" als Synonym für die Unterschrift haben sich bis heute gehalten.

Folgende Geschichte habe ich selbst erlebt: Eine Frau gibt in einem Geschäft eine gekaufte Ware zurück. Die Verkäuferin erstattet der Dame das Geld und bittet sie, dies auf dem Kassenzettel durch ihre Unterschrift zu bestätigen. Die Dame hört schlecht und fragt: „Was?", worauf die Verkäuferin einen Scherz machen will und sagt: „Unterschreib då unten oder mach einfach drei Kreizl hi!" (Unterschreibe da unten oder mache einfach drei Kreuzchen hin!) Gesagt – getan, und die Frau macht drei Kreuzchen auf den Kassenbon.

À kurze Predigt und lange Würscht schmeckà-n am bestn. / Eine kurze Predigt und lange Würste schmecken am besten.

Selbstverständlich gingen die Bayern früher ihrer Sonntagspflicht nach und besuchten am Vormittag die Heilige Messe. Manche Pfarrer nutzten die Gelegenheit nicht nur, um ihren Schäflein die Heilige Schrift zu erklären, sondern auch, um ihnen nach allen Regeln der theologischen Kunst ins Gewissen zu reden und sie zu guten Menschen zu erziehen. Das kam vor allem bei den Männern oft gar nicht gut an, insbesondere wenn die (Moral-)Predigt sehr lange Zeit in Anspruch nahm. Am beliebtesten waren deshalb die Pfarrer, die sich kurz fassten. Ein Grundsatz lautete: „Eine Predigt darf über alles gehen, aber nicht über zehn Minuten."

Im Gegensatz zur kurzen Predigt waren beim anschließenden Frühschoppen im Wirtshaus besonders die Würste beliebt, die sich durch eine ansehnliche Länge auszeichneten.

Mit demselben Problem beschäftigt sich auch der nächste Spruch:

’S Fleischtrumm soi se nåch’m Biblgwicht und ’s Bättn nåch der Knàckwurschtläng richtn. / Die Größe des Fleischstücks sollte sich am Gewicht der Bibel, die Länge des Gebets an der Länge einer Knackwurst orientieren.

Fleisch gab es früher nicht täglich zu essen und wenn, dann nur in überschaubar kleinen Portionen. Die Idealvorstellung des typischen Bayern war logischerweise ein besonders dickes Stück Fleisch, das über den Rand des Tellers hinausreichte. Als Richtwert stellte man sich die große, dicke Bibel vor.

Der einerseits unersättliche Bayer hatte andererseits nichts dagegen, sich zum Ausgleich dafür beim Beten kurz zu fassen. Die zum Vergleich herangezogene Knackwurst wird je nach Region in unterschiedlichen Längen produziert, hier ist sicher eine kurze Variante gemeint.

Heit håt dà Pfarrer dà Kechin sei Bieß dawischt. / Heute hat der Pfarrer das Gebiss der Köchin erwischt.

Pfarrersköchinnen hatten den Ruf, Haare auf den Zähnen zu haben. Man stelle sich hier eine unfreundliche und im Umgang mit ihrem Umfeld sehr strenge, unnachgiebige Person vor. Wenn also der Pfarrer mit dem Gebiss – gemeint ist der Mund – der Pfarrersköchin gepredigt hat, so hatte seine Gemeinde eine besonders scharfe und strenge Rede zu erdulden.

Manche Haushälterinnen eines Pfarrers nannte man wegen ihrer eher unangenehmen Charakterzüge auch „Zölibatsverstärker“, weil bei der Begegnung mit ihnen keinerlei erotische Gedanken aufkamen.

Du bist àà oàner vo dà Weichkesslkompanie. / Du bist auch einer der Weihwasserkesselkompanie.

Als „Weichkesslkompanie“ bezeichnet man die Kirchenbesucher, die sich zur Messe ihren Platz im Eingangsbereich der Kirche suchen, wo sich auch der Weihwasserbehälter befindet. Diese Gottesdienstbesucher weigern sich hartnäckig, in den eigentlichen Kirchenraum und zu den Kirchenstühlen vorzugehen. Die Motivation dafür dürfte sein, dass man von den letzten Bänken aus die perfekte Startposition hat, um als einer der Ersten den Gottesdienst wieder zu verlassen. Schließlich lockt nach der Sonntagsmesse der sonntägliche Frühschoppen.

Kniàgln hoàßt net glei bättn. / Knien heißt noch lange nicht beten.

Wer in der Kirche kniet und recht fromm tut, der muss deswegen noch lange nicht beten. Manche Kirchenbesucher erwecken gern den Eindruck, besonders gute Christen zu sein, sind aber mehr scheinheilig als heilig.

Guàt garwàt is doppèt bätt. / Gut gearbeitet ist doppelt gebetet.

So antwortet der Handwerker jemandem, der kritisiert, dass er noch arbeitet, obwohl die meisten Leute schon in der Kirche sind, um zu beten. An einer guten und rechtzeitig fertiggestellten handwerklichen Arbeit hat nicht nur der Werker selbst, sondern auch der Herrgott sicherlich größeren Gefallen als an einem noch so innigen Gebet.

Des dàbeichst du net, so vui Sindn druckà di. / Das derbeichtest du nicht, so viele Sünden drücken dich.

Es ist völlig unmöglich, so viele Sünden zu beichten, wie du auf dem Kerbholz hast.

Das Präfix „dà-" (der-) ist eine bairische Besonderheit. Es kommt z. B. auch vor bei „dàrenna" (derrennen), „dàfoin" (derfallen), „dàfein" (derfaulen), dàfressn" (derfressen) usw. Die hier in Klammern angegebenen Übersetzungen sind wörtliche Übertragungen, die es so im Schriftdeutschen nicht gibt. Dort müssen die bairisch kurzen und prägnanten mit „dà-" eingeleiteten Verben meistens aufwendiger umschrieben werden (z. B.: „dàbeichten" = es schaffen, etwas zu beichten).

Dà Doàg muàß fünf „Vaterunser" lang geh. / Der Teig muss fünf „Vaterunser" lang gehen.

Die meisten Teige für Brot oder Gebäck muss man kurze Zeit ruhen („gehen") lassen, bevor sie weiterbearbeitet werden können. Vor der Verbreitung der Uhren und der Kurzzeitmesser hat man sich – wie bei vielen anderen Aktivitäten – an die Religion und das Beten erinnert und sich daran orientiert. Beten konnte man ohnehin nie genug, um in den Himmel zu kommen, also betete man auch in der Küche – je nach Rezept – einige „Vaterunser", maß damit die gewünschte Zeitspanne ab und wusste, wie lange der Teig gehen musste. Gleichzeitig hatte man etwas für sein ewiges Seelenheil getan.

Das „Vaterunser“ als Zeiteinheit ist auch aus einem unrühmlichen Vorgang in der Geschichte des bayerischen Herrscherhauses Wittelsbach bekannt: Der bayerische Herzog Ernst ließ die nicht standesgemäße Geliebte seines Sohnes, des späteren Herzogs Albrecht III., im Jahr 1435 bei Straubing in der Donau ertränken. Dabei soll der Henker die unerwünschte Bürgerliche, die den heute vor allem durch das Theaterstück von Friedrich Hebbel bekannten Namen Agnes Bernauer trug, fünf „Vaterunser“ lang untergetaucht haben.

Lauter „Gegrüßet seist du, Maria“ und koàne „Vaterunser“. / Lauter „Gegrüßet seist du, Maria“ und keine „Vaterunser“.
Oder: Lauter kleine Kartoffeln und keine großen.
Der Vergleich kommt vom Rosenkranz, einem kontemplativen Gebet in der katholischen Kirche, bei dem fünf Mal zehn „Gegrüßet seist du, Maria“ und vor, zwischen und am Ende der Fünferfolgen noch je ein „Vaterunser“ gebetet werden. Um dieser Vorgabe besser folgen zu können, benutzt man als Orientierungshilfe eine Kette, ebenfalls Rosenkranz genannt, mit einer auf das Gebet abgestimmten Anzahl kleiner und großer Perlen (aus Holz, Metall oder Kunststoff): Für jedes „Gegrüßet seist du, Maria“ steht eine kleine Perle und für jedes „Vaterunser“ ist eine große Perle dazwischen aufgefädelt.

Då feit’s ja himmeweit. / Da fehlt es ja himmelweit.
Da sind wir aber von unserem Ziel noch meilenweit entfernt.
Dabei geht es nicht um ein Reiseziel, sondern um eine zu erledigende Aufgabe, zu deren endgültiger Erfüllung der Weg noch recht weit ist. Eine ähnliche Wendung, die aber eine völlig andere Bedeutung hat, lautet:
Då is’s net weit her. / Da ist es nicht weit her.
Hier geht es immer um einen Mangel. Sei es, dass jemand nicht viel Geld und Besitz aufweisen kann oder dass ein anderer nicht allzu sehr mit Intelligenz gesegnet ist.

Heiliger Antonius, kreizbràvà Mo, back me bein Schippè und führ me dro no. / Heiliger Antonius, kreuzbraver Mann, pack mich an den Haaren und führe mich (dran) hin.
Dies ist eine Alternative oder auch Ergänzung zu dem Spruch: „Heiliger Antonius, kreizguàdà Mo, wo håw e denn mein Hausschlissl hi do?“

(Heiliger Antonius, kreuzguter Mann, wo habe ich denn meinen Hausschlüssel hingetan?) An die Stelle des Hausschlüssels kann dabei jede andere verlorene oder unauffindbare Sache treten. Der heilige Antonius war früher ein wichtiger Nothelfer, wenn man etwas vergeblich gesucht hat. Weil die Ursache dafür oft Schlamperei war, wurde er auch „Schlàmperltoni" genannt.
„Kreiz-" bezieht sich auf das Kreuz Jesu und verstärkt im Bairischen das Adjektiv, dem es vorangestellt wurde. So auch in folgender Wendung:
Des sàn gwieß à båår kreizbràve Leit. / Das sind sicher ein paar kreuzbrave Leute.
Bei diesem Paar handelt es sich zweifelsfrei um zwei ausnehmend friedliche, ehrliche, besonders brave und vertrauenswürdige Personen.

Voie Baich, lààre Kiàchàn – lààre Baich, voie Kiàchàn. / Volle Bäuche, leere Kirchen – leere Bäuche, volle Kirchen.
Geht es den Menschen gut, brauchen sie Gott nicht. Geht es ihnen dagegen schlecht, suchen sie bei ihm Zuflucht und Hilfe.

Glààm hoàßt nix wissn! / Glauben heißt nichts wissen!
Eine gern von ungehaltenen Vorgesetzte benutzte Wendung, wenn sie auf ihre konkrete Frage nur eine vage Antwort bekommen. Sehr ungern hören sie die Einleitung „I glààb …" (Ich glaube …), weil man auf der Grundlage von Vermutungen keine Entscheidungen treffen kann.
In diesem Fall geht es um das Glauben im Sinne von „nicht sicher sein". Auch auf den Glauben an ein höheres Wesen trifft dieser Spruch aber zu, weil auch hierzu keine belastbaren Daten und Fakten vorliegen: „Nix Gwiss woàß mà net." (Nichts Gewisses weiß man nicht. – Man weiß nichts Gewisses.)

Mit de Fiàß alloà kimmt mà net àn Himme. / Mit den Füßen allein kommt man nicht in den Himmel.
Diese Erkenntnis richtet sich vor allem an die Wallfahrer, die mühsam zu Fuß lange Strecken bis zu ihrem Ziel, einem der in Bayern zahlreich vertretenen Wallfahrtsorte, zurücklegen und hoffen, damit bei Gott Gefallen zu finden. Es mag durchaus sein, dass der Herrgott auch solche Mühen positiv würdigt, aber – und das ist der Sinn dieser Wendung – man muss auch außerhalb der Wallfahrt ein gottgefälliges Leben führen.

Wer ständig bösartig ist und seine Mitmenschen drangsaliert, kann nicht erwarten, dass sich das mit einer Prozession oder Wanderung zur Buße ausgleichen lässt. Außerdem seien an dieser Stelle gewisse Zweifel erlaubt, ob der Herrgott eine Krämerseele ist, die schwere oder viele Sünden gegen eine Wallfahrt verrechnet.

Von à-r-à Woifahrt kimmt soitn à Heiliger hoàm. / Von einer Wallfahrt kommt selten ein Heiliger nach Hause.

Zum „Woifahrtn" (Wallfahren) gehen vor allem besonders fromme Menschen. Sowohl auf dem langen Fußweg als auch am Wallfahrtsort selbst wird ausgiebig gebetet. Aber nicht nur! Vor allem bei mehrtägigen Wallfahrten oder auf längeren Pilgerreisen quer durch Europa geht es an den Abenden oft recht lustig zu. Dies dürfte ein Grund für diesen Spruch sein, aber auch die Tatsache, dass manche Gläubige der Meinung sind, man habe mit der Wallfahrt so viele Pluspunkte für das ewige Seelenheil gesammelt, dass man sich wieder einige Sünden leisten kann.

De scheenste Kapoin nutzt nix, wenn inwende dà Heilige nix daugt. / Die schönste Kapelle nützt nichts, wenn im Inneren der Heilige nichts taugt.

Reiche Bauern hatten früher häufig eine eigene Hofkapelle, die sie besonders schön gestalteten – einerseits, um ihrem tiefen Glauben Ausdruck zu verleihen, andererseits aber auch, um ihren Mitmenschen ihre Frömmigkeit und auch ihren Reichtum unter die Nase zu reiben.

Auf diese Äußerlichkeiten kommt es aber gar nicht an. Wichtig ist im Katholizismus vielmehr, welchem Heiligen die jeweilige Kapelle geweiht ist. Der Heilige, dessen Schutz man ein Gotteshaus unterstellen wollte, wurde auch in der kleinsten Kapelle zusammen mit den Symbolen, an denen man ihn erkennt, gut sichtbar als Statue platziert. Ob der gewählte Patron ein Treffer für die Erbauer der Kapelle war, also die in ihn gesetzten Erwartungen erfüllte, musste sich erst mit der Zeit zeigen. Wurden die Bitten, die man im Gebet an Gott richtete und für die man die Fürsprache des Hausheiligen erwartete – meistens um Gesundheit von Mensch und Tier oder eine gute Ernte –, nicht erhört, so wurde der Heilige dafür verantwortlich gemacht.

Jeder Heilige gfreit se über à Kerzn. / Jeder Heilige freut sich über eine Kerze.

Obwohl ihm oder ihr durch die Heiligsprechung bereits posthum bestätigt wurde, dass er bzw. sie ohne Fehl und Tadel ist und bereits die Nähe Gottes gefunden hat, freut sich jeder Heilige über die vergleichsweise kleine Geste einer gestifteten Kerze.

Im übertragenen Sinn bedeutet der Spruch: Ebenso wie ein Heiliger über eine Kerze, so freut sich der normale Mensch über Lob und Anerkennung für seine Leistung.

Pfiàddegod! / Behüte dich Gott!

An sich handelt es sich um einen Abschiedsgruß, abgekürzt „Pfiàdde". Betont man aber den Diphthong „ià" und spricht ihn lang aus, stellt gegebenenfalls sogar noch ein „Ja" voran, so wird daraus eine Unmutsäußerung, ein Ausruf der Verwunderung, Enttäuschung, Verärgerung oder Resignation.

Der Bayer fürchtet den Teufel nicht

Der Bayer glaubt fest an seinen Herrgott und an dessen Sohn Jesus Christus. Zählt er noch zur Mehrheit der katholischen Freistaatler, kann er zusätzlich auf den Beistand der Gottesmutter Maria und aller Heiligen vertrauen. Deshalb gibt es für ihn keinen Grund, Angst vor dem Teufel zu haben.

Trotz fehlender Furcht vor dem Höllenfürsten war dieser früher auch in Bayern allgegenwärtig. Vor allem musste er in den Redenwendungen der Mundart als Synonym für alles Böse und Schlechte auf der Welt herhalten, von schlimmen Naturkatastrophen bis hin zum kleinen Ärgernis eines widerspenstigen Vogels, wie folgende Geschichte zeigt: Früher ließ man an Pfingsten eine Taube als Symbol des Heiligen Geistes aus einer Lüftungsöffnung an der Kirchendecke in den Kirchenraum zu den Gläubigen hinunterfliegen. Als einmal die dafür vorgesehene Taube keine Anstalten machte, auf die wartende Pfarrgemeinde herabzukommen, räsonierte der mit dieser Aufgabe betraute Mesner: „Moànst, der Deife fliàgàt?" (Meinst du, der Teufel würde fliegen?)

Bemerkenswert ist, dass der Teufel auch im Plural vorkommt. Dem dürfte zugrunde liegen, dass die Bayern nicht nur ihre eigene Vorstellung vom bayerischen Himmel, sondern auch von der bayerischen Hölle haben. Dort halten sich nämlich neben dem Leibhaftigen auch die ewig Verdammten als weitere Teufel auf, und in der Regel kennt jeder Bayer mindestens einen bösen Menschen, den er für einen personifizierten Teufel hält. Diese Zuordnung macht sogar manchmal vor dem eigenen Ehepartner nicht halt.

Bergåb schiàm ålle Deife, aber bergauf huift dir kààm à Heiliger. / Bergab schieben alle Teufel, aber bergauf hilft dir kaum ein Heiliger.
Wenn es im Leben bergab geht, helfen sämtliche bösen Geister dazu, dass es noch weiter und schneller abwärts geht. Bemüht man sich, aus einer ungünstigen Lage wieder heraus und nach oben zu kommen, lehrt die Erfahrung, dass in einer verfahrenen Situation relativ selten Hilfe von oben zu erwarten ist. Fazit: Das Personal der Hölle macht seinen Job oft weitaus erfolgreicher als die Belegschaft des Himmels.

Àn Deife d'Hürwàn aufsång. / Dem Teufel die Herberge kündigen.
Wer dem Teufel keinen Unterschlupf gewährt, ihn aus dem Haus jagt, tut dies in der Praxis durch die Beichte vor dem katholischen Priester. Wer im Anschluss an dieses christliche Bußsakrament die Lossprechung von seinen Sünden erhalten hat, über den hat der Teufel keine Macht mehr. In der Regel ist dieser Zustand der Reinheit allerdings nur von kurzer Dauer.

Liàwà-r-àn Deife ois wià-r-à bäs' Wei. / Lieber den Teufel als ein böses Weib.
So klagt mancher geplagter Ehemann, weil er den Teufel mit dem Kreuz vertreiben kann, seine böse Frau muss er dagegen wohl oder übel weiterhin behalten.

Oiss hoit dà Deife, bloß koà bäs' Wei net. / Alles holt der Teufel, nur kein böses Weib nicht.
Böse Frauen mag niemand, nicht einmal der Teufel will sie.
Diese Klage stammt von einem Mann, der mit einer unfreundlichen, streitsüchtigen, nörgelnden oder schlicht charakterlich fragwürdigen Frau verheiratet ist und der es als äußerst ungerecht empfindet, dass so viele böse Menschen sterben müssen – man sagt, der Teufel habe sie geholt –, ihm aber seine Frau erhalten bleibt.
Die typisch bairische doppelte Verneinung unterstreicht hier die Verzweiflung, mit der unser geplagter Ehemann spricht.

Då håt der Deife 'Pratzn drauf. / Da hat der Teufel seine Hand drauf.

Da hat der Teufel seine Hand im Spiel.

Vor „Pratzn" steht an sich ein „d" für „die", das aber auf dem Weg der Assimilierung erst in ein „b" umgewandelt und dann sogleich mit dem höchst ahnlich ausgesprochenen „P" von „Pratzn" verschmolzen wird. Ist eine Sache nicht gut gelaufen, so hat man früher gern den Teufel dafür verantwortlich gemacht, schließlich hatte der einen festen Platz in der Glaubenswelt nicht nur der Bayern. Manchmal wurde sogar versucht, mit dem Teufel persönlich ins Gespräch zu kommen, um ihn dazu zu bewegen, sich auf die Seite des armen Menschen zu schlagen oder sich wenigstens aus der Angelegenheit herauszuhalten.

Dass man solche direkten Verhandlungen mit dem „Gànggerl" (Teufel) ernsthaft für erfolgversprechend hielt, zeigt der nächste Spruch:

Raucher wià-r-à Bär ko der Deife àà koàn Boiz net håm. / Rauer als bei einem Bär kann der Pelz des Teufels auch nicht sein.

Hier ist nicht der weiche Pelz des Braunbären gemeint, sondern die raue Borstenhaut eines Ebers – eines männlichen Schweins –, der im Bairischen „Bär" heißt. Der Spruch bedeutet inhaltlich: Auch mit dem Teufel kann man reden und verhandeln, er ist keineswegs total unzugänglich.

Di håt der Deife beim Trappscheißn verlorn. / Dich hat der Teufel beim Trabscheißen verloren.

„Im Trapp laufen" (im Trab laufen) bedeutet „schnell laufen". „Trappscheißn" (im Trab scheißen) dürfte dementsprechend ein Wettbewerb im „Schnellscheißen" sein. Dieser zugegeben extrem derbe Spruch (Entschuldigung!) besagt also, dass der hier Angesprochene nicht auf normalem Weg zur Welt gekommen ist, sondern dass er gleichzeitig mit dem Stuhlgang des Teufels mehr verloren als geboren wurde. Die Wendung bedenkt den damit Beschriebenen gleich mit mehreren Beleidigungen: Vom unappetitlichen Vorgang der „Geburt" bis zum unfreiwillig und nur in der Eile versehentlich abgeworfenen „Teufelsspross".

À håwàns Roß und àn gschmoizànà Mo reißt koà Deife net zamm. / Einem mit Hafer gefütterten Pferd und einem kräftigen Mann kann selbst der Teufel nichts anhaben.

Ob Mensch oder Tier: Ein gut genährter Körper – im Fall des Pferds am besten mit Hafer – gibt seinem Besitzer so viel Kraft, dass er niemanden fürchten muss, nicht einmal den Teufel.

Ein „gschmoizànà Mo“ (geschmalzener Mann) ist ein Mannsbild, das viel energiereiche Nahrung aufnimmt, insbesondere viel Fett (Schmalz), die der Körper in Muskelkraft umsetzt. Wer sich so ernährt, der hat viel Kraft, auf Bairisch „à Schmoiz“. Auch wenn man anmerken muss, dass diese Form der Nahrungsaufnahme und -verwertung in früherer Zeit, als man auf den Bauernhöfen noch von früh bis spät kräftezehrende Arbeiten verrichten musste und körperlich gefordert war, sinnvoller war als heute. Viel „Schmoiz“ im Essen bedeutet für den Bürohengst weniger „à Schmoiz“ im Arm als einen wohlgerundeten Bauch.

Des is gråd, ois wemmà àn Bettlbuàm in d'Hoi wirft. / Das wäre gerade so, als wenn man einen Bettelbuben in die Hölle wirft.

Ein Bettelbub hat sicher noch nicht viele Sünden begangen, zum einen weil er als kleiner, hungriger, schmächtiger Bettler schon mangels Masse kaum Gelegenheit hatte zu sündigen, zum anderen auch schon allein wegen seines niedrigen Alters. Der Teufel in der Hölle hätte deshalb keine große Freude an der Seele eines Bettelbuben. Würde sie ihm im Rahmen eines früher für denkbar gehaltenen Handels angeboten, würde der Leibhaftige sagen: „Das reicht bei Weitem noch nicht aus.“ Dies ist gleichzeitig auch der Sinn dieser Redensart.

Des is Deife dauscht. / Das ist Teufel getauscht.

Das ist egal. Das kann man so oder so machen, es wird immer das gleiche Ergebnis herauskommen. Auch wenn man einen Teufel gegen den anderen tauscht, wird man am Schluss einen Teufel in der Hand haben.

Hunger und Durscht

Hunger und Durst

In einem als Vorstufe zum Paradies gepriesenen Land können Hunger und Durst allenfalls noch als vorübergehende Erscheinung aufkommen, aber niemand muss heutzutage in Bayern noch wirklich hungern oder gar verhungern. Auch Durst muss niemand leiden. Dabei ist man selbstverständlich nicht auf Wasser allein angewiesen, sondern kann aus einem umfangreichen Angebot verschiedenster Getränke auswählen, allen voran das süffige bayerische Bier. Dieses Nahrungsmittel Nummer eins steht natürlich stets in ausreichender Menge zur Verfügung. Oft, ja sogar zu oft, wird es nicht nur getrunken, bis der Durst gestillt ist, sondern auch darüber hinaus.

Ob dies auch schon im Garten Eden so war, ist eher fraglich, denn von dort gibt es keinerlei Informationen über die Existenz einer Brauerei. Die sprichwörtlichen paradiesischen Durstlöscher und Sattmacher Milch und Honig würden den Bayern auf Dauer wahrscheinlich eher vor die Pforten der Hölle treiben. Von seinem irdischen Dasein im Hoheitsgebiet des einzig wahren Reinheitsgebots geprägt, akzeptiert der auf dieser „Insel der seligen Biergenießer“ Geborene auch im Jenseits keinen geringeren Trunk.

Zum Glück ist es im bayerischen Himmel, wo sich alle einander freundlich zugewandten Bayern eines Tages wiedertreffen werden, so eingerichtet, dass keinesfalls auf die Freuden eines gut bestückten Wirthaustisches verzichtet werden muss – davon gehen die Bayern mit großer Sicherheit aus. Ob sie dort kürzlich auch 500 Jahre Reinheitsgebot gefeiert haben?

Der Hunger

So nah am Paradies wie heute war es leider nicht immer in Bayern, was das Nahrungsangebot und die ausreichende Menge davon betraf. Früher – und das ist noch gar nicht allzu lange her – waren Nahrungsmittel generell knapp, Fleisch war selten auf dem Teller und sogar Bier leistete man sich allenfalls in Maßen und nicht, wie heute, in Massen. Die zu diesem Thema existierenden alten bairischen Redewendungen beschäftigen sich daher weniger mit dem Schlaraffenland, wie wir es heute kennen, als vielmehr mit der Kargheit des früheren ländlichen Lebens. Üppig aufgetischt wurde allerdings immer an hohen Festtagen oder wenn besonders schwer gearbeitet werden musste, vor allem bei der Ernte und beim anschließenden Dreschen. Geht es in den Sprüchen um diese besonderen Zeiten, blitzen auch wieder durchaus paradiesische Verhältnisse auf.

Buà, iß no wås, dass d' wås werst! Nix bist scho. / Bub, iss nur etwas, damit du etwas wirst! Nichts bist du schon.

Ausgesprochen magere Kinder wurden mit diesen Worten gedrängt, noch mehr zu essen, damit sie „etwas" werden, nämlich groß und kräftig. Der Zusatz „Nix bist scho" sollte der Erheiterung der Umgebung dienen.

Des macht mà 's Mai wàssre. / Das macht mir den Mund wässrig.

Da läuft mir das Wasser im Mund zusammen. Da bekomme ich gleich Appetit, da hätte ich jetzt Lust drauf, das würde mich jetzt reizen.

Besser à Fliàng in der Suppm ois wià går koà Fleisch. / Besser eine Fliege in der Suppe als gar kein Fleisch.

Liàwà à Laus auf'n Kraut ois wià går koà Fleisch. / Lieber eine Laus auf dem Kraut als gar kein Fleisch.

Diese beiden Wendungen zeigen wie viele andere, dass Fleisch früher sehr selten auf dem Speiseplan stand. Sie haben auch die Bedeutung: Lieber den Spatz in der Hand als die Taube auf dem Dach.

Dass man früher nicht zimperlich war und Insekten auf dem Teller oder im Glas keineswegs abstoßend gefunden hat, zeigt auch die Reaktion einer klassisch bayerischen Bedienung auf den Gast, der sich über eine Fliege in seinem Bierglas beschwert: „Deng dà nix, de trinkt net vui." (Denk dir nichts, die trinkt nicht viel.)

Die generalisierende Form dieses Spruchs lautet:

Besser wià nix. / Besser als nichts.

Herrschaft, is des Kraut guàt! / Herrschaft, schmeckt das Kraut gut!

Bei den Bauern gab es früher regelmäßig (viel) Sauerkraut mit (wenig) Fleisch. Kraut gedieh gut im bayerischen Boden, konnte leicht haltbar gemacht werden und fand sich als wertvoller Vitamin C-Lieferant – im Gegensatz zum selten gesehenen Fleisch – vor allem über die kargen Wintermonate oft auf dem Mittags- oder Abendtisch.

Die obige Wendung gebrauchte der Bauer gerne, wenn auch die Dienstboten mit am Tisch saßen und er ein großes Stück Fleisch aus dem Sauerkraut genommen und auf seinen Teller gelegt hatte. Über diesen Scherz ihres Dienstherrn konnten die Ehhalten aber allenfalls nur sehr gequält lachen.

Anstelle von „Herrschaft" könnte es am Beginn des Spruchs auch „Ach" oder „Mei" heißen.

Es is wurscht, wià dick 's Brot is, solang d' Wurscht dicker wià 's Brot is. / Es ist egal, wie dick das Brot ist, solange die Wurst dicker als das Brot ist.

Aus geschmacklicher Sicht erscheint der Wunsch, die Wurst möge dicker sein als die Scheibe Brot, heute ziemlich übertrieben. Bei den seltenen Gelegenheiten, zu denen früher reichlich Wurst aufgetischt wurde, konnte dann die Wurst auf dem Brot nie zu viel sein. Der Spruch kann auch dahingehend gedeutet werden, dass man sich auf keinen Fall beschweren würde, wenn besonders viel Wurst auf die entsprechende Brotscheibe gelegt würde.

In dà Not frisst dà Bauer d' Wurscht à ohne Brot. / In der Not isst der Bauer die Wurst auch ohne Brot.

Scherzhaft gemeinter Spruch. Früher war in der Regel Brot immer in ausreichender Menge vorhanden, während Wurst nur selten auf den Tisch kam. Ein Bauer, der es sich erlauben kann, die Wurst ohne Brot zu essen, befindet keineswegs in einer Notsituation, sondern vielmehr in der angenehmen Lage, sich auf die wertvolle Wurst beschränken zu können.

D´ Leberwurscht das Herz beglückt, 's Sauerkraut es niederdruckt. / Die Leberwurst das Herz beglückt, das Sauerkraut es niederdrückt.

Mit diesem Spruch machten sich Mägde und Knechte über die häufig servierten fleischlosen Gerichte – „Gneel und Kraut" (Knödel und Kraut) – lustig und erklärten damit ihre schlechte Stimmung. Eine oder mehrere Leberwürste im Kraut hätten die Laune und die Motivation erheblich steigern können.

Des frisst koà Brot. / Das frisst kein Brot.

Das verursacht weder Kosten noch andere Nachteile. Man kann diese Forderung daher ohne Bedenken akzeptieren. Ein alter Spruch aus einer Zeit, als jeder zusätzliche Esser eine Belastung darstellte.

Wenn dà Ox drischt, na soi mà eàhm 's Maul net zuàbindn. / Wenn der Ochs drischt, dann soll man ihm das Maul nicht zubinden.

Vor der Einführung der mit Motoren angetriebenen Dreschmaschinen mussten Ochsen im Kreis gehen und dabei eine einfache Kraftmaschine, den „Geppe" (Göpel), antreiben, mit der auch das Getreide gedroschen werden konnte. Die dafür erforderliche Kraft konnten die Ochsen nur dann aufbringen, wenn sie gut gefüttert wurden. Ihnen in dieser Phase das Maul zuzubinden bzw. wenig zu fressen zu geben, wäre kontraproduktiv gewesen.

Generell kommt hier zum Ausdruck, dass jeder, der gute Arbeit leistet bzw. leisten soll, dafür auch seinen gerechten Lohn bekommen muss.

Der frisst wià-r-à Drescher. / Der frisst wie ein Drescher.

Dreschen war früher schwere körperliche Arbeit: Ursprünglich das Schlagen mit den Dreschflegeln, auch noch nach Einführung der Dreschmaschine das Schleppen schwerer Getreidesäcke von der Tenne zum „Droàboon" (Getreideboden) im Obergeschoß. Dabei war es selbstverständlich, dass die Drescher immer gut bekocht wurden und reichlich zu essen bekamen, weil sie nur so die anstrengende Arbeit bewältigen konnten.

Heit miàssàd dà Buckl à-r-à Bauch sei. / Heute müsste der Rücken auch ein Bauch sein.

Das wünschte sich der Knecht an Kirchweih oder einem der weiteren hohen Festtage, an denen besonders viel und gut gekocht wurde. Hätte er an einem solchen Tag nicht nur seinen Bauch, sondern auch noch seinen Rücken füllen können, dann hätte er noch viel mehr von den an diesem Tag servierten vorzüglichen Speisen verdrücken und auf Vorrat essen können.

Den Wunsch, dass doch die Mahlzeit eines jeden Tages an die Qualität und Quantität des Feiertagessens heranreichen möge, kam so manchem Knecht auch in Form einer leicht abgewandelten Passage des Vaterunsers über die Lippen: „Unser heutiges Brot gib uns täglich.“

Vor große Kneel håwe mi no nià net gfürcht'. / Vor großen Knödeln habe ich mich noch nie gefürchtet.

Damit wollten vor allem die Knechte klarstellen, dass man ihnen durchaus große Knödel servieren dürfe. Hintergrund dieser Äußerung ist natürlich der große Appetit der körperlich schwer arbeitenden Dienstboten und die im Verhältnis dazu oft recht kleinen Portionen, an denen sie sich mehr sattsehen als -essen mussten.

Schlecht is' net, aber schlecht kànnt oàn wern. / Schlecht ist es nicht, aber es könnte einem schlecht werden.

Scherzhafte Antwort eines Familienmitglieds oder eines Gastes auf die Frage der Köchin, wie das Essen schmeckt.

Eine ähnliche Bewertung lautet:

Guàt håt's gschmeckt, aber oft brauchst des net kochà. / Gut hat's geschmeckt, aber oft brauchst du dieses Gericht nicht zu kochen.

Damit will der Ehemann den Spagat zwischen Lob und Tadel schaffen: ein von vornherein zum Scheitern verurteiltes Unterfangen, da kaum eine Gattin den zweiten Satzteil überhören oder als fortgeführtes Lob missverstehen wird. Seine nächste Mahlzeit nimmt der „einfallsreiche“ Ehemann im Anschluss wohl zwangsweise im Wirtshaus ein.

Jetz brauch e wås Gscheids. / Jetzt brauche ich etwas Gescheites.

Jetzt brauche ich etwas Ordentliches – ein Hinweis darauf, dass man einen ordentlichen, also gewaltigen Hunger hat.

Die Anwendungsgebiete für diesen Spruch sind vielfältig: wenn die letzte Mahlzeit schon weit zurückliegt, wenn jemand eine Schlankheitskur beendet hat oder wenn man ein Lokal der Nouvelle Cousine verlassen hat, in dem die Größe der Teller samt Höhe der Preise in einem krassen Missverhältnis zur Größe der Portionen standen.

Mei Mång is so làär, då dàt'n zwoà Bråthendl net zammstessn. / Mein Magen ist so leer, da würden zwei Brathähnchen nicht zusammenstoßen.
Eine etwas überzogene, natürlich scherzhafte Behauptung. Selbst wenn ein Magen völlig leer ist, kann man sich nicht vorstellen, dass zwei verzehrte Brathähnchen dort Platz finden, ohne miteinander in Berührung zu kommen.

Bachàne Vegl fliàng üweroi hoch. / Gebackene Vögel fliegen überall hoch.
Im gebackenen Zustand fliegen Vögel allenfalls im Schlaraffenland. Und selbst dort kann man sie nicht erreichen, weil sie auch dort zu hoch fliegen. Auf eine derart einfache und angenehme Lebensweise sollte man deshalb erst gar nicht hoffen. Gutes Essen muss man sich erarbeiten, man bekommt auf der Welt nichts geschenkt.

Der beste Kiàche is oiwà no à Wurschtsemme. / Der beste Küchel ist immer noch eine Wurstsemmel.
Küchel sind ein süßes und durchaus nahrhaftes Schmalzgebäck. Noch begehrter sind aber – vor allem bei Handwerkern – die Wurstsemmeln. Zu meiner Schulzeit war deshalb auch die „Wurstsemmel-Währung" sehr beliebt. Statt zu sagen „Das kostet eine Mark" hieß es bei uns: „Des kost' vier Wurschtsemme." (Das kostet vier Wurstsemmeln.)

Wenn d' Suppm koit werd, na werd 'Kechin hoàß. / Wenn die Suppe kalt wird, wird die Köchin heiß.
Wenn die Gäste lange nicht zu Tisch kommen und die Suppe deshalb kalt wird, ist mit einer wütenden Köchin zu rechnen. Schließlich hatte sie sich bemüht, eine heiße Suppe zu servieren.
Eine Person, die im Bairischen „hoàß" ist, hat auf eine andere Person oder ganze Personengruppe großen Zorn.

Bei uns dàhoàm håt's oft à Hoizsuppm gem. / Bei uns daheim gab es oft eine Holzsuppe.
So karg wie es klingt, war diese Suppe nicht. „Hoiz" (Holz) ist hier als Synonym von „Woid" (Wald) zu verstehen, d. h. in einer Holzsuppe wurde keineswegs Holz ausgekocht, sondern sie enthielt Früchte des Waldes, nämlich Pilze. Es handelt sich also um eine „Schwàmmerlsuppm" (Pilzsuppe).

Woàßt du net, dass àn Mång drunt finster is? / Weißt du nicht, dass es im Magen unten finster ist?

Mit dieser Frage begegnet man sensiblen Personen, die sich weigern, nicht besonders appetitlich aussehende Speisen zu sich zu nehmen.

Muàß e dà's eigem? / Muss ich es dir eingeben?

Eine Frage an den zögernden Esser, der auf seinem Teller herumstochert und offensichtlich keinen Appetit hat. Unter „eingeben" versteht man, dass man die Speisen mit einer Gabel oder einem Löffel zum Mund des Betroffenen führt, sodass er sie nur noch kauen und schlucken muss. Bei alten oder kranken Menschen ist diese Vorgehensweise oft nicht zu umgehen, aber ein gesunder Mensch sollte allein dazu in der Lage sein, seinen Teller leer zu essen.

Jetz glangt's mà mit derà Bàtzerei. / Jetzt reicht es mir mit dieser klebrigen Angelegenheit.

Mit diesen Worten legte mein vierjähriger Sohn bei McDonald's den Rest seines ersten Hamburgers auf das Tablett zurück und ließ sich seine mit Ketchup verschmierten Hände abputzen.

Såg àmoi „pfaff"! / Sag doch mal „pfaff"!

Stopft man sich seinen Mund übermäßig mit Essen voll, sollte man im Interesse der Tischnachbarn kein Wort mehr sagen. Vor allem beim Aussprechen der Konsonantenkombination „pf" besteht die Gefahr, dass der Inhalt des Mundes in nicht sehr appetitlicher Weise nach außen kommt. Die Aufforderung ist daher nicht ernst gemeint, sondern soll als scherzhafte Kritik des Angesprochenen darauf hinweisen, dass sein Verhalten nicht den bei Tisch üblichen Gepflogenheiten entspricht.

Der schbeibt wià-r-à Hoàzàthund. / Der übergibt sich wie ein Hochzeitshund.

Ein Hochzeitshund ist ein Hund, der auf einer Hochzeit anwesend ist. Er wird dort ebenso wie die Hochzeitsgäste verwöhnt: Auch für ihn steht mehr Futter bereit, als er fressen kann.

Bei den Gästen einer solchen Feierlichkeit war es früher üblich, dass sie alles, was sie nicht aufessen konnten und transportabel war, in ihr „Bschoàdtiàche" (Tuch für die Mitbringsel, den „Bschoàd") packten und den Daheimgebliebenen mitbrachten. Abgesehen davon, dass tierischen Begleitern diese Möglichkeit nicht zur Verfügung stand, setzte angesichts der großen Mengen guten Futters auf den Hochzeiten auch der Futterneid ein und nichts durfte zurückgelassen werden. Auf dieses Überfressen folgte unweigerlich der Zeitpunkt, an dem sie alles wieder von sich geben mussten.

Wie die vorliegende Wendung zeigt, gibt es auch Menschen, die sich verhalten wie ein solcher Hochzeitshund.

Der Durst, der Rausch und das Wirtshaus

Der Mensch, auch der Bayer, kann, je nach der körperlichen Vorratslage, längere Zeit überleben, ohne etwas zu essen. Anders verhält es sich mit dem Trinken: Je nach Außentemperatur und Alter kann man nur einige Tage oder sogar nur Stunden überleben, ohne Flüssigkeit aufzunehmen. Der Spruch „Durst ist schlimmer als Hunger“ hat deshalb sicher seine Berechtigung.

Vor allem auch bei den Bayern. Von ihnen wird behauptet, dass ihr besonders rasch auftretender und auch außerordentlich großer Durst sogar genetisch bedingt sei. Dies zeige sich z. B. an der früher vorhandenen großen Zahl an Wirtshäusern. Eine gültige Argumentation, denn selbst kleinste Ortschaften hatten stets ihr eigenes Wirtshaus, in größeren Dörfern waren es immer mehrere. So gab es noch zu meiner Jugendzeit in meinem Wohnort Weichs im Landkreis Dachau mit seinen 1.500 Einwohnern vier Wirtshäuser: den Bräu mit kleiner Brauerei, den Benewirt, den Bücherl neben der Kirche und den Schuhwastl, ein kleineres Bierlokal.

Weniger bekannt und auch umstritten ist die These, die Vorliebe der Bayern für das Bier sei eine Folge des Darwinschen Prinzips: „Survival of the Fittest“. Dieses Prinzip, entstanden aus der Evolutionstheorie des britischen Naturforschers Charles Darwin, besagt, dass Individuen, die sich am besten an die sich stetig verändernden Umweltbedingungen anpassen, überleben, während der unbewegliche Rest untergeht. Die Bayern haben bei der Anpassung ihrer Trinkgewohnheiten unbewusst, aber erfolgreich diese Form der überlebensnotwendigen Flexibilität bewiesen.

Aus Mangel an Alternativen mussten die Menschen lange vor der landesweiten Verbreitung der Getränkemärkte ihren Durst mit dem stillen, was die Natur hergab: Wasser aus Flüssen, Seen oder Brunnen. Und auch wenn die

Wasserqualität damals noch beileibe nicht von verunreinigten bis hochgradig giftigen Abwässern diverser Industrieanlagen bedroht war, konnte man kaum von der Keimfreiheit des Trunks sprechen. Das Wasser war oft bakteriell verunreinigt, was zu Krankheiten und auch zum Tod führen konnte. Was man damals noch nicht wusste: Wenn man Wasser abkocht, werden dadurch die gefährlichen Krankheitserreger abgetötet. Bier wird nun bekanntermaßen im Sudhaus gebraut und dabei bis zum Sieden aufgekocht (daher auch der Name „Sudhaus"). Wer also vom schlichten Wasser auf schmackhaftes, gehaltvolles Bier umstieg, hatte damit – wahrscheinlich ohne sich dessen bewusst zu sein – den entscheidenden Schritt auf die gesündere Seite der Ernährung getan, zumal der Promillegehalt des damaligen Biers noch nicht allzu weit über dem von Wasser lag.

Während die Wassertrinker an diversen Keimen zugrunde gingen, waren die Biertrinker dieser Gefahr nicht ausgesetzt, überlebten, vermehrten sich und gaben die erfolgreichen Biertrinkergene an ihre Nachkommen weiter – eine typisch Darwinsche Entwicklung. Nach der Einführung des Reinheitsgebots durch Herzog Wilhelm IV. befand sich der bayerische Bierliebhaber übrigens endgültig auf der sicheren Seite: Panschen zur Profitmaximierung oder die Beigabe diverser, für den menschlichen Organismus im schlimmsten Fall toxischer Kräuter für einen „besseren Geschmack" waren unter Strafe verboten. Seit mittlerweile 500 Jahren kann einem also allein die Menge des genossenen Biers gefährlich werden.

Die wesentliche Ursache für die nach wie vor herausragende Liebe der Bayern zu ihrem Nationalgetränk Bier liegt nach diesen Ausführungen auf der Hand: Die tiefe Zuneigung zur genialen Verbindung von Hopfen und Malz wurde von glücklich dem bakteriellen Gefahrenherd Wasser entkommenen, früheren Bayern vererbt. Daraus resultiert im Übrigen auch die Überzeugung, dass bayerisches Bier eine heilkräftige Wirkung entfaltet. Danach handeln auch die bayerischen Ärzte. Als in den 1950er Jahren mein Vater gesundheitliche Probleme hatte, riet ihm sein Hausarzt, jeden Tag eine Halbe (oder zwei) Märzenbier zu trinken. Und siehe da: Wie anderen eine Wallfahrt, so half ihm diese Medizin.

Die in diesem Kapitel zusammengefassten Redewendungen beschäftigen sich aber nicht nur mit dem großen, den Bayern ureigenen Durst und den damit verbundenen Folgen aufgrund des im Bier enthaltenen Alkohols, sondern auch mit der Geselligkeit, die man im Wirtshaus erlebt, sei es beim Kartenspiel oder beim Austausch der neuesten Nachrichten. Dazu sei noch ein Vers zitiert, der sich auf einem Bierkrug befindet, der gegen Ende des 19. Jahrhunderts in München hergestellt wurde:

Wer nie mit einer vollen Mass
Auf einem Münchner Keller saß,
Der weiß nicht, was vor andern Völkern
Der liebe Gott den Bayern gab.

Dies bringt auch ein Spruch des Journalisten Wolfram Weidner zum Ausdruck, der einmal gesagt hat: „Bier ist flüssiges Bairisch." Ich sage deshalb: Wer die Seele Bayerns kennenlernen will, muss sich ausgiebig mit dem Lieblingsgetränk der Bayern befassen!

Ozapft is! / Es ist angezapft!

Mit diesem Spruch eröffnet der amtierende Oberbürgermeister traditionell das Münchner Oktoberfest nach dem erfolgreichen Anstich des ersten Bierfasses.

Diese Tradition wurde von Thomas Wimmer im Jahr 1950 begründet und zwischenzeitlich von den meisten bayerischen Volksfesten übernommen. Es ist auch ein guter Test für die Geschicklichkeit der anzapfenden Politprominenz: Wer, wie Wimmer damals, 17 Schläge braucht bis der Zapfhahn sitzt, hat sich auf ewig blamiert.

Schåd um den scheenà Durscht. / Schade um den schönen Durst.

Je größer der Durst, desto besser schmeckt das Getränk.

Obigen Satz hört man deshalb vor allem von mittellosen Menschen, die ihren großen Durst zwar gerne mit einem wohlschmeckenden Getränk – in Bayern natürlich bevorzugt Bier – stillen würden, sich das aber nicht leisten können und deshalb auf preisgünstigere Alternativen ausweichen müssen.

Wennst du dei Moàsterprüfung bstehst, na sauf-b-mà de gscheit her. / Wenn du deine Meisterprüfung bestehst, dann saufen wir dich gescheit her.

An deinem Freudentag werden wir uns auf die Kosten des frischgebackenen Meisters, also auf deine Kosten, maßlos betrinken.

Ein besonders erfreuliches Ereignis, das man üblicherweise ausgiebig feiert, ist immer ein Grund, den Begünstigten „herzusaufen“ oder auch „herzufressen“, sich also auf seine Kosten bei Speis und Trank üppig zu bedienen.

Du bist ja schlimmer wià-r-à warms Bier. / Du bist schlimmer als warmes Bier.
Für einen gestandenen Bayer gibt es kaum etwas Verwerflicheres als warmes Bier. Ein solches Getränk gilt als ungenießbar und wird deshalb auch gern mit dem besonders negativ belegten Adjektiv „soàchwarm” (warm wie Urin) beschrieben. Vergleicht man damit einen Mitmenschen, so handelt es sich um eine schwere Beleidung.

Bei uns håt no nià koàner koàn Durscht net lein miàssn. / Bei uns musste noch nie keiner keinen Durst nicht leiden.
Ein Paradebeispiel für die Vervielfachung der Verneinung im Bairischen zur Steigerung der Nachdrücklichkeit des Gesagten. Hier ist gleich eine vierfache Verneinung zu bewundern, die zwar selten, aber ebenso wie die doppelte Verneinung durchaus üblich ist. Man erkennt sofort, dass es für den Bayern kaum einen seine Ehre tiefer verletzenden Vorwurf gibt als den Verdacht, einen Gast nicht mit einer ausreichenden Menge durstlöschender Getränke, in der Regel kühles Bier, versorgt zu haben. Abstrahiert man im Schriftdeutschen diese raumgreifende Empörung, bleibt nur ein schlichtes „Bei uns musste noch nie jemand Durst leiden“ übrig.

Oiwei bsuffà is à-r-à greglts Lem. / Immer betrunken ist auch ein geregeltes Leben.
Ein unregelmäßiges, unstetes Leben gilt als ungesund. Wenn allerdings die Regelmäßigkeit in ständigem übermäßigem Alkoholgenuss besteht, sind an der Gesundheit dieses Treibens berechtigte Zweifel angesagt.

Hinå schmeckt's besser wià herauf. / Hinunter schmeckt es besser als herauf.
Diese Feststellung kann man im Wirtshaus hören, wenn ein passionierter Biertrinker einen kräftigen Zug aus dem Krug genommen hat. Er bringt damit seine Freude über das wohlschmeckende Getränk zum Ausdruck. Diese Freude wird dadurch untermauert, dass er gleichzeitig anmerkt, dass der umgekehrte Weg des Bieres keineswegs so angenehm schmeckt. Diesen Weg kennt jeder, der dem Bier schon einmal im

Übermaß zugesprochen hat. Man kann für den Sprecher nur hoffen, dass er die Wendung scherzhaft gebraucht.

Mågg à-r-à Bier àà no, dà Kare? / Mag er ein Bier auch noch, der Karl?

Diese höchst melodiös klingende Frage stellt die Kellnerin ihrem Stammgast namens Karl. Sie hat aufgrund der zahlreichen darin enthaltenen Vokale und der nahtlosen Aneinanderreihung der Worte („Mågàràbierànodàkare?") eine gewisse Verwandtschaft mit einem Jodler.

Schnapp auf und schnapp nieder
Sauf aus und klopf wieder,
Schnapp auf!

Alter Trinkspruch, der sich auf den Zinndeckel des Bierkrugs bezieht. Zum Trinken wird der Deckel geöffnet (aufgeschnappt), anschließend wieder geschlossen (niedergeschnappt), nachdem der Krug ausgetrunken wurde, wird nach der Bedienung geklopft – und die Prozedur beginnt mit der neuen Mass von vorne.

Den gschpürt mà fei gscheid. / Den spürt man aber stark.

Der Salvator und der Bock lassen ihre Konsumenten deutlich spüren, dass darin mehr Alkohol enthalten ist als im normalen Bier. Die Auswirkungen sind vielfältig: Man kann davon besonders lustig, aber auch besonders müde werden, die Aggressivität kann zunehmen, aber auch die Bereitschaft, dem anderen Geschlecht näher zu kommen. Selbst der Gleichgewichtssinn kann in Unordnung geraten.

Als mein Vater einmal zu viel Bockbier getrunken hatte, fiel er vom Fahrrad und zog sich auch im Gesicht einige Schrammen zu. Wurde er daraufhin gefragt, wo er denn „zurekemà" sei, gab spontan und schadenfroh meine Mutter die Antwort: „Àh, dà Book håt'n gstessn." (Ach, der Bock hat ihn gestoßen.) Ein Wortspiel, weil der tierische Ziegenbock auch gerne attackiert und dabei bevorzugt versucht, sein menschliches Angriffsopfer umzustoßen.

Bleib dahoàm, boisd nix verdrågst! / Bleib zu Hause, wenn du nichts verträgst!

Wer bei der Menge des Alkoholkonsums mit seinen Trinkkumpanen nicht mithalten kann, muss damit rechnen, dass er mit diesen Worten gehänselt wird.

Àn Rauschign soi à Fuàdà Hei ausweichà. / Einem Betrunkenen soll ein Fuder Heu ausweichen.

Ein Fuder Heu ist ein sehr schwerfälliges Gefährt, bei dem aufgrund des relativ hoch liegenden Schwerpunkts ruckartige Richtungsveränderungen sehr schnell zum Umkippen des gesamten Fuhrwerks führen können. Die Wendung bringt zum Ausdruck, dass ein Betrunkener – schließlich ist auch der „schwer beladen" – noch größere Schwierigkeiten hat, sein Gleichgewicht zu halten als besagtes Fuder Heu. Begegnen sich die beiden, sollte man Vorsicht walten lassen und sich nicht darauf verlassen, dass der „Rauschige" den Weg für das Fuhrwerk frei machen kann. Eine gleichlautende Aussage findet man übrigens schon bei Martin Luther (Ermahnungen zum Frieden, 1525: „Eym truncken soll ain fudder hew weiche").

'S Mai hoit, bsuffàs Wååggscheil, bsuffàs! / Halt deinen Mund, du besoffenes Waagscheitl, du besoffenes!

Das „Wåågscheil" (Waagscheitl) gehört zur Zugvorrichtung bei eingespannten Zugtieren. Es schwankt mit deren Bewegung mit – wie ein Betrunkener, der aus dem Wirtshaus kommt. Personen, die vor lauter alkoholseliger Vernebelung nur noch unsinniges Zeug daherrreden, unverschämt oder gar aggressiv werden, müssen damit rechnen, dass man sie entsprechend grob anfasst, als „besoffenes Waagscheitl" tituliert und ihnen den Mund verbietet.

À Rausch is mà liàwà wià-r-à Fiàwà. / Ein Rausch ist mir lieber als Fieber.

Der Rausch hat gegenüber Fieber den Vorteil, dass es sich um eine vorübergehende Erscheinung handelt und die Diagnose für die damit verbundenen Beschwerden einfach und sicher zu stellen ist.

Beim Wirt und beim Bådà werd mà vui innà. / Beim Wirt und beim Bader erfährt man viele Neuigkeiten.

Beim Wirt trafen sich früher regelmäßig alle Männer des Dorfes, um die neuesten Informationen auszutauschen. Mit dem „Bader" ist nicht der mittelalterliche Betreiber eines Badehauses gemeint, sondern der Friseur, der früher meist auch noch den Part des örtlichen Doktors, mehr Quacksalbers, innehatte. Auch wenn der Hauptzweck des Besuchs beim Frisör das Schneiden der Haare oder eine kleinere medizinische

Behandlung war, spekulierte man auf das durchaus gewünschte Nebenprodukt: Man konnte die Zeit für Gespräche nutzen und wurde dabei informationstechnisch auf den neuesten Stand gebracht. Auf dem Land gilt dies heute noch oft für den Frisörtermin.

Versauft's net eier ganz Goid, kafft's eich liàwà à påår Hoibe! / Vertrinkt nicht euer ganzes Geld, kauft euch lieber ein paar Halbe!

Ein in Bayern anerkannter, wenn auch ganz und gar sinnfreier Rat: Sein Geld zu „versaufen" ist nichts anderes, als sich ein paar Halbe Bier zu kaufen, die auch getrunken sein wollen. Dieser scherzhafte Spruch wird Karl Valentin zugeschrieben.

Is des à Drinkàheilanstoit oder à Wirtshaus, hà? / Ist das eine Trinkerheilanstalt oder ein Wirtshaus?

Diese Frage wird der Bedienung im Wirtshaus gestellt, wenn sie zu lange braucht, um bei ihren Gästen nachzuschenken.

Bei dem abschließenden „hà" handelt es sich um eine sogenannte Rückfragepartikel mit unterschiedlichen Bedeutungen: Es kann Zustimmung für das eben Gesagte fordern oder direkt zu einer Antwort aufrufen und wird dann schriftdeutsch am besten mit „– nicht wahr?", „ – oder?", „– oder nicht?" bzw. „– gell?" übersetzt. Ein einsam in den Raum gerufenes „Hà?" ist die unhöfliche Variante der Nachfrage „Wie bitte?".

Der Bayer setzt sein „hà" – wie auch im vorliegenden Fall – gern an das Ende einer Frage. Es soll dann dieser besonderen Nachdruck verleihen bzw. oft auch den beabsichtigten unwirschen Unterton unterstreichen. Als Satzelement, das mehr Emotion als echten Wortinhalt transportiert, ist es quasi unübersetzbar. Letzteres dürfte auch der Grund dafür sein, dass dieses Wörtchen heute leider vielen, die die Feinheiten der bairischen Sprache nicht kennen, als Zeichen fehlender Sprachkultur gilt.

Dåsitzndedådewodåoiweidåsitzn. / Da sitzen die da, die wo da immer dasitzen.

Dieses lange Kunstwort liest man oft an Stammtischen von bayerischen Wirtshäusern. Der damit zum Ausdruck gebrachte Besitzanspruch ist – vor allem von „Zuàgroàstn" auf der Suche nach einem freien Tisch – nur unter Inkaufnahme nicht auszumalender Konsequenzen zu missachten!

Das leicht sperrige „wo" fügt der Bayer häufig an Relativpronomina an – eine weitere Besonderheit der bairischen Sprache. Es hat kein Pendant im Schriftdeutschen und gilt ebenfalls als Zeichen fehlender Sprachkultur. Seine Verwendung wird den Mundartsprechern deshalb zwar schon seit Jahrzehnten bereits in der Grundschule untersagt, was aber nur teilweise von Erfolg gekrönt ist.

Hau de herá, sàmmà mehrà! / Hau dich her, dann sind wir mehr!

Eine Aufforderung in Versform, sich zu der anwesenden Runde dazuzugesellen. In Prosa gibt es in der gleichen Bedeutung die Wendung: **Pflanz de her!** / Pflanz dich her!

Oàn leidt's scho no. / Einen lässt es schon noch zu.

Einer geht schon noch. Damit kann gemeint sein, dass auf der schon gut besetzten Wirtshausbank noch eine weitere Person Platz findet, wenn alle „à bissl zammruckà" (ein bisschen zusammenrücken). Auch wenn man noch einen Schnaps bestellen will oder kundtun möchte, dass man sich noch einen Schnaps leisten kann, passt diese Wendung. Im Zusammenhang mit dem Alkoholgehalt im Blut bedeutet sie, dass man ohne Bedenken noch ein „Stàmperl" trinken kann, ohne die gesetzliche Promillegrenze für Autofahrer zu überschreiten – eine meist illusorische Wunschvorstellung des geselligen Bayern, der spätestens vom Alkoholtester des Streifenpolizisten der Garaus gemacht wird.

Wenns koà Koinerin, koà Wirtshaus und koà Breihaus net gàb, wàr mei Briàfdaschn voi und der Kuàhstoi net lààr. / Wenn es keine Kellnerin, kein Wirtshaus und kein Brauhaus gäbe, dann wäre meine Brieftasche voll und der Kuhstall nicht leer.

Ausufernder Bierkonsum machte früher viele Bauern arm und sie kamen „auf Gànt" (gingen in die Insolvenz).

'Gurgl is à kloàne Luggà und ko do Haus und Hof voschluggà. / Die Kehle ist eine kleine Lücke und kann trotzdem Haus und Hof verschlucken.

Obwohl die Kehle nur eine kleine Öffnung ist, kann durch sie im Laufe der Zeit so viel Bier (oder anderweitiger Alkohol) laufen, dass der Konsument gezwungen ist, Haus und Hof zu verkaufen, um die dadurch entstandenen Schulden zu tilgen.

Des wenn e gwisst hätt, dass mà 's Wasser àà tringà ko, na hätt i mein Hof no. / Das wenn ich gewusst hätte, dass man Wasser auch trinken kann, dann hätte ich meinen Bauernhof noch.
Faule Ausrede eines Bauern, der wegen seines übermäßigen Alkoholgenusses „auf Gànt" gekommen ist.

Im Bier sàn scho mehrà dàsuffà wià im Wasser. / Im Bier sind schon mehr Menschen ertrunken als im Wasser.
Das ist natürlich nicht wörtlich zu verstehen, vielmehr ist damit gemeint, dass viele Menschen durch übermäßigen Biergenuss zu Alkoholikern geworden und daran elend zugrunde gegangen sind, sei es durch einen viel zu frühen Tod oder den Verlust von Haus und Hof und jeglichen Vermögens.

Gurgl duck de, jetz kimmt à Woikàbruch! / Kehle, ducke dich, jetzt kommt ein Wolkenbruch!
Damit kündigt man in der Regel den ersten, besonders kräftigen Schluck an, nachdem man vorher über außerordentlich großen Durst geklagt hatte.
Ein Spruch, den man oft auf Volksfesten hört, früher vor allem auch am „Maurermontag" auf dem Münchner Oktoberfest. Die Zunft der Maurer war nämlich dafür bekannt, täglich Bier in sprichwörtlich großen Mengen zu konsumieren. Der zweite Montag der Oktoberfestzeit, an dem sich traditionell die Maurer-, aber auch andere Handwerksgesellen auf der Wiesn trafen, wurde nach ihnen benannt und war wegen der an diesem Tag häufig vorkommenden Schlägereien berüchtigt. Obwohl der tägliche Bierbedarf der Handwerker inzwischen stark zurückgegangen ist und die meisten Wiesnbesucher die Bezeichnung „Maurermontag" nicht mehr kennen, treffen sie sich auch heute noch zum Start in die zweite Oktoberfestwoche auf der Wiesn. Aber Vorsicht – nicht verwechseln: Das Zelt der „Fischer-Vroni" ist seit einigen Jahren an diesem Tag Treffpunkt der Schwulengemeinde.

Mei Gurgl is so drucke, dass e àn Hund nimmer dàplärrn ko. / Meine Kehle ist so trocken, dass ich den Hund nicht mehr erschreien kann.
Mit diesen Worten bestellt der durstige Hundebesitzer, z. B. ein Schäfer oder ein Jäger, der sich seinen Hund auch als Arbeitstier hält, im Wirts-

haus ein Bier. Er erinnert dabei unausgesprochen an die Gefahr, die von einem Hund ausgehen kann, den die Befehle seines Herrn nicht mehr erreichen. Dieser Gefahr kann man nur dadurch begegnen, dass man diesem Gast möglichst schnell eine Halbe oder Mass Bier zum Befeuchten der Kehle serviert.

Kiàchàtürm kànntn vo mir aus àn Schuàch niedriger und dafür d' Masskriàg àn Schuàch häher sei. / Die Kirchtürme könnten meinetwegen einen Schuh niedriger und die Masskrüge dafür einen Schuh höher sein.
Diese Aussage dürfte schon so manchem Wirtshausbesucher in den Sinn gekommen sein, wenn er nach einem Blick auf den Kirchturm, der meistens gleich neben dem örtlichen Wirtshaus steht, in seinen – schon wieder – leeren Masskrug hinein schaut. Ein „Schuàch“ (Schuh) ist eine alte Maßeinheit und entspricht etwa 28 bis 32 cm.

Mit de Maßkriàg zammleitn. / Mit den Maßkrügen zusammenläuten.
15 Minuten vor dem Beginn eines katholischen Gottesdienstes wird mit einer Glocke geläutet, circa fünf Minuten davor dann mit allen Glocken, weshalb man dieses Geläut „Zammleitn“ (Zusammenläuten) nennt. Wenn nun eine Gruppe Wirtshausbesucher mit ihren Bierkrügen anstößt, entsteht ebenfalls ein Klang, der es zwar für den musikalischen Zuhörer kaum mit dem Glockenton aufnehmen kann, in den Ohren der Anstoßenden aber himmlisch klingt und deutlich mehr als das Glockenläuten der Kirche geliebt wird.

Sei bester Zug is der aus'm Bierkruàg. / Sein bester Zug ist der aus dem Bierkrug.
Manche Männer zeichnen sich durch einen ganz besonderen Charakterzug aus: den des erfahrenen Trinkers. Wenn hier vom „besten Zug“ die Rede ist, ist es sicher ein besonders großer Schluck aus dem gefüllten Krug und nicht bloß ein „Maivoi“ (ein Mund voll).

Dàhoàm is dàhoàm. / Daheim ist daheim.
Früher wurde dieser Spruch eher selten gebraucht. Angeblich sollen ihn z. B. Männer geäußert haben, die mit einem „Mordsfetznrausch“ in die Odelgrube gefallen sind. Heute bringt er vor allem ein starkes Gefühl zur

Heimat zum Ausdruck, und wird als Titel einer erfolgreichen Fernsehserie im Bayerischen Fernsehen leider auch ein wenig überstrapaziert.

Wås liegt, des pickt! / Was liegt, das klebt!

Keine bayerische Stammtischrunde ohne Kartenspiel, vorzugsweise Schafkopfen oder „Wàttn". Über den Weg Bier-Wirtshaus-Kartenspiel dürfen die dazugehörigen Sprüche hier also auf keinen Fall fehlen.

Der gnadenlose Imperativ besagt, dass eine Karte, die einmal ausgespielt wurde, nicht mehr zurückgenommen werden darf.

Es dürfte sich ursprünglich um eine Wendung aus Österreich handeln, wo man auch heute noch „picken" für „kleben" sagt (vgl. das „Pickerl" am Auto).

Foit dà nix im Gsicht? / Fehlt dir nichts im Gesicht?

Beim bayerischen Kartenspiel „Wàttn" spielen jeweils zwei diagonal gegenüber sitzende Spieler gegen zwei andere. Um eine optimale Strategie zu entwickeln, sollte man immer wissen, welchen Wert die Karten des Partners haben. Zu diesem Zweck gibt es eine ausgefeilte Methode, dies dem Partner anzuzeigen, ohne dass es der Gegner bemerkt. Die höchsten Trümpfe sind die drei „Kritischen". Diese drei „deutet" man dem Partner wie folgt: Den Höchsten (Herz König, genannt „Max") durch Spitzen des Mundes, den Zweithöchsten (Schelln Siebener, genannt „Belle") durch kurzes Zwinkern mit dem rechten Auge und den Dritthöchsten (Eichel Siebener, genannt „Spitz") durch kurzes Zwinkern mit dem linken Auge. Nachdem sich diese Aktivitäten alle im Gesicht abspielen, bedeutet die Frage, ob dem anderen im Gesicht nichts fehle, dass der Partner angezeigt haben will, ob nicht einer oder mehrere „Kritische" im Blatt zu finden sind.

Beim Mischn soi fei scho àmoi oàner gstorm sei. / Angeblich soll beim Mischen schon einmal einer gestorben sein.

Bevor die Karten für die nächste Runde eines Spiels neu ausgegeben werden, werden sie vom „Geber" mehr oder weniger lang und intensiv durchgemischt. Dauert dieser Vorgang den Mitspielern zu lange, werden sie den „Geber" in ihrer Ungeduld ermahnen, endlich die Karten auszugeben, damit das neue Spiel beginnen kann. Schließlich möchte man sich durch das Kartenspiel selbst unterhalten und nicht unnötig langem Mischen zuschauen.

Die gleiche Bedeutung hat die Wendung:

Im Nachbardorf ham's fei àmoi oàm Kartn aus de Händ operiern miàssn. / Im Nachbardorf mussten sie übrigens einmal einem die Karten aus der Hand operieren.

Ein moderner Spruch zu diesem Thema lautet in Anlehnung an die bekannten Filmreihe „Mission: Impossible“:

Mischen impossible. / Du mischst unmöglich (sehr frei übersetzt).

„Raus muàß er", sagt der Båder. / „Raus muss er", sagt der Bader.

Mit diesen Worten spielt man beim Kartenspiel eine wichtige Karte aus, z. B. beim bayerischen „Wàttn" den „Hauwe" (Hauptschlag). Bei diesem ergänzt man: „Trumpf oder kritisch!", also die Aufforderung, entweder einen Trumpf zuzugeben oder mit einem der drei Kritischen zu stechen. Der „Bader“ steht hier für den Zahnarzt – auch ein Teil dieses erstaunlich multifunktionalen mittelalterlichen Berufs. Der Kartenspieler, der obigen Spruch benutzt, gibt die dazugehörige Karte aber sicher mit deutlich angenehmerem Gefühl ab als einen faulen, schmerzenden Zahn.

So deier muàß mà 's Bier neisaufà, und so billig muàß mà's wieder hergem. / So teuer muss man das Bier hineintrinken, und so billig muss man es wieder hergeben.

Klage eines am Pissoir stehenden Biertrinkers, der mitansehen muss, wie das viele teure Bier in die Rinne läuft.

Sauf de zamm! / Trinke dich zusammen!

Trink aus, dann gehen wir nach Hause. Im Plural: „Jetz sauf-b-mà uns zamm."

À BÀCKL FOTZN
IS GLEI AUFGRISSEN!

SOI E DÀ OÀNE
AUFSTREICHÀ?

Der Bayer ràfft gern

Der Bayer rauft gern

Der im Jahr 1814 in München geborene Schriftsteller Josef Friedrich Lentner schreibt in Band 1 seines Werks „Bavaria“: „Die Freude an den Waffen und ihrer Führung , ein stetes Bereitsein zum Streite und selbst eine Art von Streitlust liegt gerade in den Grundzügen des bayerischen Charakters.“

Der Widerspruch dieser Beobachtung zu der Behauptung, dass in Bayern die Vorstufe zum Paradies zu finden sei, ist nur ein scheinbarer. Natürlich stellen wir uns das Paradies absolut friedlich und ohne Neid, Missgunst und Streit vor. Schließlich steht ja dort alles, was das Herz begehrt, in Hülle und Fülle zur Verfügung, sodass überhaupt kein Anlass besteht, sich um irgendetwas zu streiten. Auch sind wir idealerweise nur noch von Personen umgeben, die uns schon zu Lebzeiten ans Herz gewachsen sind, Streitereien mit diversen unangenehmen Charakteren, die längst einmal zurechtgestutzt gehören, sollten also auch der Vergangenheit angehören.

Nun hat der Bayer allerdings eine ganz eigene Beziehung zum Zwischenmenschlichen allgemein und zu den derberen Seiten des Lebens im Besonderen: Er sieht den Streit als Selbstzweck. Es ist keineswegs notwendig, um etwas Konkretes zu streiten und schließlich darum zu kämpfen. Nein, der Streit und die Rauferei als solche bereiten ihm Vergnügen, schließlich liebt der Bayer die Herausforderung. Das größte – man könnte auch sagen: ein paradiesisches – Vergnügen empfindet er, wenn er einen Kampf für sich entscheiden und den Gegner besiegen kann. Aber auch der Verlierer nimmt seine Niederlage nicht tragisch. Schon bald steht eine neue Rauferei an und dann werden die Karten neu gemischt.

Eine Rauferei anzuzetteln, kann aber auch wirtschaftliche Gründe haben. So soll angeblich mancher Bader am Freitag oft zu seinem Mitarbeiter gesagt haben: „Moing geh’ mà wieder zon Ràffà, dass mà für de nächste Wochà wieder à-n Arwàt ham.“ (Morgen gehen wir wieder zum Raufen, damit wir für die nächste Woche wieder Arbeit haben.) Bis ins 19. Jahrhundert war ein Bader gerade auf dem Land meist die einzige Anlaufstelle für rudimentäre medizinische Behandlung und zu seinen Aufgaben gehörte es auch, die Brüche, Blessuren und sonstigen Verletzungen diverser Raufbrüder zu behandeln.

Einen besonderen Ruf hatte früher übrigens mein derzeitiger Wohnort Weichs im Landkreis Dachau wegen der berüchtigten Rauflust seiner Burschen. Jeder echte Weichser kennt heute noch den als Warnung zu verstehenden Spruch: „Weichs – scheichs, håt der Deife gsagt und is über Aschbo hoàm." (Weichs – scheue es, sagte der Teufel und ging über Asbach heim.)

Provokationen, Drohungen und Warnungen

Eine bayerische Rauferei beginnt nie gleich mit dem Kampf an sich. Diesem gehen meistens nur kleine Sticheleien und Provokationen voraus, die in an Intensität und Grobheit zunehmende Drohungen münden. Schließlich folgen gegenseitige Warnungen, die aber von beiden Seiten ignoriert werden, weil man ja schließlich den Kampf an sich sucht. Eine Rauferei, die ihren Namen verdient hat, erfordert also einen geradezu kunstvollen Aufbau, ein ordentliches Crescendo. Die folgenden Redewendungen zeigen diese faszinierende Struktur der langsamen Steigerung der verbalen Attacken von der anfänglichen spitzen Bemerkung bis zum Kampfschrei.

Dà Ander! / Der Andere!

So äußert man sich über einen Anwesenden, dessen Aussagen man für ziemlichen Unsinn hält. Dabei schwingt eine offensichtliche Geringschätzung mit, die der so Angesprochene auch als Beleidigung auffassen kann.

Die gleiche Bedeutung hat „Eàhm schaug o!" (Ihn schau an!), gegebenenfalls auch kumulativ: „Eàhm schaug o! Dà Ander!"

Du scho wieder! Di wenn e scho siech! / Du schon wieder! Dich wenn ich nur sehe!

Allein dein Anblick weckt bei mir bereits negative Assoziationen.

Letztere kommentiert man auch mit der Ergänzung: „Na geht mà scho 's Schnàcklmesser àn Sååg drin auf." (Da geht mir schon das Taschenmesser in der Hosentasche auf.) Ein „Schnàcklmesser" ist ein Schnappmesser, das seinen Namen von dem Geräusch hat, das beim Einklappen der Schneide entsteht: „schnàckln" (klacken). Der „Sååg" ist die Kurzform von „Hosnsååg" (Hosensack). Wer ein richtiges Mannsbild sein wollte, führte früher immer ein „Schnàcklmesser" mit sich.

Spricht man übrigens in obiger Diktion über eine dritte, nicht im unmittelbaren Kreis der Zuhörer vertretene Person, so heißt es „Er scho wieder!“ (Er schon wieder!) oder „Sie scho wieder!“ (Sie schon wieder!)

Du mit dein' soiwàgschnitztn Kaschpàlkopf! / Du mit deinem selbstgeschnitzten Kasperlkopf!

Streit beginnt häufig mit einer Beleidigung. Es liegt auf der Hand, dass sich jemand, dessen Kopf mit dem hölzernen und hohlen Schädel der Hauptfigur des Kasperltheaters verglichen wird, sehr in seiner Ehre v erletzt fühlt, zumal wenn auch noch das Attribut „selbstgeschnitzt“, also nur laienhaft nachgemacht, dazu kommt. Der Weg zu einer handfesten Rauferei ist nach einem solchen Einstieg nicht mehr weit.

Wås? – Såg des no àmoi! / Was? – Sag das noch einmal!

Ich glaube, ich höre nicht recht. Das kann doch nicht dein Ernst sein. Wiederhole es bitte, ich habe mich wohl verhört.

Damit antwortet man auf eine Beleidigung oder Anschuldigung, die so ungeheuerlich ist, dass sich der andere wohl kaum trauen wird, sie zu wiederholen. So enthält dieser Imperativ gleichzeitig eine unausgesprochene Drohung für den Fall, dass die Aussage tatsächlich wiederholt wird.

Deutlicher wird die Drohkomponente in folgender Wendung:

Des sagst net no àmoi! / Das sagst du nicht noch einmal!

Das war aber jetzt starker Tobak. Ich warne dich, den Fehler, diese Beleidigung auszusprechen, zu wiederholen! Solltest du es trotzdem wagen, musst du mit einer heftigen Gegenreaktion rechnen.

I såg dà's jetz nomoi im Guàtn. / Ich sage es dir jetzt noch einmal im Guten.

Das ist der letzte Versuch, dann ist Schluss mit der Gutmütigkeit. Dann gibt es Ärger.

Bürschàl, des mirkst dà fei! / Bürschchen, merk dir das!

Das sag ich dir nicht ein zweites Mal – eine klare Warnung, den begangenen Fehler auf keinen Fall zu wiederholen.

Laß mà mei Ruàh! / Lass mir meine Ruhe!

Lass mich in Ruhe, lass mich in Frieden. Ich will mich jetzt weder mit deinem Anliegen beschäftigen noch mit dir streiten.

Auch wenn eine Streitabsage in Bayern äußerst selten vorkommen mag: Hier ist der Beweis, dass die Gemütlichkeit und der Unwille, sich von seinem derzeitigen Tun abbringen zu lassen, manchmal siegen.

Mach me net nàrrisch! / Mach mich nicht rasend!

Reg mich nicht auf! Für den Fall, dass ich „nàrrisch" werde, kann ich für nichts garantieren! Das kann böse für dich enden!

Jetz glangt's aber! / Jetzt reicht's aber!

Jetz machst' aber àn Punkt! / Jetzt machst du aber einen Punkt!

Jetz glààb e's aber! / Jetzt glaube ich's aber!

Mit diesen Wendungen wird klargestellt, dass jetzt eine rote Linie erreicht ist. Weitere negative bzw. beleidigende Äußerungen werden ab hier nicht mehr hingenommen.

Jetz wer e aber fuchte! / Jetzt werde ich aber fuchtig.

Jetzt werde ich aber zornig, wütend, aufgebracht. Dieser Zustand tritt ein, wenn man bis aufs Blut gereizt wird.

Mägst feeng? / Willst du fegen?

Willst du mich provozieren?

Eine Frage, die erst in der Nachkriegszeit weite Verbreitung fand, vor allem bei den damaligen jungen Burschen, die man zu der Zeit noch „Halbstarke" nannte. Trotz des zunehmenden Einflusses der amerikanischen Kultur und der Einführung neuer Begriffe und Wörter nach 1945, bedeutete diese Frage letztlich auch nichts anderes als die Jahrhunderte alten Formulierungen: „Mägst ràffà?" (Willst du raufen?), „Mägst à Fotzn?" (Willst du eine Ohrfeige?), „Mägst à Boogfotzn?" bzw. „Mägst à Trumm Schoin?" (Willst eine besonders heftige Ohrfeige?)

Wås mägstn du? / Was willst denn du?

Wird diese an sich schlichte Frage in aggressivem Ton gestellt und mit einer entsprechend verdüsterten Miene verbunden, so kommt sie einer Drohung gleich. Man verbindet sie auch gern mit den Worten „du lààre Hosn" (du leere Hose), „du Grischbàl" (du Schwächling) oder „du Mànschgàl" (du Männlein), um damit einerseits die naturgegebene Unterlegenheit des Gegners zu unterstreichen und diesen andererseits zu weiteren Aggressionen zu provozieren.

Jetz gib à Ruàh, sunst hau e de raus aus dein' persern Rockerl! / Jetzt gib Ruhe, sonst schlage ich dich heraus aus deinem persernen Röckchen!
Ein „persernes Röckchen" bezeichnet entweder ein minderwertiges Kleidungsstück oder eines aus Baumwolle.

Wennst jetz net glei à Ruàh gibst, na schäwàts! / Wenn du jetzt nicht sofort Ruhe gibst, dann scheppert es!
Dann gibt es Krach, dann musst du auch mit Schlägen rechnen, die scheppern.
Gab es großen Streit, dann „håd's gscheit gschäwàt" (hat es ordentlich gekracht). Das Gleiche gilt, wenn ein schwerer Unfall passiert ist, schließlich ist meist auch damit großer Lärm verbunden.

Soi e dà oàne aufstreichà? / Soll ich dir eine aufstreichen?
Soll ich dir eine Ohrfeige geben? Eine weitere der vielen Drohungen, die der bairische Dialekt bereithält und die sich mit nahenden Schlägen beschäftigen.

Duà de net àso aufmàndln! / Spiel dich nicht so auf!
Mit dem kaum übersetzbaren Wort „aufmàndln" assoziiert der Bayer einen kleinen, unbedeutenden Mann (ein „Màndl", also Männlein), der sich aufspielt und in die Brust wirft, als habe er etwas zu sagen, obwohl er ein saft- und kraftloser Wicht ist.

Drau de, Bürschàl, drau de! / Trau dich, Bürschlein, trau dich!
Du draust dà wås! / Du traust dich aber etwas!
Drau de bloß net! / Trau dich bloß nicht!
Mit allen drei Sprüchen begegnet man der Androhung von körperlicher Gewalt durch einen kräftemäßig unterlegenen Kontrahenten. Alle drei transportieren dabei auch dieselbe Botschaft – Wage es bloß nicht! Das würde schlimm für dich enden! –, unterscheiden sich aber in der Intention: Nummer 1 kann die zusätzliche Provokation nicht lassen, Nummer 2 mag auf den ersten Blick beinahe schon anerkennend wirken, ist aber eine pure Drohung, während Nummer 3 bei aller Bedrohlichkeit fast schon einem wohlmeinenden Rat nahe kommt.

Glei schmier e dir oàne, dass'd de zwölf Apostl für à Reiberbànde oschaugst. / Gleich gebe ich dir eine Ohrfeige, dass du die zwölf Apostel für eine Räuberbande hältst.

Wer eine solche Ohrfeige bekommt, der bringt alles durcheinander. Es handelt sich um eine sehr heftige Variante einer „Wàtschn", die man auch als „Boogfotzn" (Bockfotzen) bezeichnet.

Jetz schillst aber grob am Wàtschnbààm. / Jetzt schüttelst du aber grob am Watschenbaum.

Wenn der „Wàtschnbaum" umfällt, dann gibt es die sprichwörtlich darauf wachsenden Ohrfeigen. Wer zu heftig am Stamm schüttelt, läuft auch Gefahr, sich einige davon einzufangen.

À Bàckl Fotzn is glei aufgrissen. / Ein Päckchen Ohrfeigen ist gleich aufgerissen.

À Bàckl Wàtschn is glei auspackt. / Ein Päckchen Ohrfeigen ist gleich ausgepackt.

Ein bildhafter Hinweis an den unnachgiebigen Kontrahenten, dass es keines besonderen Aufwands bedarf, ein Päckchen Ohrfeigen zu öffnen, um sie ihm zu verpassen.

I back de glei beim Schlawittl. / Ich packe dich gleich am Schlafittchen.

Das Schlafittchen steht für den Zipfel des Rocks oder des Ärmels, hier aber für den Kragen, an dem der Kontrahent gepackt wird. Ursprünglich war es die Bezeichnung für den Flügelansatz aller Art von Geflügel, das man dort fasste, um es einzufangen. Statt am „Schlàwittl" kann man den Gegner auch am „Schmisettl" (Hemd, von französisch „chemise") oder am „Kràwàttl" (Hals) packen.

I back de glei bei deine Schmoizfedern. / Ich werde dich gleich an deinen Schmalzfedern ziehen.

Als Schmalzfedern bezeichnet man die Schläfenhaare. Wird an ihnen gezogen, ist dies besonders schmerzhaft.

Unser Pfarrer praktizierte diese Art der Erziehung in den 1950er Jahren gerne im Religionsunterricht, um seine Schüler zu bestrafen. Die so schmerzhaft traktierten Kinder wurden bei dieser Prozedur „immer größer", je stärker der Pfarrer nach oben zog. Da „Schmoiz" (Schmalz) auch die Bezeichnung für Fett bzw. Schmiere ist, werden die „Schmoizfedern“ auch in einem weiteren, friedlichen, wenn auch nicht schmeichelhaften Sinn gebraucht:

Der konn mit seine Schmoizfedern sei Ràdlkettn schmiern. / Der kann mit seinem fettigen Haar seine Fahrradkette schmieren.

Dir wer' e eihoàzn. / Dir werde ich einheizen.

Dir werde ich die Hölle heiß machen. Ziemlich scharfe Drohung!

Glei schnupf e de! / Gleich schnupfe ich dich!

Schnupftabak ist ein sehr leichtes Pulver, das mit der Nase aufgesogen wird – zu beobachten an diversen Stammtischen ganz Bayerns. Droht man seinem Konkurrenten, ihn zu schnupfen, verdeutlicht man ihm seine Lage als absolutes Leichtgewicht, das sich vorsehen soll.

Glei wachs mà zamm! / Gleich werden wir zusammenwachsen!

Gleich werden wir aneinander geraten. Körperlich! Sei vorsichtig, es ist nur noch ein kleiner Schritt.

Glei kriàgst à so à Schoin, dass'd mi'm Årsch auf d'Uhr schaugst. / Gleich bekommst du eine derart schallende Ohrfeige, dass du mit dem Hintern auf die Uhr schaust.

Die kommende Ohrfeige wird so heftig sein, dass es dich überschlägt und dann befindet sich anstelle deines Kopfes dein Hintern oben und du kannst zusehen, wie erfolgreich du mit deinem Hinterteil statt mit dem Kopf auf die Kirchturmuhr schaust.

Das doppelte „à“ betont mit seiner Umrahmung des „so“ als Besonderheit der bairischen Sprache die Gewaltigkeit der „Schoin“.

Glei back e de bei deiner Sängerhalle. / Gleich packe ich dich an deinem Hals.

Wer bei seiner „Sängerhalle“, also dort, wo sich die Stimmbänder befinden, gepackt wird, singt sicher so schnell keine Lieder mehr.

Glei reiß e dir d' Hàxn aus, na konnst auf deiner Wampm dàherwackln. / Gleich reiße ich dir beide Beine aus, dann kannst du auf deinem dicken Bauch daherwackeln.

Eine sehr derbe, aber umso deutlichere Drohung.

Glei spendier e dà à „Fernfahrermass“. / Gleich spendiere ich dir eine „Fernfahrermass“.

Was sich auf den ersten Blick wie eine Einladung zu Freibier liest, ist tatsächlich eine sehr unfreundliche Drohung. Eine „Fernfahrermass“ ist nämlich der Inhalt eines Masskrugs, den man einem Kontrahenten aus der Ferne, also aus zwei bis drei Metern Entfernung ins Gesicht schüttet.

Eich ziàg i ålle d' Wurschthaut åb. / Ich werde euch allen die Wursthaut abziehen.

Ich werde euch alle überwältigen bzw. besiegen. Vor euch fürchte ich mich nicht.

Wo der hischlagt, då wachst koà Grås nimmer. / Wo der hinschlägt, da wächst kein Gras nicht mehr.

Berührt die Faust dieses Kerls mit dementsprechender Wucht den begrünten Boden, hat der Rasen danach eine kahle Stelle.

Eine – höchstwahrscheinlich gewaltig übertriebene – Warnung vor einem Mann, der bekannt ist für seine ausgesprochen kräftigen Arme, mit denen er tüchtig zuschlagen kann. Mit dem sollte man sich nicht anlegen.

Der zreißt koà nasse Zeidung. / Der zerreißt keine nasse Zeitung.

Nasses Papier bietet weitaus weniger Widerstand als trockenes. Vor einem Zeitgenossen, dessen kaum vorhandene Muskeln sogar an dieser hauchdünnen Barriere scheitern, muss man keine Angst haben, der ist ein kraftloser Kerl, ein Schwächling.

Duà mà nix, i duà dà àà nix. / Tu mir nichts, ich tu dir auch nichts.

Ein solcher Vorschlag zur Versöhnung geht meistens vom offensichtlich kräftemäßig Unterlegenen aus. Steht einem der größere, stärkere Gegner schon mit rot-wütender Miene und gespannten Muskeln gegenüber, könnte die verbale „Weiße Fahne“ allerdings schon zu spät kommen. In der Regel ist diese Wendung aber eine scherzhafte Floskel, um eine aufkeimende – körperliche – Gegnerschaft gleich im Keim zu ersticken und ernsthafte Differenzen zu vermeiden.

I wart, bis eàhm 'Kraft ausgeht. / Ich warte, bis ihm die Kraft ausgeht.

So antwortet der standfeste Bayer auf die Frage, warum er bei der Rauferei nicht zurückschlägt. Allerdings muss er dann sehr gute Nehmerqualitäten besitzen, weil dem Gegner im Normalfall die Kraft nicht so schnell ausgeht.

Nach dem Kampf

Raufereien ohne Verletzte waren früher eher selten. Wer in der Gesellschaft Anerkennung finden wollte, musste seinen Mann auch im Kampf stehen. Die eine oder andere Blessur ließ sich also nicht vermeiden, und das war auch nicht tragisch, zeugte sie doch von großer Tapferkeit vor dem Feind. Nur Feiglinge suchten bei erkennbarer Übermacht des Gegners sehr schnell das Weite.

Die allgemeine Akzeptanz der zur Schau gestellten Kraftmeierei bis hin zu frei ausgelebten Aggressionen hatte auch in Bayern ihre tragischen Schattenseiten. Ab und zu kam es vor, dass ein Kämpfer zu viel Mut an den Tag legte und diese Eigenschaft mit dem Tod bezahlen musste. Manche Männer waren gewissenlose Raufbolde, die auch nicht davor zurückschreckten, ihren Gegner bewusst „abzustechen" – ein Verb, das ansonsten nur der Metzger beim Schweineschlachten verwendet.

Im glücklichen Normalfall wurden die – meist nur leicht – verletzten Kampfhähne vom örtlichen Bader wieder einigermaßen zusammengeflickt, sodass sie anschließend gleich wieder ihrer Arbeit nachgehen konnten. Das Konzept der „Krankschreibung" gab es noch nicht. Man sagte, dass nur wer seinen Kopf unter dem Arm trägt, nicht zum Dienst antreten muss.

Wer im Anschluss an eine Rauferei noch voll bei Bewusstsein war und der Hilfe des Baders nicht bedurfte, ließ den Schlagabtausch nochmals Revue passieren und kommentierte Erfolg oder Misserfolg mit einer der folgenden Redewendungen.

Dem håwe 's Kràxl rådo. / Dem habe ich die kleine Kraxe heruntergetan.

Die wörtliche Übertragung ins Schriftdeutsche führt hier nicht gleich zu einem verständlichen Ergebnis. Gemeint ist: Den habe ich überwältigt, dessen bin ich Herr geworden.

Das „Kràxl" ist der Diminutiv von Kraxe, ein Traggestell in L-Form. Da es auf dem Rücken getragen wird, wird es gern als Metapher für den entsprechenden Körperteil herangezogen, also für das Kreuz, auf das man den Kontrahenten gelegt hat.

Sie håt eàhm b'Fotzn gscheit dàkreit. / Sie hat ihm das Gesicht ordentlich zerkratzt.
Auch früher wussten die Mädchen durchaus, wie man sich gegen sexuelle Belästigungen wehrt.
Die „Fotzn" – auch der „Fotz" – ist an sich die Bezeichnung für den Mund bzw. die Mundpartie, hier steht sie als Pars pro toto für das gesamte Gesicht.

Schaug, dass'd zon Deife kimmst! / Sieh zu, dass du zum Teufel kommst!
Scher dich zum Teufel!
Äußerung des Gewinners einer Rauferei, der dem Verlierer empfiehlt, den Kampfplatz zu verlassen, weil er sonst weitere Prügel einstecken muss.

Då håt er sein' Schwanz eizong. / Da hat er seinen Schwanz eingezogen.
Er hat aufgegeben und ist abgezogen.
Der eingezogene Schwanz ist bei Hunden ein Zeichen von Furcht und dient als Signal für Unterwerfung. Raufen zwei Vierbeiner miteinander, verlässt der Unterlegene die Kampfstätte mit zwischen den Hinterbeinen eingeklemmtem Schwanz.

Dà Gschwinder is dà Gsinder. / Der Geschwindere ist der Gesündere.
So äußerst sich einer, der vor einer Rauferei geflüchtet ist und deswegen der Feigheit bezichtigt wird.
Wer schnell das Weite sucht, bevor er von einem offensichtlich stärkeren Konkurrenten Prügel bezieht, mag zwar als feige gelten, vermeidet aber unangenehme Schmerzen.

Des kriàgst zruck! / Das bekommst du zurück!
Dafür werde ich noch Revanche nehmen, das musst du noch büßen!

Oà Scheil alloà brennt net. / Ein Scheit allein brennt nicht.

Wird nach einem Streit oder einer Rauferei ein Schuldiger gesucht, so stellt man mit dieser Wendung klar, dass meistens nicht einer allein dafür die Verantwortung trägt. Wie nämlich ein Feuer in der Regel nicht nur mithilfe eines einzigen Holzscheits zu entfachen ist, so kann auch ein Mensch allein kaum einen Streit vom Zaun brechen. Wenn man also schon nach dem Schuldigen suchen muss, gilt es, auf beiden Seiten Ausschau zu halten. Das Gleiche gilt übrigens fürs Fremdgehen.

MÀ SÅGT NET OIWEI „MIEZE-MIEZE“, MÀ SÅGT À-R-ÀMOI „KATZNVIECH“.

’S HEIRÀN UND ’S SCHLIENFÅHM MUÀß SCHNOI GEH.

D’Liàb, ’s Heiràn und der Ehestand

Die Liebe, das Heiraten und der Ehestand

„D’Liàb“ (die Liebe) tritt schon semantisch höchst unterschiedlich auf: Sie beginnt in der Regel als Empfindungswort, wird bald zum Binde- und zum Verhältniswort, dann zum Tätigkeitswort, anschließend zum Hauptwort, schließlich – gewollt oder ungewollt – zum Umstandswort und endet manchmal als schlichtes Zahl-Wort.

Im biblischen Paradies war das Thema „Liebe und Partnerwahl“ noch eine einfache Angelegenheit. Dort gab es schließlich nur einen Mann und eine Frau. Paradiesisch ist heute im Gegensatz zu damals die große Auswahl an Heiratskandidaten und -kandidatinnen. Aber: Wer die Wahl hat, hat die Qual. Und die „Nieten“ werden mit der steigenden Menge an potenziellen Lebenspartnern leider auch nicht weniger. Deshalb ist es von Vorteil, dass es für diese Entscheidung, die für das gesamte weitere Leben von großer Bedeutung ist, eine ganze Reihe bairischer Redewendungen gibt, die der Orientierung im nebulösen Mienenfeld „Partnerwahl und Eheleben“ dienen. Manche der nachfolgenden Sprüche sind wertvolle Ratgeber, einige hilfreiche, wenn auch teils drastische Warnungen, die sehr deutlich zeigen, dass die Wahl des falschen Lebenspartners zu alles anderen als paradiesischen Verhältnissen führen kann.

War ein solcher Fehlgriff im ersten leidenschaftlichen Übermut einmal getan, bedeutete das für die früheren Bayern nichts Gutes: Vor Gott und der Welt bezeugte Ehegelübde wurden unauflöslich auf Lebenszeit abgelegt. Aber auch heute noch kann eine unglückliche Hand in der Liebe für reichlichen und langfristigen Verdruss sorgen: Selbst in Bayern genießt man dann nicht mehr das Leben in der Vorstufe zum Paradies. Stattdessen ist vom Fegefeuer oder gar von der Hölle die Rede, durch das bzw. durch die Betroffene gehen müssen. Sogar auf einem Marterl aus der Barockzeit soll schon folgende Inschrift eines Ehemanns zu lesen gewesen sein, der offensichtlich sehr unter seinem bösen Weib gelitten hat:

Hier liegt das Weib, Gott sei's gedankt.
So lang sie g'lebt, hat's immer zankt.
Lieber Wanderer, geh von hier,
Sonst steht sie auf und zankt mit dir.

Paare

Zur Liebe gehören immer zwei. Das hat auch der Herrgott sehr schnell gemerkt, als er den Adam erschaffen hatte. Deshalb entnahm er ihm kurz darauf eine Rippe und formte daraus eine Partnerin für seinen einsamen Mann, die Eva. So richtig verheiratet waren die beiden nicht. Es gab ja weder eine Kirche noch einen Pfarrer noch ein Standesamt. Gottseidank waren sie im Paradies noch ganz allein, sodass sich niemand über dieses „gschlamperte" Verhältnis aufregen konnte.

Heute werden solche lockeren Lebensabschnittspartnerschaften in der bayerischen Gesellschaft – wie damals im Paradies – geduldet. Zur Zeit unserer Großeltern sah das ganz anders aus: Unsittliche Verhältnisse wurden nicht toleriert! So ein „Zammàstand" war fast so verwerflich wie die Heirat zwischen einem Katholiken und einer Protestantin. Über diesen Mangel an Toleranz kann die heutige Jugend nur den Kopf schütteln – und sie denkt sich: Wieder ein Beweis dafür, dass wir inzwischen die Vorstufe zum Paradies erreicht haben!

Der heute unbeschwerte Umgang mit dem Thema bedeutet freilich nicht, dass die jungen Leute die Lust am Heiraten verloren haben, wenn für sie die Suche nach dem richtigen Partner bzw. der richtigen Partnerin erfolgreich war. Wir beginnen also mit der Reihe von Redewendungen und Lebensweisheiten, die uns unsere Vorfahren zu den Fallstricken hinterlassen haben, die sich rund um den Schritt ins feste Eheverhältnis und noch mehr im Laufe einer langen Partnerschaft auftun können. Die nicht minder hilfreichen Sprüche zur Brautschau und schließlich zur generellen Anziehungskraft der Geschlechter folgen auf dem Fuße.

Heiraten

Koànà håt's gmickt, aber i håb's doch kriàgt. / Keiner hat sie gemocht, aber ich habe sie trotzdem bekommen.

Die beschriebene Ehefrau war wohl kein Fang, auf den ihr Angetrauter besonders stolz sein kann, hat sie doch lange nach einem Bräutigam gesucht – leider vergeblich. Derjenige, der sie dann endlich doch genommen hat, tröstet sich mit diesem ironischen Spruch, der wenigstens den Eindruck erweckt, er habe mit dem Mädchen Glück gehabt.

Heiràt fei oàne, de wo wås håt. Zwider werd à jede. / Heirate eine Frau, die etwas besitzt. Übellaunig wird jede.

Ein gut gemeinter Ratschlag an einen heiratsfähigen Mann, allerdings gepaart mit der Warnung, dass sich früher oder später jede Frau zur emotionalen Herausforderung entwickelt: Im Laufe des Ehestands soll sie unweigerlich „zwider", also schlecht gelaunt (auf Bairisch: „gràntig"), mürrisch, vielleicht sogar unausstehlich werden. Wenn dieser Fall mit der Zeit tatsächlich eintritt, kann man sich zumindest noch wohlwollend an die stattliche Mitgift erinnern.

Er håt nix und sie kriàgt nix.
Bois mitànander gengà, verlierns nix,
und wer hintnach regiert, der findt nix. /

Er besitzt nichts, sie bekommt nichts,
Wenn sie miteinander gehen, verlieren sie nichts,
und wer nach ihnen regiert, der findet nichts.

Es handelt sich um eine aussichtslose Verbindung. Das Paar, das hier beschrieben wird, hat eine extrem schlechte Ausgangsposition, kaum oder gar keine materiellen Güter und keine Möglichkeit zur Vermehrung derselben. Die beiden haben so zwar nichts zu verlieren, es wird ihnen aber auch nicht gelingen, der nächsten Generation Nennenswertes zu hinterlassen.

Des is koà Zammàstand net! / Das ist kein Zusammenstand nicht!

Damit ist ein ungleiches Paar gemeint, das nicht zusammenpasst. Meistens war diese Wendung früher auf zwei Verliebte gemünzt, von denen einer bzw. eine sehr reich und der Gegenpart sehr arm war. Das Umfeld des Paares ging – nicht zuletzt aufgrund entsprechender Erfahrungen – davon aus, dass bei derart ungleichen Voraussetzungen Streit vorprogrammiert war. „Des duàt koà Guàt net!“ (Das wird nicht gut gehen!) war die weit verbreitete Überzeugung für solche Fälle.

Heiràn is net Kappn dauscht. / Heiraten ist nicht vergleichbar mit einem Mützentausch.

Heiraten ist keine einfache Sache, sondern eine sehr ernste Angelegenheit mit weitreichenden Folgen. Den Tausch von Mützen kann man wieder rückgängig machen, den fürs Leben geschlossenen Ehebund dagegen nicht.

'S Heiràn und 's Schlienfåhm muàß schnoi geh. / Das Heiraten und das Schlittenfahren muss schnell gehen.

Das Schlittenfahren ist dann besonders schön, wenn dafür ein steiler Berg zur Verfügung steht, auf dem man ordentlich Fahrt aufnehmen kann. Diese beim Schlittenfahren sehr geschätzte Geschwindigkeit ist beim Heiraten oft eine schlichte Notwendigkeit, insbesondere wenn die Braut bereits schwanger ist. Aber auch dann, wenn diese Eilbedürftigkeit nicht gegeben ist, kann es oft besser sein, wenn das Heiraten schnell geht, damit es sich Braut bzw. Bräutigam nicht doch noch anders überlegen.

Heiràn is wià Ädepfe leng: Wennst drin bist im Dreeg, gengà dà d'Aung auf. / Heiraten ist wie Erdäpfel (Kartoffeln) legen: Wenn du drinnen steckst im Dreck, dann gehen dir die Augen auf.

Grüne Stellen auf Kartoffeln bezeichnet man als Augen bzw. Kartoffelaugen. Dabei handelt es sich um Sprossknospen, aus denen nach dem Einpflanzen in die Erde („Dreeg“) neue Pflanzen heranwachsen.

Hier liegt also ein Wortspiel vor: Ebenso wie die Augen der Kartoffel im Erdreich austreiben (aufgehen), gehen auch manchem Ehemann die

Augen erst nach der Eheschließung auf. Erst dann wird ihm bewusst, worauf er sich da eingelassen hat.

Junge Weiwer und à oids Goid måg mà üweroi auf der Woid. / Junge Frauen und altes Geld mag man überall auf der Welt.

Dass junge Frauen bei Männern jeden Alters beliebt sind, bedarf keiner näheren Erläuterung. Mit der Beliebtheit des alten Geldes sind hier nicht in die Jahre gekommene Geldscheine oder Münzen bzw. altes Familienvermögen gemeint, sondern das Geld der alten Männer.

Eine genauere Begründung, weshalb alte, reiche Männer bei Frauen jeden Alters gut ankommen, liefert der nächste Spruch:

De gfreit se scho bein Stuifest auf 'n Dreißigst. / Die freut sich schon beim Stuhlfest auf das Leichenmahl.

Das Stuhlfest ist ein feierliches, vertrauliches Gespräch zwischen dem Brautpaar und ihrem Seelsorger vor der kirchlichen Eheschließung. Der „Dreißigst" bezeichnet den dreißigsten Tag nach einem Todesfall. An diesem Tag traf sich früher nochmals die gesamte Verwandtschaft.

Heiratet eine junge, meist noch auffallend attraktive Frau einen alten Mann, so unterstellt man ihr gern, dass sie es vor allem auf die Erbschaft abgesehen hat – oder anders formuliert: dass sie sich schon vor der kirchlichen Trauung auf das Ableben des Hochzeiters freut.

In der Ehe

So wià mà se s' ziàgt, so håt mà s'. / Wie man sie sich erzieht, so hat man sie.

Das kann auf kleine Kinder, aber auch auf jungvermählte Ehepartner gemünzt sein. In einer frischen Verbindung sind die Grenzen noch weich gezogen. Aber Vorsicht: Wer sein Gegenüber noch ein wenig nach den eigenen Wünschen formen möchte, hat selbst mit strengen Vorgaben, an die sich der oder die Betroffene idealerweise nach und nach gewöhnt, sie schließlich akzeptiert und befolgt , nicht immer Erfolg; ein einmal gewachsener Charakter lässt sich nur schwer verbiegen. Versucht man es allerdings gar nicht erst und lässt dem Partner eine lange Leine, so besteht natürlich die Gefahr, dass die entsprechende Freiheit großzügig ausgenutzt wird.

Sie drågt des längere Messer. / Sie trägt das längere Messer.
In dieser Ehe führt die Frau das Regiment.

Du werst-às scho à so ming. / Du wirst es schon so mögen.
Klage nicht über deine unangenehme Situation! Würdest du damit nicht zurechtkommen oder wirklich unzufrieden sein, dann würdest du doch etwas dagegen unternehmen.

I laß heit mein` Drachà steing. / Ich lasse heute meinen Drachen steigen.
Wer hier nur das schöne Spiel mit dem Herbstwind vermutet, kann sich zu den glücklichen Optimisten zählen. Wahrscheinlicher ist, dass der Spruch ironisch von einem Ehemann geäußert wird, der mit einem bösen Weib verheiratet ist und lediglich zum Ausdruck bringen möchte, dass er mit dieser Gattin unterwegs ist.

Der kànnt leicht à grässàs Glump dàhoàm håm. / Der könnte ohne Weiteres einen größeren Schund zu Hause haben.
Eine ironisch gemeinte Wendung: Hier wird ein Ehemann beschrieben, der mit seiner Frau sehr zufrieden sein kann. Er hatte Glück bei der Wahl seiner Partnerin.

Heit gehmà boid àn Federnboi. / Heute gehen wir bald auf den Federnball.
Gemeint ist: Heute gehen wir früh in die Federn, also ins Bett.
Unternehmungslustige Menschen gehen auf einen Ball, z. B. zur Faschingszeit. Weniger aktive Menschen, vor allem auch ältere – verheiratete! – Herrschaften, können diesem Vergnügen nichts abgewinnen, sie gehen lieber früh ins Bett. Mit dem „Federnball" bringen sie zum Ausdruck, dass es sich auch hierbei um eine durchaus angenehme Beschäftigung handeln kann.

Mà sågt net oiwei „Mieze- Mieze", mà sågt à-r-àmoi „Katznviech". / Man sagt nicht immer „Miezi- Miezi", man sagt manchmal auch „Katzenvieh".
Katzen sind meistens recht liebe Tiere; sind sie gut gelaunt, lassen sie sich streicheln, sie schnurren und umschmeicheln die Menschen. Manchmal muss man bei den Stubentigern allerdings – auch unvorhergesehen – mit ausgefahrenen Krallen und Fauchen rechnen. Es liegt auf der Hand, diese Eigenschaften mit denen einer Ehefrau zu vergleichen,

die ebenfalls – gerade zu Beginn der Ehe – ihren Mann fürsorglich umsorgt, aber doch gelegentlich auch unangenehm werden kann.
Die vorliegende Wendung bedeutet daher: In einer Ehe gibt es nicht nur Harmonie und Sonnenschein, man muss auch Regentage in Kauf nehmen und überstehen. Und zum Trost: Es werden auch wieder „Mieze-Mieze-Tage“ kommen.

In jeder Kuche ràcht's àmoi. / In jeder Küche raucht es gelegentlich.
Streitigkeiten gibt es überall, man kann sie genauso wenig vermeiden wie gelegentlichen Rauch in der Küche.

Schiàb à bissl à Goid ei, wemmà gråd wås seng. / Stecke etwas Geld ein für den Fall, dass wir zufällig etwas sehen.
Regelmäßige Aufforderung der Ehefrau an ihren Mann, wenn man gemeinsam in die Stadt oder zum Bummeln geht. Der Fall, unterwegs etwas Schönes zu entdecken, das man dann käuflich erwerben möchte, aber mangels Geld nicht kaufen kann, wäre nämlich fatal.
Die typisch bairische Dopplung des „à“ soll hier wohl den Gatten angesichts des potenziellen zukünftigen Geldverlusts milde stimmen: Es geht ja nur um eine ganz kleine Menge („à bissl à“) des hart verdienten Vermögens.

Då, schliaf àmoi nei! / Hier, schlüpf doch mal rein!
Mit diesen Worten reicht man – in 90 Prozent der Fälle die Ehefrau – seiner Begleitung – dem mehr oder weniger kooperationswilligen Ehemann – ein Kleidungsstück und bittet, es anzuprobieren, weil man es selbst für schön, passend und geeignet hält.

Gschnieglt und bieglt, gschneizt und kàmped. / Geschniegelt und gebügelt, geschneuzt und gekämmt.
Wer sich vorbereitet, um auszugehen, und dabei auch Wert auf sein Äußeres legt, sollte folgende Liste abklopfen: Er muss geschniegelt (herausgeputzt) sein, seine Kleidung muss gebügelt sein, die Nase muss geputzt und die Haare müssen ordentlich gekämmt sein. Aufgabe einer guten Ehefrau ist es, darauf zu achten, dass ihr Mann das Haus erst dann verlässt, wenn alle diese Voraussetzungen erfüllt sind.

Mit mein Mo håwe's dàrån, der is scho zwoà Monàt nåch der Hochzeit gstorm. / Mit meinem Mann habe ich es erraten (hatte ich Glück), der ist schon zwei Monate nach der Hochzeit gestorben.

Vor allem, wenn man sich als Sprecherin eine junge, von der Natur mit optischen Reizen gesegnete, dem Klischee entsprechend blonde Frau vorstellt, die sich nach dem Ableben ihres deutlich älteren Gatten über ein prall gefülltes Konto freuen darf, kann die obige Wendung schnell zutreffen.

Springt der Depp auf d'Seitn. / Springt der Idiot zur Seite.

Damit unterstreicht die Bäuerin ihren Ärger darüber, dass ihr ansonsten so einfältiger Mann beim Holzfällen einem umfallenden Baum gerade noch ausweichen konnte und ihr so erhalten bleibt.

Zwoà Weiwà in oàm Haus, des is à Graus. / Zwei Frauen in einem Haus, das ist ein Graus.

Mit der Übergabe des Bauernhofs an die nächste Generation geht auch das Regiment in der Küche auf die junge Bäuerin über. Oft will aber die alte Bäuerin nicht ohne Weiteres auf ihren gewohnten Machtanspruch verzichten. Als Mann heißt es dann Kopf einziehen und bloß nicht zwischen die Fronten geraten.

A Luàder bist fei scho! / Du bist wirklich ein Luder!

Anerkennende Äußerung, geradezu Lob einer Frau, die mit ungewöhnlichen, meist raffinierten Methoden ihre Wünsche durchsetzt oder einen Erfolg erzielt, den man ihr gar nicht zugetraut hätte.

De Zwoàte håt àn goidnà Årsch. / Die Zweite hat einen goldenen Arsch.

Es geht hier um die Ehefrau in zweiter Ehe. Sie hat diesen erstaunlich guten Ruf vermutlich der Tatsache zu verdanken, dass ein einmal gebrannter Ehemann ihre gewissen Vorzüge gegenüber seiner ersten Frau mehr zu schätzen weiß und so manche negative Eigenschaft für „systemimmanent" hält, also für zu jeder Frau dazugehörend und unvermeidlich.

Glang me net so verheiràt o! / Fass mich nicht so verheiratet an!

Komm mir nicht zu nah! So wehrt sich die anständige Frau gegen Annäherungsversuche und sexuelle Belästigungen.

Ledige und Überstàndige

Wer koà Wei håt, der is ledig. / Wer kein Weib hat, der ist ledig.

So erklärt der bairische Lehrer den Schülern auf dem Lande den Begriff „ledig". Und der „siemgscheide" (siebengescheite) Besserwisser in der Klasse ergänzt: „Und wer à Wei håt, der is er-ledigt." (Frei: Und wer mit einem Eheweib geschlagen ist, kann sich einsargen lassen.)

Lede gstorm is àà net verdorm. / Ledig gestorben ist auch nicht verdorben.

Wer im Verlauf seines Lebens keinen Ehepartner gefunden hat und deshalb unverheiratet stirbt, kann trotzdem ein schönes Leben gehabt haben. „Verdorm" (verdorben) steht im Bairischen für Insolvenz, dafür in Konkurs zu gehen; dem Betroffenen geht es also umfassend schlecht. Ist jemand dagegen nicht „verdorm", dann ist es ihm nie schlecht ergangen. So wie dem glücklichen Single, der bis zu seinem Lebensende alle Freiheiten genossen hat.

Jetz muàß e mir schee langsam um àn Bettwàrmà schaung. / Jetzt muss ich mich schön langsam nach einem Bettwärmer umsehen.

Wer sich so äußert, ist höchstwahrscheinlich nicht mehr ganz jung und auf der Suche nach einem Bräutigam – der an dieser Stelle allen ledigen Damen mit kalten Füßen als hervorragende Wärmequelle im Bett ans Herz gelegt sei.

De gheràd scho lang aufgràmt. / Die müsste eigentlich schon lange aufgeräumt sein.

Eine Frau ist „aufgeräumt", wenn man sie unter die Haube gebracht hat, sie also einen Ehemann gefunden hat.

Mit dieser Wendung äußert man sich über eine nicht mehr ganz junge Frau, vor allem die eigene Tochter, für die man noch keinen Hochzeiter finden konnte. Mit zunehmendem Alter steigt nämlich die Gefahr, dass einem eine solche Tochter „bleibt", weil die potenziellen Heiratskandidaten sich anderweitig umgesehen haben. Entsprechend dem bairischen Spruch „Jeder Håfà findt sein' Deckl" (Jeder Topf findet seinen Deckel; wobei der „Håfà" auch ein Synonym für eine hässliche Frau ist), sollte man aber die Hoffnung nie aufgeben, dass es doch noch klappt.

Wenn s' wartn ko,
Kriàgts à-r-àn Mo. /

Wenn sie warten kann,
Bekommt auch sie einen Mann.

Eine Frau, die sich in einem etwas fortgeschrittenen Alter befindet, aber noch keinen Mann fürs Leben gefunden hat, sollte sich nicht grämen. Mit noch ein wenig mehr Geduld wird auch sie einen Partner finden. Wenn der entsprechende Ratschlag wie hier in Form eines Reims daherkommt, ist er umso beruhigender.

'S Groàmàt màht mà net vorm erstn Hei. / Man mäht das Grummet nicht vor dem ersten Heu.

Als „Grummet" bezeichnet man den zweiten Grasschnitt im Jahr. Die Wendung bedeutet: Alles der Reihe nach – zuerst kommt das Heu, dann das Grummet. Sie wird vor allem im übertragenen Sinn verwendet: Solange die älteste Tochter des Hauses noch nicht verheiratet ist, müssen die übrigen Töchter ihre Heiratsabsichten zurückstellen. Zu hören bekommt diesen Spruch insbesondere ein Freier, der sich statt für die angebotene ältere Tochter des Bauern für eine der jüngeren interessiert.

Jeds Bleàme werd à Fuàddà,
Jeds scheene Deàndl werd à Schwiegermuàddà. /

Jede Blume wird zum Futter,
Jedes schöne Mädchen wird eine Schwiegermutter.

Alles ist vergänglich: Aus der Blume auf der Wiese wird Futter für die Nutztiere, und aus den schönen Mädchen werden Schwiegermütter, denen nicht nur Gutes nachgesagt wird, wie folgende Geschichte zeigt: Der Pfarrer möchte dem schlechten Ruf der Schwiegermütter entgegenwirken und wirbt in seiner Sonntagspredigt um Verständnis für die unterschiedlichen Charaktere dieses Personenkreises, indem er sagt: „Die Schwiegermütter sind alle verschieden." Worauf ein Bauer seinem Nachbarn zuflüstert: „De mei leider no net." (Die meine leider noch nicht.)

An oànà Staun vàrreckt koà Goàß. / An einer Staude verreckt keine Geiß.

Mit diesen Worten trösten die Eltern ihre Tochter bei Liebeskummer. Macht man mit einer „Staude" – gemeint ist hier ein Mann – schlechte Erfahrungen, so ist das keine endgültige oder gar tödliche Angelegenheit. Vielmehr gedeihen in der freien Natur genügend weitere „Stauden“, sodass man sich problemlos einem anderen Gewächs zuwenden kann. Anstelle von Liebeskummer kann der Spruch auch bei anderen Schicksalsschlägen angewendet werden.

Die Brautschau

Vor der Ehe machen sich die jungen Leute viele Gedanken darüber, welche Eigenschaften ihr idealer Lebenspartner bzw. die perfekte Partnerin haben sollte und mit welchen Eigenschaften er bzw. sie keinesfalls auffallen darf. Und wer hier die nötige Überlegung und Vorsicht vermissen lässt, muss eben mit dem Ergebnis zurechtkommen – ein Glück, dass sogar den gänzlich Ahnungslosen mit den Lebensweisheiten unserer bayerischer Vorfahren geholfen werden kann.

Obwohl sich junge Frauen und Männer auch schon früher gleichermaßen mit der Frage nach dem mustergültigen Gatten beschäftigten, gibt es für diese Phase der Annäherung nur den auf die Männer bezogenen Begriff der „Brautschau“. Ist ein Mann auf besagter „Brautschau“, so hält er – ganz wie es der Begriff vermuten lässt – nach einer Braut Ausschau. Eine „Bräutigamschau“ gibt es dagegen nicht. Dementsprechend behandeln bairische Sprüche auch ausgiebig geeignete und ungeeignete Heiratskandidatinnen, männliche Prachtexemplare bzw. Reinfälle sind kaum bekannt.

Frauen mussten sich über Jahrhunderte hinweg mit der passiven Rolle des präsentierten und prüfend angeschauten Heiratsobjekts abfinden und hatten höchst selten etwas bei der Wahl ihres Zukünftigen mitzureden. Ursache dafür dürfte mitunter sein, dass das Familienerbe stets an die männlichen Nachkommen fiel. Auch landwirtschaftliche Anwesen wurden früher vorwiegend auf den ältesten oder „brauchbarsten“ der Söhne übertragen. Männer mit Bauernhof hatten nun naturgemäß bei der Partnersuche eine optimale Ausgangsposition, sie konnten wählerisch sein. Das galt natürlich vor allem für die großen Bauern. Ein kleiner „Fretter“ war bei der Frauenwelt auch nicht besonders begehrt, aber immer noch interessanter als ein Bauernknecht oder ein anderer Habenichts.

Diese Situation empfanden damals sicher zumindest die finanziell gut gestellten Männer als paradiesisch. Wie im Garten Eden fühlten sich aber die Frauen in der Regel trotzdem kaum benachteiligt, wussten sie doch um ihre

Reize und „die Waffen einer Frau“: Konnten sie schon kein Veto bezüglich ihres Zukünftigen einlegen, so wurde ihnen doch meist schnell klar, wie sie ihre Vorzüge einzusetzen hatten, um den angetrauten „Herrn im Haus“ spielend um den Finger zu wickeln – wie die Eva im Paradies, die ja auch den Adam so lange bekniete, bis er ihrem Drängen nachgab und in den verbotenen Apfel biss.

De Gschmusdn sàn nix. / Die Geschmusten sind nicht gut.

Der Heiratsschmuser, kurz auch nur Schmuser genannt, war früher oft ein Viehhändler, der in der Region herumkam, die Verhältnisse in einem größeren Umkreis kannte und deshalb wusste, wo welche Kandidatinnen und Kandidaten einen Partner fürs Leben suchten. Neben dem Haupterwerb konnten solche Schmuser durch das Verkuppeln von Paaren einen guten Nebenverdienst einstreichen. Sie sorgten dafür, dass „s' Sach zum Sach“ kam, also ein reicher Bauernsohn eine Frau mit angemessen stattlicher Mitgift bekam, oder dass auch nicht so gut aussehende Bewerberinnen oder solche mit wenig Heiratsgut unter die Haube kamen.

Der vorliegende Spruch bezieht sich vor allem auf den zuletzt genannten Personenkreis, über den man auch sagte: „À soichàne kriàgst àà no, wenn dà Saumarkt aus is.“ (Eine solche bekommst du auch dann noch, wenn der Schweinemarkt beendet ist.) Gemeint ist damit der Heiratsmarkt. Selbst wenn dieser Markt für einen altersbedingt bereits beendet erscheint, wird man unter den Kandidaten mit geringeren Qualitäten noch fündig werden.

Wås nutzt de scheenste Schissl, wenn nix drin is? / Was nützt die schönste Schüssel, wenn nichts drinnen ist?

Das Wichtigste bei einer Schüssel, die zum Essen auf den Tisch gestellt wird, ist ihr Inhalt. Eine leere Schüssel hat ihre eigentliche Bestimmung verfehlt, selbst wenn sie aus schönstem Porzellan gefertigt ist.

Früher, als die Größe der Mitgift meistens wichtiger war als die Schönheit der Frau, bezog sich obige Feststellung auf ein hübsch anzusehendes Mädel, das trotz seiner äußerlichen Vorzüge nicht für eine Heirat in Frage kam, weil es kein nennenswertes Vermögen in die Ehe einbringen würde.

De wàr guàt eigsàmt. / Die wäre gut eingesäumt.

Diese Frau wäre, wenn man sie denn für sich gewinnen könnte, ziemlich vermögend, sie wäre „eine gute Partie" – als Hochzeiterin und künftige Ehefrau deshalb sehr geeignet.

De wàr ganz mei Krångweitn. / Die wäre ganz meine Kragenweite.

Diese Frau würde sehr gut zu mir passen – wie ein Hemd, das meine Kragenweite hat und deshalb ebenfalls wie angegossen passt.

De håt Litzn wià-r-à Roudschimme. / Die hat Launen wie ein Rotschimmel.

„Litzn" ist das bairische Wort für Launen, Marotten. Ein Rotschimmel ist ein Pferd mit überwiegend weißem, gemischt mit rotem Fell. Rotschimmel sind Pferde mit starkem Charakter und sehr selbstbewusst. Eine Frau, die Launen wie ein Rotschimmel hat, kann man deshalb auch als selbstbewusste Diva bezeichnen.

Des is à ganz à Iwerkandidlte. / Das ist eine ganz Überkanditelte.

Das ist eine recht überspannte, exzentrische, bizarre, übertrieben selbstbewusste Person.

Des is à ganz à Gspinnàde. / Das ist eine total Verrückte.

„À ganz à Gspinnàde" muss keine geisteskranke Zeitgenossin sein – so nennt man vielmehr auch Frauen, die sich entgegen den Konventionen verhalten, also z. B. besonders auffällige Kleider tragen oder beim Betriebsausflug für Stimmung sorgen und sogar die Chefs dazu bringen, bei ausgefallenen Spielen oder Tänzen mitzumachen.

Des is à ganz à Håårige. / Das ist eine ganz Haarige.

Mit Kopf- und Körperbehaarung hat der Spruch nichts zu tun. Hier geht es um eine Frau, die Haare auf den Zähnen hat, also um ein kratzbürstiges, streitsüchtiges Weib.

Des is à ganz à Scharfe. / Das ist eine scharfzüngige Frau.

Mit einer solchen Frau ist nicht gut Kirschen essen, auch sie hat Haare auf den Zähnen und weiß mit ihrem Mundwerk in geradezu kriegerischer Weise umzugehen.

Wer måg denn de no, de Åbklaubte? / Wer mag denn die noch, diese Abgepflückte?

Hat sich eine Frau bekanntermaßen schon mit einer ganzen Reihe von Männern eingelassen, dann muss sie damit leben, dass man sie als „åbklaubt", also abgeerntet wie ein Kartoffelacker, bezeichnet. Ein anderer Titel für ein solches Frauenzimmer ist „Åbgschnuàtte" (Abgesuchte). „Schnuàtten" steht im Bairischen für schnüffeln, heimlich durchsuchen, durchwühlen.

De muàß 's Brot hiàtn. / Die muss das Brot hüten.

Im Mittelalter gab es in vielen Städten Vorschriften des Magistrats, die besagten, dass gleichartige Waren auch an derselben Stelle verkauft werden mussten. So kamen alle Bäcker nicht umhin, ihre Erzeugnisse zur „Brotbank" zu bringen, wo das Brot auf die vorgeschriebene Qualität und das ordnungsgemäße Gewicht hin überprüft und anschließend zu den festgesetzten Preisen verkauft wurde. Die Bäcker mussten dazu noch Miete oder Zins für diesen unumgänglichen Dienst zahlen. Die Verkäuferinnen, die auf der Brotbank saßen und die Backwaren an den Mann bzw. die Frau brachten, durften dies auch nur unter gewissen Auflagen tun, z. B. war aktives Anlocken von Käufern durch Worte oder Blicke verboten.

Mädchen, die beim Tanz sitzen bleiben, werden mit einer solchen Brotverkäuferin verglichen. Zur Schmach als Mauerblümchen zurückzubleiben kommt also auch noch die Hänselei, dass sie wohl das Brot hüten müssten und deshalb nicht abkömmlich seien.

Die Anziehungskraft der Geschlechter

Adam und Eva wurden von den Kunstmalern schon sehr früh nackt dargestellt. Nur ihre Scham war mit einem Feigenblatt bedeckt. Mit Erotik hatte diese Nacktheit allerdings nichts zu tun. Die Künstler versuchten schließlich nur, den Lebensstandard im biblischen Paradies möglichst originalgetreu wiederzugeben und Kleidung gab es natürlich im Garten Eden noch nicht – und man brauchte sie auch nicht. Man war ja im Paradies.

Das Feigenblatt hat seinen mittlerweile sprichwörtlichen Auftritt auf diesen zahlreichen Gemälden auch nicht, weil es im Paradies üblich gewesen wäre, an diesen bestimmten Stellen ein solches zu tragen, sondern weil in der christlichen Kirche schon sehr früh alles, was mit Sexualität zu tun hatte, verpönt war, verschwiegen und versteckt wurde. Anno dazumal hat man sogar behauptet, in den bayerischen Schulen auf dem Lande habe man den Kindern das Zählen wie folgt beigebracht: eins, zwei, drei, vier, fünf, pfui, sieben …

Trotz der eifrigen Bemühungen des Klerus, die menschliche Sexualität außerhalb der Ehe zu verdammen, und der Androhung schwerer Sündenstrafen für entsprechende Handlungen, ist weder die Menschheit, noch sind die Bayern ausgestorben. Ganz im Gegenteil. Die Geschichten über das bis ins späte 19. Jahrhundert im bayerischen Oberland übliche Haberfeldtreiben – ein Rügegericht, mit dem das einfache Volk Verfehlungen oder Sittenverstöße Einzelner verfolgte – zeigen, dass sich nicht nur junge Burschen und Mädchen dem Genuss des anderen Geschlechts gewidmet haben; manche Bauern zwangen oder bezirzten ihre Mägde dazu und sogar manche Pfarrer, die von der Kanzel herab die reine Sittenlehre verkündeten, hielten sich nicht mehr daran, wenn sie mit ihrer Haushälterin alleine waren oder sich eine andere Gelegenheit bot. Offensichtlich war diesen Herren das mit der Erotik und schönen Frauen verbundene irdische Paradies näher als die Aussicht, dereinst ins himmlische Paradies zu gelangen.

'S Deàndl hoàßt oom Màre und unt' Magdalena. / Das Mädchen heißt oben Maria und unten Magdalena.

Hintergrund dieser Redewendung ist Folgendes: Bei den beiden hier zusammengebrachten Frauen handelt es sich um Maria, die Mutter Jesu, und Maria Magdalena, eine der Begleiterinnen Jesu. Sie wird in der Bibel als „Sünderin" bezeichnet, was dort als nichts anderes als ein Synonym für „Prostituierte" verstanden wird.

Vereint ein Mädchen also ihre obere Maria-Hälfte, Hirn und Herz, mit der unteren Magdalena-Hälfte, sagen wir: spielfreudigen Hüften, dann kommt ein durchaus gern gesehenes Komplettpaket dabei heraus. Frauen mit diesen Eigenschaften sind bei den Männern sehr beliebt, weil sie einen guten Charakter haben, die „heiligen" Aspekte ihres Wesens aber auch hintanstellen und die erotischen Erwartungen ihres Partners erfüllen.

Vui Unterreck machà no koà Jungfrau. / Viele Unterröcke machen noch keine Jungfrau.

Es ist ein Irrtum anzunehmen, dass viele Unterröcke davor schützen, die Jungfernschaft zu verlieren. Damit kann man zwar die gefährdeten Stellen des Körpers stärker verhüllen und den Zugang etwas erschweren, aber keineswegs völlig verhindern.

À Jungfrau und frische Oàr derf mà net z'lang aufhem. / Eine Jungfrau und frische Eier darf man nicht zu lange aufbewahren.
Beide haben nur eine begrenzte Haltbarkeit.

À jungs Roß und à verliàbts Deàndl kommà kàm dàziegln. / Ein junges Pferd und ein verliebtes Mädchen kann man kaum zügeln.
Ein junges Pferd ist ebenso wie ein verliebtes Mädchen derart übermütig, dass man die beiden kaum im Zaum halten kann.

Oide Heisl und junge Deàndl fangà leicht Feier. / Alte Häuschen und junge Mädchen fangen leicht Feuer.
Alte Häuschen, weil sie aus trockenem, leicht brennbarem Holz bestehen, junge Mädchen, weil ihr Interesse für junge Männer entsprechend ausgeprägt und die Leidenschaft fürs andere Geschlecht schnell entfacht ist.

Mit deine Weiwer üwàrànand, då wennst mà net gàngst. / Mit deinen Frauen übereinander, wenn du mir da nicht gehst.
Bleib mir mit deinen vielen verwirrenden Frauengeschichten vom Leib. Wenn ein Weiberheld mit seinen zahlreichen und wechselnden erotischen Beziehungen recht angeben will, macht man ihm klar, dass man das keineswegs besonders interessant findet. Unklar ist, ob aus dieser Redewendung echtes Desinteresse oder doch ein Funken Neid spricht.

Wegà-r-àm Liter Muich muàß mà net glei à ganze Kuàh kåffà. / Wegen einem Liter Milch muss man nicht gleich eine ganze Kuh kaufen.
Kauft man sich eine Kuh, kann man sie täglich melken und hat immer genügend frische Milch zur Verfügung. Allerdings setzt das voraus, dass man sie in seinem Stall unterbringt, regelmäßig füttert und dafür sorgt, dass es ihr gut geht.
Übertragen auf das Verhältnis zwischen Mann und Frau bedeutet das: Hat ein Mann gute Chancen bei der Weiblichkeit, so wird er seinen täglichen „Bedarf" bei seinen Verehrerinnen decken, ohne deshalb gleich

eine davon zum Traualtar zu führen und sich damit entsprechende Verpflichtungen einzuhandeln.

Die gleiche Bedeutung hat die Wendung:

Wegà-r-à påår Mass Bier kààf i mir do net glei à Brauerei. / Wegen ein paar Mass Bier kaufe ich mir doch nicht gleich eine ganze Brauerei.

Der lasst d'Schoàttn liàwà bein Stoog. / Der lässt die Späne lieber beim Stock.

Als „Schoàttn" bezeichnet man Späne oder die Baumrinde, die beim „Schäpsen" (Entrinden) von den gefällten Bäumen geschabt wird. Der „Stoog" (Stock) ist der Wurzelstock des gefällten Baums.

Der Spruch bezieht sich auf Männer, die sich am liebsten mit verheirateten Frauen vergnügen. Sie lassen ihr Sperma (die „Schoàttn") lieber bei der Geliebten (dem „Stoog") als bei der eigenen Ehefrau – sofern es eine solche überhaupt gibt. Aus Sicht dieser Vertreter des männlichen Geschlechts hat dieses Arrangement den unschlagbaren Vorteil, dass eventuell gezeugter Nachwuchs nicht dem Verführer, sondern dem rechtmäßigen Ehemann zugerechnet wird. Solche armen Kinder müssen dann meist doch – hinter vorgehaltener Hand – mit dem Titel „Kuckuckskind" zurechtkommen, weil sie in ein fremdes Nest gelegt wurden, während der Erzeuger sich aus dem Staub machte.

Wo Henà sàn, då kemà Geckl vo soiwà. / Wo Hühner sind, da kommen die Hähne von selbst.

Wo sich Mädchen aufhalten, dahin finden auch Burschen ihren Weg. Die Anziehungskraft der Mädchen auf die Burschen ist sehr groß.

Der wo koàn Knecht net håt, dem bleibt koà Dirn. / Wer keinen Knecht beschäftigt, der wird auch keine Magd halten können.

Vordergründig geht diese Feststellung darauf zurück, dass auf einem Bauernhof, auf dem kein Knecht beschäftigt wird, eine Magd auch die schweren körperlichen Arbeiten übernehmen muss, für die sie eigentlich nicht kräftig genug ist; eine auf Dauer kaum tragbare Situation.

Naheliegend ist aber auch die Annahme, dass sich Mägde auf einem solchen allein von Frauenhand umgetriebenen Bauernhof dauerhaft nicht wohl fühlen werden, weil sich die Zusammenarbeit mit Männern

meist angenehmer und einfacher gestaltet als das enge tagtägliche Zusammensein mit einem – im schlimmsten Fall – „Zickenhaufen".
Oberstes Argument für die Anstellung mindestens eines Knechts ist aber natürlich das gewaltige Plus an Lebensfreude, das das gemeinsame Leben auf dem Bauernhof außerhalb der Arbeit verspricht.

Mehrà wià gmuà! / Mehr als genug!

Damit antwortet die Magd auf die Frage, ob sie denn auch einen Vater für ihr Kind hat.

Sie is auf dà Woàd zuàrekemà. / Sie ist auf der Weide verunglückt.

So beschreibt man ein unverheiratetes Mädchen, das schwanger geworden ist, aber den Namen des Kindsvaters nicht angeben kann (oder will).

Håt de ebbà-r-à Wiesl oblåsn? / Hat dich etwa ein Wiesel angeblasen?

Auch diese Frage richtet sich an ein lediges, schwangeres Mädchen. Nach einer alten Fabel erfolgt die Befruchtung bei Wieseln durch das Ohr und die Geburt durch den Mund. Dieser im „Bayerischen Wörterbuch" von Johann Andreas Schmeller enthaltene Spruch ist heute kaum noch bekannt.

De håt an jedn Finger Zehne. / Die hat an jedem Finger zehn Verehrer.

Die Rede ist hier von einer äußerst attraktiven, begehrten Frau. Auf jeden ihrer zehn Finger kommen noch einmal zehn Verehrer.

D'Lene håt à lockers Fensterreiwàl. / Die Leni hat einen lockeren Fenstergriff.

Mit dem „Fensterreiwàl" verriegelt bzw. öffnet man durch eine entsprechende Drehung das Fenster. Eine Frau, die ihr Kammerfenster bereitwillig für einen Burschen öffnet, hat eine lockere Politik, was den Zugang zu ihrer Schlafstatt angeht. Ihr „Fensterreiwàl" springt leicht auf – im Gegensatz zu einem schwergängigen Fenstergriff.

Då stinkts nåch Flietschàlbenzin. / Hier riecht es nach Parfüm.

Ein „Flietschàl" ist ein liederliches Mädchen, das sich u. a. wohlduftender Parfüms bedient, um die Aufmerksamkeit der Männer zu erregen. Das Parfüm, das ja eigentlich nichts dafür kann, wird deshalb im Bairischen abfällig zum „Flietschàlbenzin". Weitere Synonyme sind der

„Nuttendiesel“ oder – weitaus verträglicher – das „schmeckàde Wasser“ (riechende Wasser).

I moàn, heit auf d'Nàcht bätt mà àn Rosnkranz mitànand. / Ich denke, heute Nacht treffen wir uns, um gemeinsam einen Rosenkranz zu beten.
Macht ein junger Mann seiner Geliebten diesen Vorschlag, so sind seine wirklichen Gedanken vom Rosenkranzgebet weit entfernt. Beide wissen nur zu gut, dass damit eine erotische Begegnung gemeint ist.
Will man zum Ausdruck bringen, dass ein unverheiratetes Pärchen öfter solche exklusiven Zusammenkünfte pflegt, sagt man: „I glààb net, dass de zwoà oiwà Rosnkranz bättn mitànand.“ (Ich glaube nicht, dass die zwei immer gemeinsam einen Rosenkranz beten.) Der Rosenkranz ist ein kontemplatives Gebet in der katholischen Kirche, bei dem fünfmal zehn „Gegrüßet seist du, Maria“ und anschließend eine Litanei gebetet werden.

I måg àn liàwàn àn Arm voi Brusttää. / Ich mag am liebsten einen Arm voll Brusttee.
Diese Äußerung fällt bevorzugt in reinen Herrenrunden. Wenig überraschend bekundet der Sprecher damit seine Vorliebe für große Frauenbrüste.

De håt à-n offene Tafern. / Die hat eine offene Taverne.
So beschreiben Männer eine Frau, die ihnen einen großzügigen Blick auf ihre Brüste gewährt – ihr Ausschnitt gestaltet sich dabei ähnlich offen und freizügig, wie die Tür einer Taverne, durch die auch jeder Besucher eintreten darf.

Máre, wià war e? / Maria, wie war ich?
Diese Frage stellt der Bayer seiner Sexualpartnerin namens Maria nach einer heißen Nacht. Zum Amüsement trägt hier vor allem der Reim bei, der nur durch die bairische Form des Vornamens Maria zustande kommt.

Oide Kiàh schleckàn àà gern à Soiz. / Auch alte Kühe lecken gerne Salz.
Auch ältere Damen sind erotischen Abenteuern nicht abgeneigt.

À-n oide Geing håt àà-r-àn scheenà Klang. / Eine alte Geige hat auch einen schönen Klang.

Ein vor allem für den humorigen Herrenabend passender Spruch über reifere Frauen, mit denen man durchaus noch angenehme Stunden verbringen kann.

Ebenfalls im musikalischen Bereich angesiedelt ist folgender Spruch:

Back s' am Krång und zupf s' am Bauch! / Pack sie am Kragen und zupfe sie am Bauch!

Auf den ersten Blick könnte man meinen, dass damit ein hübsches Mädchen gemeint ist. Tatsächlich geht es aber um eine Gitarre. Einer Verwendung dieses Ratschlags im zwischenmenschlich-erotischen Zusammenhang steht aber selbstverständlich nichts im Wege.

Àà wenn auf'm Dåch der Schnää liegt, hoàßt des no lang net, dass im Ofà koà Feier nimmer brennt. / Auch wenn auf dem Dach Schnee liegt, heißt das noch lange nicht, dass im Ofen kein Feuer mehr brennt.

Im Klartext: Auch wenn die Haare auf dem Kopf (Dach) schon weiß wie Schnee sind, kann das Interesse am anderen Geschlecht durchaus noch groß sein.

Wie vehement hier das leidenschaftliche Potenzial auch späterer Lebensjahrzehnte betont wird, zeigt sich an der typisch bairischen doppelten Verneinung.

Wenn à oider Ståål brennt, is à nimmer zon leschn. / Wenn ein alter Stadel brennt, ist er nicht mehr zu löschen.

Gemeint ist hier ein älterer Herr, der wider Erwarten nochmals Feuer gefangen, sich also heftig verliebt hat. Dagegen ist sogar die Feuerwehr machtlos.

Àn oidn Fuhrmo duàt no 's Schnoizn guàt. / Einem alten Fuhrmann tut das Schnalzen noch gut.

Altersbedingt muss dieser Herr zwar auf Geschlechtsgenüsse verzichten, genießt es aber trotzdem noch, davon zu sprechen.

Dazu gibt es auch die Geschichte von der frommen Huberin, die jede Woche ihrem Pfarrer beichtet, dass sie mit dem Loisl ein Verhältnis hatte. Als es dem Pfarrer lästig wird und er anmerkt, das sei doch jetzt schon sechzig Jahre her und oft genug gebeichtet worden, seufzt die

Huberin: „Ja scho, aber i beicht's immer wieder gern." (Ja schon, aber ich beichte es immer wieder gern.)

À dodà Vogl foit net vo soiwà ausm Nest. / Ein toter Vogel fällt nicht von selbst aus dem Nest.

Es wird nichts passieren, wenn ein älterer Herr vergessen hat, seinen Hosenschlag zu schließen. Was sich dahinter verbirgt, läuft nicht Gefahr, von selbst herauszufallen.

À Mo ko, solang à no à Buttermille beißn ko. / Ein Mann kann, solange er noch Buttermilch beißen kann.

Ein Mann ist zeugungsfähig, solange er noch Buttermilch beißen kann. Glaubt man diesem Spruch, so sollen sogar alte Männer, die keine eigenen Zähne mehr zum Kauen haben und sich deshalb vor allem von flüssigen Speisen ernähren müssen, durchaus noch in der Lage sein, Kinder zu zeugen. Dabei ist aber anzumerken, dass die Attraktivität und generelle Bewegungsfähigkeit solcher Personen wohl nicht mehr besonders ausgeprägt sein dürfte, sodass es sich hier eher um eine theoretische Feststellung handelt. Ganz gemäß dem Modell, nach dem so mancher ältere Herr noch „gern mächàd" und „àà no kànnt" (gerne möchte und auch noch könnte), aber keine Gelegenheit mehr hat.

Wer koà Glengheit håt, der ko leicht bràv sei. / Wer keine Gelegenheit hat, der kann leicht brav sein.

Treue ist keine Herausforderung, wenn die Fähigkeit, in dieser Hinsicht zu sündigen, mit zunehmendem Alter perdu ist.

Diese Einsicht ist auch auf sonstige kleinere moralische Verfehlungen anwendbar, z. B. Diebstähle von geringerem Wert (Gelegenheit macht Diebe) oder auch Verstöße gegen das sechste Gebot (vor- oder außerehelicher Sex) in jugendlicherem Alter. Wer beim anderen Geschlecht wenig Chancen hat, dem fällt es leicht, insoweit nicht in Versuchung zu geraten.

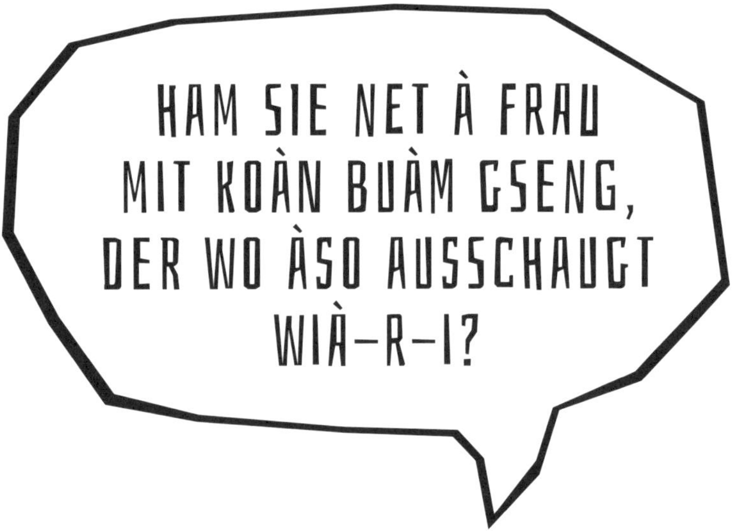
HAM SIE NET À FRAU
MIT KOÀN BUÀM GSENG,
DER WO ÀSO AUSSCHAUGT
WIÀ-R-I?

Buàm und Deàndl

Buben und Mädchen

Hätte Adam nicht in den von seiner Eva angebotenen Apfel gebissen, würden die beiden noch heute im Paradies leben. Allerdings wäre die Zweisamkeit der beiden auf Dauer wohl eine ziemlich eintönige Sache gewesen. Man stelle sich das nur vor: Vom heutigen Tag bis in eine sich unendlich ausstreckende Zukunft sieht man jeden Tag das eine, das einzige lang vertraute Gesicht des Partners bzw. der Partnerin. Man interagiert tagein tagaus allein mit diesem einen Gegenüber – und die Gesprächsthemen dürften nicht allzu aufregend gewesen sein, schließlich steht der biblische Garten Eden für Frieden, Ruhe und – vor dem Biss in den Apfel – für einen noch recht simpel veranlagten menschlichen Geist.

Das Fehlverhalten der beiden ersten Menschen hatte nun bekanntermaßen die Vertreibung aus dem Paradies zur Folge. Die friedliche, unberührte Ewigkeit war dahin, der Tod kam in die Welt und damit auch die Notwendigkeit, Kinder zu haben und durch sie den Fortbestand der Menschheit zu gewährleisten. Mit den Kindern zog aber auch ein vollkommen neues Spektrum an Emotionen in die Welt ein und bereicherte das Leben ihrer Bewohner: Die Leidenschaft, die schon bei der Zeugung des Nachwuchses eine große Rolle spielt, die besondere Liebe der Eltern zu ihren Kindern, ein Gefühl der Zusammengehörigkeit, Stolz auf die Errungenschaften der „Kleinen" vom ersten Wort bis zum Schulabschluss – und nicht zuletzt die gewaltigen Frustrationen und unvermeidbaren Konflikte beim Zusammenprall nicht nur zweier Individuen, sondern gleich zweier Generationen mit ihren eigenen Werten und Wünschen. Kurz: Das Leben wurde nach der Vertreibung aus dem Paradies um einiges spannender.

Bayern als Vorstufe (!) zum Paradies hat diesen Titel sicher auch dem jungen Teil seiner Bevölkerung zu verdanken. Bevor es den Älteren zwischen Wiesen und Wald, Seen und Alpen, Laptop und Lederhosen zu ruhig und behaglich wird, sorgen die bayerischen Nachkommen, ebenso wie die Kinder in aller Welt, für ausreichend Tumult und ein rundum buntes Leben. Die männlichen Nachkommen nennt man in Bayern übrigens die „Buàm", die weiblichen sind die „Deàndl".

An das Paradies und an Adam und Eva, die sich nach dem Sündenfall nur mit einem Feigenblatt bekleideten, wurde spontan ein Lehrer erinnert, der den Aufsatz eines Schülers über seine Ferienerlebnisse korrigierte, in dem stand: „Als ich zu meinen Großeltern kam, saßen sie in der Küche und hatten gar nichts an. Keinen Fernseher, keinen CD-Spieler, keinen Computer, ja nicht einmal einen Radio."

D'Liàb is siàß, bis ihrà wachsn Händ und Fiàß. / Die Liebe ist süß, bis ihr wachsen Hände und Füße.
Der Weg von der Liebe über die Erotik zur Schwangerschaft ist oft nicht weit. Und nach der Geburt eines nicht geplanten Kindes schmilzt oft auch die gegenseitige Zuneigung dahin.

Bei der Schmiedin håt's eigschlång. / Bei der Frau des Schmieds hat es eingeschlagen.
Das Wort „einschlagen" verwendet man vor allem, wenn der Blitz unerwartet ein Gebäude in Brand gesetzt hat. Im übertragenen Sinn bezeichnet es eine unerwartete, meistens auch ungewollte Schwangerschaft.

D' Nachbarn ham wieder obaut. / Die Nachbarn haben wieder angebaut.
Wenn der Bauer auf dem Feld Getreide aussäht, spricht man in Bayern vom „Obaun" (Anbauen).
Mit obigem Spruch ist aber weder die Aussaat noch ein Anbau an das nachbarliche Haus gemeint, sondern eine erneute Schwangerschaft der Nachbarin.

Es is à Unterschied zwischn nei und raus. / Es ist ein Unterschied zwischen hinein und heraus.
Ein scherzhafter Kommentar der Hebamme, wenn eine Geburt mit großen Schwierigkeiten verbunden ist und der Säugling nur mithilfe von Instrumenten wie Saugglocke oder Zange zur Welt (heraus) gebracht werden kann. Im Gegensatz dazu ist die Zeugung (hinein) wesentlich einfacher.

Då bist du ja no in Abrahams Wurschtkessel gschwummà, då håb / war i scho / Da bist du ja noch in Abrahams Wurstkessel geschwommen, da hatte/war ich schon …

Abraham war der Stammvater Israels und ist ein Synonym für den Urahnen an sich. Biblisch ist er uns nicht als Wurstkesselbesitzer bekannt, aber der Bayer zieht aufgrund des engen Verhältnisses, das er zu gutem Essen pflegt, für Vergleiche einfach gern eine wohlschmeckende Wurst bzw. das dazugehörige Kochgeschirr heran.
Im Wurstkessel werden die köstlichen Metzgereierzeugnisse gebrüht und erst wenn sie ausreichend lange im heißen Wasser gelegen haben, werden die Würste herausgenommen und ihrer Zweckbestimmung zugeführt. Und so stellt sich der Bayer, der Redewendung gemäß, auch die Herkunft der kleinen Kinder vor: Stammvater Abraham sitzt vor einem Wurstkessel, in dem in diesem Fall natürlich keine Würste, sondern kleine Babys schwimmen. Sind sie fertig, kommen sie auf die Welt.
Gebraucht wird diese Wendung vor allem von den Älteren, wenn sie gegenüber den Jüngeren klarstellen wollen, dass sie schon länger auf der Erde sind und deshalb größere Erfahrung haben. Die gleiche Bedeutung hat die nächste Wendung:

Då bist du ja no mi'm Rockàl da Blechmuse nachgloffà. / Da bist du ja noch mit dem Röckchen der Blasmusik nachgelaufen.
Eine Blaskapelle nennt man in Bayern auch „Blechmuse" (Blechmusik), weil die dort verwendeten Instrumente überwiegend aus Blech hergestellt sind. Bei festlichen, meist kirchlichen Anlässen wird häufig ein Festzug organisiert, der von der örtlichen Blaskapelle angeführt wird. Heute reihen sich solche Ereignisse auch auf dem Land unter den vielen Möglichkeiten der Zerstreuung und des Feierns ein. Früher aber bedeutete ein Festumzug eine seltene und heißersehnte Abwechslung im mühsamen Alltag und war deshalb vor allem für Kinder etwas ganz Besonderes. Sie wollten diese aufregende Veranstaltung und die dargebotene musikalische Kunst möglichst lange genießen und liefen deshalb neben und hinter den Musikanten her.
Wenn ein älteres Semester in guten alten Zeiten schwelgt und ihn ein unerfahrener Jungspund korrigieren will, muss dieser damit rechnen, dass er mit obiger Wendung auf die reiche Lebenserfahrung des Sprechers hingewiesen wird.

Vui Kinder vom Himme, dann kriàgt 's Brot koàn Schimme. / Viele Kinder vom Himmel, dann bekommt das Brot keinen Schimmel.

Kinder sind ein Geschenk Gottes. Viele Kinder sind gleichzeitig viele Esser. Hinzu kommt, dass Kinder noch wachsen müssen und schon deshalb auch einen gesegneten Appetit haben. In einem Haushalt mit einer großen Kinderschar besteht niemals die Gefahr, dass länger oder ungünstig gelagertes Brot schlecht wird. Das Brot wird so schnell aufgegessen, dass der Schimmel keine Chance hat sich auszubreiten.

Dir wer' e à Buidung beibringà! / Dir werde ich Manieren beibringen!

Unter „Bildung" versteht man heute vor allem Wissen. Früher gehörte dazu auch gutes Benehmen. Wer davon nicht genügend im Elternhaus mitbekommen hatte, wurde von seinen Mitmenschen entsprechend erzogen. Das Ausmerzen schlechter Manieren wurde mit dieser Wendung angedroht, meistens folgten dann mehr oder weniger unangenehme, teils auch schmerzhafte Sanktionen.

Gfirmt bist, aber gfurmt no net. / Gefirmt bist du, aber geformt noch nicht.

Das Sakrament der Firmung wird von den katholischen Bischöfen in der Regel Jugendlichen im Alter von 14 bis 16 Jahren gespendet. Es wird als Gabe der Kraft des Heiligen Geistes an die Firmlinge verstanden und soll ihnen dabei helfen, ihre Verbindung mit der Kirche zu stärken, sich an ihrer Sendung zu beteiligen und in Wort und Tat für den christlichen Glauben Zeugnis zu geben.

Wer solchermaßen gestärkt ist, hat in theologischer Hinsicht nichts mehr zu befürchten, ist aber deshalb noch nicht zu einem ordentlichen, erwachsenen Menschen geformt. Dafür sind noch weitere Jahre der Erziehung erforderlich.

Gscheidà wàr's gwen, wenn de dà Bischof mi'n Oxnfiesl gfirmt hätt. / Es wäre besser gewesen, wenn dich der Bischof mit dem Ochsenziemer gefirmt hätte.

Bei der eigentlichen Firmung legt der Bischof dem Firmling die rechte Hand auf den Kopf und zeichnet ihm mit Chrisam (geweihtem Salböl) ein Kreuz auf die Stirn. Bis zur Erneuerung bzw. Entschärfung des Ritus der Firmung im Jahr 1973 war zusätzlich zum friedlichen Kreuzzeichen ein angedeuteter Backenstreich allgemein üblich; der „Schlag" galt als Symbol der Stärkung, ähnlich dem Schlag, den angehende Ritter bei ihrer Schwertleite zu erdulden hatten („Ritterschlag"). Bei besonders frechen Burschen wünschte sich mancher, der Bischof hätte den Firmling statt mit der leichten, nur angedeuteten „Wàtschn" (Backenstreich) mit einem Ochsenziemer (getrockneter Penis des Stiers) auf schmerzhafte Weise gezüchtigt.

Gehts hoàm, es Lausbuàm, es! Und lassts eng ja nimmer seng! / Geht nach Hause, ihr Lausbuben, ihr! Und lasst euch hier bloß nicht mehr sehen!
Buben, die anderen gern Streiche spielen oder sich grundsätzlich lästig oder gar bösartig aufführen, nennt man „Lausbuàm" (Lausbuben). Die von den Streichen Betroffenen finden diese närrischen Einfälle und Mätzchen meistens gar nicht so lustig, jagen die Verursacher mit deutlichen Worten fort und verbinden diese zugleich mit der Aufforderung, in absehbarer Zeit nicht zurückzukommen.
Interessant ist hier die Wiederholung des „es" (ihr), eine Besonderheit des bairischen Dialekts, mit dem die negative Bedeutung der „Lausbuàm" (Lausbuben) noch verstärkt wird.

Mei Vattà håt gestern àn Schlaganfoi ghabt. / Mein Vater hatte gestern einen Schlaganfall.
In diesem Fall ist nicht der Vater, sondern der Sohn zu bemitleiden, der gleichzeitig mit diesem Spruch auf sein Hinterteil deutet, das aufgrund der Prügel des Vaters „griàchàlblau" (blau wie wilde Zwetschgen) gefärbt ist.

Jetz ham mir den Buàm so vui ghaut. / Jetzt haben wir den Buben so viel geschlagen.
Eine als Entschuldigung gedachte Aussage der Eltern eines missratenen Sohnes, der trotz – oder gerade wegen? – regelmäßiger Prügel auf die schiefe Bahn geraten ist. Mehr konnten die Eltern ihrer Meinung nach wirklich nicht tun, um ihn zu einem ordentlichen Menschen zu erziehen. Ein Glück, dass es die meisten Elternpaare mittlerweile mit einem friedlicheren Erziehungskonzept versuchen.

Kinder, seid's stààd, dà Vattà muàß sein' Namà schreim. / Kinder, seid still, der Vater muss seinen Namen schreiben.
Mit der Einführung der Schulpflicht lernten zwar alle Kinder zumindest rudimentär Lesen und Schreiben, Bedarf für die Anwendung dieser

Kulturtechniken bestand aber früher eher selten. Musste dann im späteren Leben etwas geschrieben werden, war dies sehr anstrengend, weil man darin kaum Übung hatte. Verträge verlangten in der Regel die Unterschrift des Hausherrn und Vaters, der bei dieser Prozedur seine Ruhe brauchte, um seine Signatur fehlerfrei aufs Papier zu bringen.
Der Spruch wurde auch später noch gerne scherzhaft gebraucht, wenn man ganz allgemein um Ruhe gebeten hat.

Kinder deàt's bättn, der Vaddà duàt lättn. / Kinder tut beten, der Vater tut löten.
Zum Löten braucht man einen sehr heißen Lötkolben und eine sehr ruhige Hand. Mangelt es an Letzterem, drohen Verbrennungen und die ernste Beschädigung der näheren Umgebung. Deshalb ist es gut, für eine „unfallfreie" Lötarbeit des Vaters zu beten. Der Reim ist allerdings nur scherzhaft gemeint. Was hoffentlich auch für folgendes Sprüchlein gilt:
Kinder deàt's bättn, der Vaddà is beim Stoin. / Kinder tut beten, der Vater ist beim Stehlen.
Diese Wendung reimt sich im Gegensatz zur vorherigen nicht und auch sonst hapert's etwas an der Logik. Nur schlichte Gemüter glauben, der liebe Gott würde einem beim Stehlen helfen, wenn man nur zu ihm betet; dabei ist in den zehn Geboten unter Nummer sieben etwas anderes zu lesen.

Kinder und Fàcke ham oiwei làare Sàcke. / Kinder und Ferkel haben immer leere Säcke.
Der „Sàck" steht hier für den Magen: Kinder und Ferkel haben ständig Hunger.

Kinder und Bsuffàne ham àn Schutzengel. / Kinder und Betrunkene haben einen Schutzengel.
Kinder und Betrunkene begeben sich oft unbewusst in eine gefährliche Situation, sie haben aber meistens Glück und kommen unbeschadet davon.

Kinder sàn àn Hoàgart bein Hansbaur. / Die Kinder sind zum Spielen beim Hansbauer.

Der „Hoàgart“ kommt von „Heimgarten“ und bezeichnet einen Treff bei den Nachbarn in der Freizeit – die Kinder kommen zum Spielen zusammen, die Erwachsenen zum Musizieren oder zum Austausch von Informationen.
Meine Mutter war als Kind oft beim Hansbaur, einem sehr großen Bauer, um mit den dortigen Kindern zu spielen. Auf dem Nachbarshof hat es ihr immer besonders gut gefallen, weil der Hansbauer auch den Kindern, die auf Besuch da waren, jedes Mal ein Stück Brot zu essen gab.

De Buàm sàn auf dà Roàs. / Die Buben sind auf der Reise.
Und sie genießen die kleine Freiheit des unbeaufsichtigten Herumstreunens bei Nachbarn oder im Dorf.

Um neine – à's Bett eine. / Um neun – ins Bett hinein.
Spätestens um neun Uhr müssen die Kinder im Bett sein.
Da man sich (Verhaltens-)Regeln immer besser merken kann, wenn sie in Form eines Reims daherkommen, hat man sich auch hierfür einen kurzen Vers einfallen lassen.

Wià dà Acker so de Ruàm, wià dà Vatter so de Buàm. / Wie der Acker so die Rüben, wie der Vater so die Buben.
Auf einem guten Ackerboden wachsen große, qualitativ hochwertige Rüben. Nicht anders ist es bei den Menschen: Hat der Vater einen guten Charakter, ist die Wahrscheinlichkeit groß, dass dies auch für seine Kinder gelten wird. Oder anders ausgedrückt: Der Apfel fällt nicht weit vom Stamm.

Mià sàn frische Buàm,
Sàn gråd wià de Fläch.
Boid schlaf' mà, boid beiss 'mà,
Boid hupf mà in d'Häch. /
Wir sind frische Buben,
Wir sind gerade so wie Flöhe.
Bald schlafen wir, bald beißen wir,
Bald springen wir in die Höhe.
Ein lustiger Reim, über den sich die Kinder gerne amüsierten, als Flöhe noch keine Seltenheit waren.

Wås duàst'n so gschàme? / Warum tust du denn so schüchtern?

Warum bist du denn so scheu?

Das Wort „gschàme" kommt von „sich schämen". Vor allem Kinder sind oft noch recht schüchtern und müssen mit dieser Frage rechnen.

I glààb, i hoit me net lang. / Ich glaube, ich halte mich nicht lange.

Dieser Satz wird einem ABC-Schützen zugeschrieben, der es am ersten Schultag ablehnt, seinen Sitzplatz einzunehmen und lieber stehen bleibt: Für die kurze Zeit, die der betreffende Bub vorhat in der Schule zu verbringen, lohnt es sich nicht, einen Stuhl zu besetzen.

Der Spruch passt aber auch für einen Besucher, der den ihm angebotenen Sitzplatz ablehnt, weil er „'s Bleim net àn Sinn håt" (das Bleiben nicht im Sinn hat).

„Ham Sie net à Frau mit koàn Buàm gseng, der wo àso ausschaugt wià-r-i?" / „Haben Sie nicht eine Frau mit keinem Buben gesehen, der so aussieht wie ich?"

So bittet der kleine Bub, der seine Mutter aus den Augen verloren hat, die umstehenden Passanten um Hilfe.

Jetz woàß e wås e duà,
Jetz zreiß e meine Schuàh,
Und wenn dà Burgermoàster kimmt,
Na flick e's wieder zuà. /

Jetzt weiß ich was ich tue,
Jetzt zerreiße ich meine Schuhe,
Und wenn der Bürgermeister kommt,
Dann flicke ich sie wieder zu.

Dieses Sprüchlein kenne ich aus Kindertagen. Es hat etwas mit der Langeweile von Kindern zu tun, die nichts mit ihrer Freizeit anzufangen wissen, abgesehen vom Zerstören ihres Schuhwerks; außerdem mit dem Bürgermeister als Respektsperson, dem man nicht mit zerrissenen Schuhen begegnen darf. Einen tieferen Sinn habe ich darin allerdings nicht gefunden.

So schaung s' aus, de Bayern

So sehen sie aus, die Bayern

Etymologisch lässt sich der Name der Bayern über die Baiern bis zu den Bajuwaren zurückverfolgen. Es ist allerdings sehr unwahrscheinlich, dass ein Volksstamm dieses Namens geschlossen in den Süden des heutigen Freistaats eingewandert ist. Historiker gehen vielmehr davon aus, dass sich „die Bajuwaren“ in dieser Gegend erst nach dem Rückzug der Römer in einem Verschmelzungsprozess verschiedener Volksgruppen gebildet haben, der vom fünften bis zum siebten nachchristlichen Jahrhundert andauerte: Aus keltischer Urbevölkerung, zugewanderten elb- und ostgermanischen Kleinstämmen, alemannischen, fränkischen und thüringischen, ostgotischen und langobardischen Flüchtlingen und nicht zuletzt den Nachkommen germanischer und anderer Söldner der dort früher stationierten römischen Grenztruppen entstand ein äußerst erfolgreiches Konglomerat an zukünftigen Bayern. Auch in den vielen folgenden Jahrhunderten gab es immer wieder Zuzug von außen, zuletzt die Flüchtlings- und Vertriebenenwelle nach dem 2. Weltkrieg und anschließend sogar die stets am meisten gefürchtete Vermischung mit den „Preißn“.

Und so sehen die heutigen Nachkommen der Bajuwaren auch aus. Es gibt keinerlei Einheitlichkeit, die man bei einem geschlossenen Volksstamm erwarten könnte, sondern eine außerordentlich große Vielfalt: Unter den Bayern

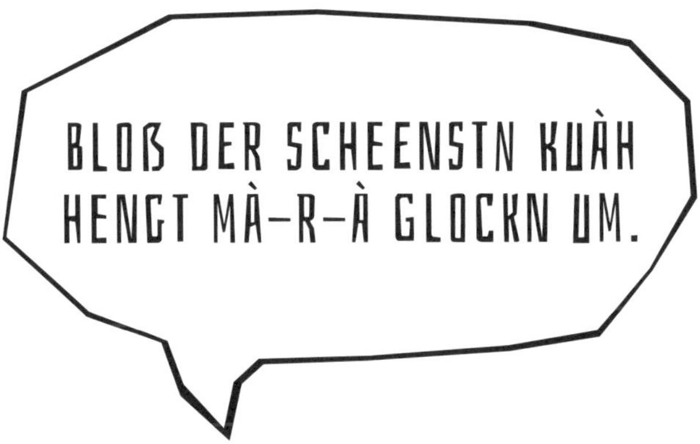

findet man schöne und weniger schöne Exemplare, Dicke und Dünne, Große und Kleine. Nicht einmal der Teint ist einheitlich, schlagen doch bei dem einen oder anderen noch immer die südländischen Einflüsse der alten Römer oder der Vorfahren vom Balkan durch, bei anderen dagegen sogar mehr das Rötliche der Wikinger. Dass diese Mannigfaltigkeit Anlass zu einer Vielzahl von Redewendungen gegeben hat, die sich mit dem Aussehen unserer Mitmenschen beschäftigen, ist nur folgerichtig.

Der optische Schmelztiegel, der Bayern von Anfang an war und auch heute noch ist, spiegelt – nebenbei bemerkt – auch einen schönen Grundsatz, der schon im Paradies gegolten hat: Äußerlichkeiten sind für die Katz'. Sehr schön demonstrieren das z. B. die „Nackerten“ im Englischen Garten in München. Noch nicht mal die ungläubigen bis entsetzten Blicke der Touristen können sie dazu veranlassen, ihre bayerischen Hintern – wie Gott sie schuf: groß, klein, durchtrainiert oder „kàsweiß“ und faltig – zu verhüllen. Das Schamgefühl, das ja erst mit dem verhängnisvollen Apfel Einzug in die menschliche Psyche hielt, hat keine Chance gegen den freien Genuss der Natur und die pure Lebensfreude in bayerischen Landen – egal, in welcher Form sie sich zeigt.

Schöne und weniger Schöne

Mit der Schönheit ist es so eine Sache. Viele empfinden symmetrische und glatte oder rundliche Gesichtszüge mit rosigem Teint als besonders betrachtenswert, andere meinen, nur ein Mensch, dem man seine Lebenserfahrung auch ansieht, ist schön, und wieder andere suchen und finden den Reiz des Schönen gerade in spannenden und skurrilen Abweichungen von der Norm: Schönheit liegt eben im Auge des Betrachters.

Das Paradiesische an der bayerischen Einstellung zur Schönheit ist wahrscheinlich der Humor und die Gelassenheit, mit denen man sein Äußeres und das der Anderen nimmt, wie es eben kommt.

À scheens Wei is wià-r-à Perlmuàttà-Rosenkranz: deier, aber lätschert. /
Eine schöne Frau ist wie ein Perlmutter-Rosenkranz: teuer, aber langweilig. Rosenkränze aus edlem Perlmutt sind naturgemäß wesentlich teurer als einfache Rosenkränze aus Holz oder Kunststoff. Das lange und wieder-

holungslastige Rosenkranzgebet wird aber dadurch keinen Deut interessanter, es bleibt genauso langweilig.
Hübsche Frauen sind sich ihrer Schönheit meist bewusst und stellen daher gern hohe Ansprüche. Als sei ihr Äußeres schon genug an Wert, den sie zum Leben beitragen, sind sie oft nicht besonders arbeitsam und lassen sich auch gern bedienen. Im Alltag bieten ihre optischen Reize aber keinerlei Vorteil und schon gar kein mehr an Abwechslung gegenüber dem Leben mit einer anderen Frau.

Scheene Leit reißt's dreimoi. / Schöne Leute reißt es dreimal.
Wenn man niesen muss, sagt man auf Bairisch, dass es einen „reißt". Manchmal kitzelt es dermaßen in der Nase, dass man mehrmals hintereinander niesen muss. Bei dreimaligem Niesen, das manche als lästig empfinden, bringt man mit der vorliegenden Wendung scherzhaft zum Ausdruck, dass es sich bei dem Niesenden um einen schönen Menschen handelt.
Eine typisch bairische Reaktion auf das häufige „Hatschi!" kann aber auch schlicht ein kurzes „No!" sein.

Bloß der scheenstn Kuàh hengt mà-r-à Glockn um. / Nur der schönsten Kuh hängt man eine Glocke um.
Hinweis einer selbstbewussten Frau, deren Hals ein großer Kropf (Schilddrüsenvergrößerung) ziert, auf ihre Schönheit.

Zon Arwàn bin e leicht schee gmua, und Feirdà gibts net so vui. / Zum Arbeiten bin ich schön genug, und Feiertage gibt es nicht so viele.
Tröstlicher Spruch für Menschen, die die Natur bei der Verteilung der Schönheit benachteiligt hat, die aber dafür über andere Qualitäten verfügen, z. B. besonderen Fleiß und hohe Arbeitsmoral.

De håt's Grieß wià's saure Bier. / Die hat das Geriss wie das saure Bier.
Wer das „Geriss" hat, der hat aufgrund seiner Attraktivität große Chancen beim anderen Geschlecht, um den oder die reißen sich alle. Saures, also mehr oder weniger verdorbenes Bier wurde einem dagegen noch nie aus den Händen gerissen.
Für Personen, die mit diesem Spruch beschrieben werden, wird es schwierig, einen Partner oder eine Partnerin zu finden. Das kann an

fehlender Ansehnlichkeit liegen, früher bezeichnete es auch eine geringe Mitgift, die eher abgeschreckt als angezogen hat.

Mi wunderts net, dass so vui scheene Weiber rumlàffà, 's Glump ham ja mir zammgheiràt. / Mich wundert es nicht, dass so viele schöne Frauen herumlaufen, den Schund haben ja wir weggeheiratet.
So hat sich öfter ein Bekannter von mir in der Öffentlichkeit, zum Teil auch in Anwesenheit seiner Frau, geäußert. Er fand das sehr lustig. Sie anscheinend weniger. Einige Zeit später wurden sie geschieden.

Bist net drokemà? / Bist du nicht drangekommen?
Eine mehr als peinliche Frage des Bauern, der seine Frau nach einer zweiwöchigen Schönheitskur vom Bahnhof abholt. Keineswegs besser ist in dieser Situation die Feststellung: „Naja, browiert håst às." (Naja, probiert hast du es.)

Då siegst, wås des für à Kaff is. / Da siehst du, was das für ein Nest ist.
So kommentiert der Bauer die Nachricht seiner allein in den Urlaub gefahrenen Frau, dass sie dort zur Schönheitskönigin gewählt worden ist. Auch wenn es dem Mann an Charme mangelt – Mut hat er.

I håb gmoànt, de geht Maschkera. / Ich dachte, die ist maskiert.
Leicht fragwürdige Erklärung eines Ehemannes, warum seine Frau, die er im Fasching kennengelernt hat, so hässlich ist.

Sie làfft hoit àà mi'n Hauffà mit. / Sie läuft halt auch mit der Menge mit.
Sie ist weder besonders hübsch noch besonders reich, sie ist auch nicht hässlich oder arm. Diese Frau verkörpert in allen Belangen den Durchschnitt.

De håt vielleicht so Krautstampfà. / Die hat besonders plumpe, dicke Beine.
Ein Krautstampfer ist ein kräftiger, hölzerner Stößel, der bei der Herstellung von Sauerkraut zum Einstampfen des geschnittenen Weißkrauts verwendet wird.

Der håt Hàxn wià-r-à Schåfwascher. / Der hat Beine wie ein Schafwäscher.
Der Schafzüchter nutzt seine Beine bei verschiedenen Gelegenheiten zum Festhalten der Schafe, z. B. wenn sie geschoren oder gewaschen werden. Mit einem ausgewachsenen, zwischen ihnen eingeklemmten

Schaf nehmen die Beine dann die Form eines „O“ an. Kurz: Menschen mit O-Beinen vergleicht der Bayer mit einem „Schåfwascher“.

Dem ham s' d'Hàxn foisch eighengt. / Dem haben sie die Beine falsch eingehangen.

Das sprichwörtlich falsche Einhängen der Beine kann die Ursache für O- oder X-Beine sein.

Gegà oissam is à Greitl gwachsn, bloß net gegà deine krummà Hàxn. / Gegen alles ist ein Kräutlein gewachsen, nur nicht gegen deine krummen Beine.

Gegen viele Krankheiten und Beschwerden gibt es Heilkräuter. Hat der Herrgott einem aber krumme statt schöne, gerade gewachsene Beine mitgegeben, muss man damit leben.

Der håt à Nåsn wià-r-à Gådernschnapper. / Der hat eine Nase wie ein Gatterschnapper.

Mit dem „Gådern“ (Gatter) ist hier ein Latten- bzw. Gittertor gemeint, das insbesondere der Begrenzung von Viehweiden dient. Dafür gibt es unterschiedliche Schließmechanismen. Der Schnapper entspricht der Falle eines Schlosses, ist aber größer und klobiger und meistens aus Holz. Eine Nase, die mit einem solchen Schnapper verglichen wird, ist also von bemerkenswerter Größe.

À scheens Gsicht braucht àn Blåtz. / Ein schönes Gesicht braucht Platz.

Diesen Platz gewinnt das Gesicht, indem es nach oben ausweichen kann – nämlich auf die Stirn- oder Vollglatze. So äußern sich selbstbewusste Männer, wenn sie auf ihr fehlendes Haupthaar angesprochen werden. Die (noch!) mit Haupthaar gesegnete Konkurrenz oder spöttische Damen mögen zwar noch weiter mit folgenden Sprüchen am Stolz der „Blattàdn“ (Glatzköpfigen) kratzen …:

Der håt à Hirn bis à's Gnàck hintàre. / Der hat ein Hirn bis zum Genick hinter.

Der håt vui Gsicht zon waschn. / Der hat viel Gesicht zu waschen.

… Aber das Arsenal der entsprechenden Herren verfügt über genug Konter-Redewendungen, mit denen man sich gegen dreiste Glatzenspötter humorvoll behaupten kann:

I dråg jetz meine Hååar offen. / Ich trage mein Haar jetzt offen.

Liàbà-r-à Blattn ois går koàne Hååar. / Lieber eine Glatze als gar keine Haare.

Der Bene konn sei Blattn ois Baublåtz verkàffà. / Der Benno kann seine Glatze als Bauplatz verkaufen.

Der Lucke konn se mi'm Waschlappm kàmpèn. / Der Ludwig kann sich mit dem Waschlappen kämmen.

Zwei neue Einsatzmöglichkeiten für den kahlen Kopf: Der einzige Sinn der beiden dürfte darin liegen, den Besitzer der jeweiligen Glatze zu „tràtzn“ (foppen).

À làärer Stådl braucht koà Dåch. / Eine leere Scheune braucht kein Dach.

Kann man einen bestimmten Mann mit Glatze nicht leiden, dann sagt man ihm nach, dass er nicht nur keine Haare auf dem Kopf, sondern auch sonst nichts im Kopf drinnen hat.

Dummköpfe mit längst versiegtem Haarwuchs kann man auch so schimpfen:

Du blattàdà Semmegeist! / Du glatzköpfiger Semmelgeist!

À oidà Mo fàrbt se, à gscheider Mo hààrt se, bloß du Oxnschäl bleibst oiwà gleich. / Ein alter Mann färbt sein Haar, ein weiser Mann verliert es, nur du Ochsenkopf bleibst immer gleich.

Damit bringt man zum Ausdruck, dass man einen Dummkopf vor sich hat.

Wenn à-n oider Glàche danzt, na schwitzt er, dass sei Dàche glanzt. / Wenn ein alter Herr tanzt, dann schwitzt er, dass sein Dächlein glänzt.

Ein humoriger, aber nicht unbedingt netter Reim: So macht man sich über ältere, tanzfreudige Herren lustig. Die Kombination aus der im Alter geringeren Kondition mit der ebenso altersbedingten Glatze lässt solche Tänzer schnell ins Schwitzen kommen – was auf einer kahlen Kopfhälfte von Weitem zu sehen ist.

Ein „Glàche“ (Klachel) ist im Bairischen ein stattlicher Mann, gleichzeitig ist es aber das Wort für zähen, schleimigen Auswurf. Ein „oider Glàche“ befindet sich begrifflich zwischen diesen beiden Erklärungen, ist also ein eher schwabbeliger älterer Herr.

À Blattádá muàß beim Nåsnbohrn den ganzn Humus åwekreit håm. / Ein Glatzköpfiger muss beim Nasenbohren den gesamten Humus heruntergekratzt haben.
Gedanken über die Ursache des fehlenden Haarwuchses: Sie könnte darin liegen, dass der Betroffene beim Nasebohren zu intensiv und zu weit nach oben gearbeitet hat, wodurch er die gesamte für ein gutes Haarwachstum erforderliche Bodenschicht versehentlich mit nach unten befördert hat.

Wer håt denn dir deine Håår àso rågoàßlt? / Wer hat denn dir deine Haare derart heruntergegeißelt?
Eine Geißel ist ein sehr grobes Instrument, für feinfühlige Arbeiten völlig ungeeignet und die Begegnung mit ihr ist äußerst schmerzhaft – man denke nur an die Geißelung Jesu. Kommt jemand vom Bader (Friseur) mit recht unordentlich geschnittenem Haar zurück, wird er scherzhaft gefragt, ob man ihm wohl die Haare mit der Geißel gekürzt hat.

Dicke und Dünne

Auch wenn sich heute in einem Großteil der Welt die Ansicht durchgesetzt haben mag, dass nur ein schlanker bis äußerst dünner Körper dem Schönheitsideal entspricht, halten die Bayern gelassen mit Schweinsbraten und Knödeln dagegen. Es wäre doch auch eine Sünde, das ganze wunderbare Essen, das zum Repertoire der landestypischen Küche gehört, wegen der paar Kalorien zu verschmähen: Das Paradies findet man in Bayern auch auf dem Teller und wenig später eben auf den Hüften.

Früher bedeutete ein ansehnlich gerundeter Körper Wohlstand, denn Qualität und Quantität der Nahrung hingen lange Zeit vom Geldbeutel ab; vor allem Fleisch war eine teure Feiertagsspeise. Vielleicht ist dieser Zusammenhang in den Köpfen der Bayern hängen geblieben – vielleicht bevorzugt man hierzulande aber auch den kräftig genährten Körpertyp, da dieser in Dirndl und Lederhosen einfach die beste Figur macht. Die „Preißn" dürfen sich dann gern weiter jedes Pfund mühsam vom Leib hungern – und der Bayer amüsiert sich wieder auf der Wiesn, wenn aus den Fantasietrachten der norddeutschen Gäste die dürren „Wàdl" (Waden) herausschauen.

An dei'm Zwetschgnårsch stässt se àà dà Deife seine Heàndl å. / An deinem Zwetschgenarsch stößt sich auch der Teufel seine Hörner ab.
Du bist dermaßen mager, dass sich auch der Teufel an deinem knochigen Hintern seine Hörner abstoßen würde.

Der konn mit sei'm Årsch à Nuss aufbeissn. / Der kann mit seinem Hintern eine Nuss knacken.
Auch diese Beschreibung gilt einem besonders mageren Menschen mit auffällig knochigem Hintern, der so hart ist, dass man dort eine Nuss einklemmen und knacken kann.

An den dürrlochàdn Heiter konnst dein Huàt naufhängà. / An dem dürren Klepper kannst du einen Hut aufhängen.
Bei diesem mageren Pferd stehen die Knochen so extrem hervor, dass man daran seinen Hut aufhängen kann.

Mit der „Auferstehung des Fleisches" konnst du net gmoànt sei. / Mit der „Auferstehung des Fleisches" kannst du nicht gemeint sein.
Die christliche Religion verspricht ihren Gläubigen die körperliche Wiedergeburt am Jüngsten Tag. In den katholischen Schriften wurde dies früher als die „Auferstehung des Fleisches" bezeichnet. War jemand ausgesprochen mager, so wurde er mit diesem Spruch gehänselt, weil an seinem Körper hauptsächlich Knochen, aber wenig Fleisch zu sehen waren.

À so à làare Hosn! / So eine leere Hose!
So bezeichnet man einen extrem mageren Menschen, der seine Hose nicht ausfüllt, weil er „überhaupts koàn Årsch net håt" (überhaupt keinen Hintern hat). Gleichzeitig bringt man damit auch die Kraftlosigkeit dieser muskelfreien Person zum Ausdruck. Weil bei einer solchen Figur überall die Knochen hervortreten, spricht man auch von einem „Sååg voi Hirschgweih" (Sack voll Hirschgeweih).

Der wenn niàst, na blåst's-n dàvo. / Der wenn niest, dann bläst es ihn davon.
Der ist dermaßen schwächlich und ohne Standfestigkeit, dass ihn sogar der Luftzug bei seinem eigenen Niesen wegbläst.

Bei der Fronleichnamsprozession ham d'Leit gmoànt, er is à-r-à Fahnàstangà. / Bei der Fronleichnamsprozession dachten die Leute, er wäre auch eine Fahnenstange.

Eine derartige Verwechslung ist nur bei einem ganz extrem mageren Menschen möglich und selbst dort nicht ernst gemeint.

Die Vergleiche, die zur Beschreibung oder zum „Tràtzn" (Necken) von sehr schmalen Personen herangezogen werden, sind im Bairischen teils äußerst kreativ:

Der is so dürr, dass der Schaffner beim Billettzwickà moànt, er wàr à Fahrkartn. / Der ist so dürr, dass der Schaffner beim Fahrtkartenzwicken meint, er sei eine Fahrkarte.

Früher war es Aufgabe der Schaffner, in den öffentlichen Verkehrsmitteln die – papierdünnen – Fahrkarten der Reisenden zu kontrollieren und sie mit einer Zwickzange zu entwerten.

Der is so sper, dass er durch's Schlisslloch schliàffà kànnt. / Der ist so dürr, dass er durchs Schlüsselloch schlüpfen könnte.

„Sper" ist ein altes bairisches Wort, das besonders mager, zaundürr bedeutet.

De is so dürr, dass der Dout gegà sie à Speegsau is. / Die ist so dürr, dass der Tod gegen sie eine Specksau ist.

Eine „Specksau" ist ein Schwein, das sich besonders üppige Speckschwarten angefressen hat. Das pure Gegenteil davon ist der personifizierte Tod, der bekanntlich als Gerippe dargestellt wird.

Z'dick bist net, aber für dei Gwicht z'kloa. / Zu dick bist du nicht, aber für dein Gewicht zu klein.

Die meisten Menschen hören es nicht gerne, wenn man ihnen sagt, dass sie übergewichtig sind. Diese Wendung ist eine elegante Umschreibung etwaiger Figurprobleme, mit der man die beleidigende Wirkung charmant umgehen kann.

À Mo ohne Bauch is à Grippe. / Ein Mann ohne Bauch ist ein Krüppel.

Mit dem Bauch ist hier eine ordentliche „Wampm" gemeint, also ein „Hendlfriedhof" (Hähnchengrab) von bemerkenswertem Umfang. Die Betroffenen selbst empfinden diese Körperform als ideal. Männer ohne eine entsprechende Körperfülle gelten bei ihnen – siehe obige Aussage

– als Krüppel, also als körperlich Behinderte. Die so abgekanzelten Dünneren revanchieren sich dann gern mit der Behauptung, die allzu üppig ausgestatteten Männer könnten sich ihre Schnürsenkel nicht mehr selber binden und wären dabei auf fremde Hilfe – meistens die ihrer Ehefrau – angewiesen. Oder auch:

Des is scho lang her, dass der Sepp seine Fiàß gseng håt. / Es ist schon lange her, dass der Josef seine Füße gesehen hat.

Und wenn er keine Mäßigung beim Essen in Betracht zieht, versperrt ihm sein Bauch auch weiterhin die Sicht.

Große und Kleine

Wie bei allen Völkern gibt es auch bei den Bayern auffällig große und besonders kleine Exemplare. Der bairische Dialekt hat dafür spezielle Begriffe parat: Einen kleinen Mann nennt man „Gstumpàdà", „Liàdriger" oder verspottet ihn als „Mànschgàl" (Männlein) oder gleich „Zwetschgnmàndl" (Zwetschgenmännlein). Ein hochgewachsener, stattlicher Mann ist dagegen ein „schneidiger Kerl", andere, einen Ticken weniger schmeichelhafte Bezeichnungen sind „Glàche", „Gschwoischädl", „à groußer Làckl", „Wàche" oder „à Bràcke Mannsbuid".

Bei der Damenwelt ist die Auswahl weniger groß: Eine besonders hochgewachsene, schlanke Frau bezeichnet man als „Bohnàstangà" (Bohnenstange) oder „Heigeing" (Heugeige), man sagt auch, sie habe einen „hohen Wasserfoi" (hohen Wasserfall; lange Beine). Hat ein potenzieller Hochzeiter eine recht kleine Braut seinen Eltern vorgestellt, musste er mit der Frage rechnen: „Wås mächstn mit dem Schoàß?" (Was willst du denn mit diesem Darmwind?)

Wie zum Ausgleich für diesen Mangel an weiblichen Spezialbegriffen liegt bei den folgenden Redewendungen, die sich mit der Körpergröße befassen, der Schwerpunkt eindeutig bei den kleinen Bayerinnen. Dabei wird es nicht verwundern, dass sich der rustikale Schlag der Bayern vorwiegend über die kleinen, zierlichen Frauen lustig macht – meistens allerdings mit einem liebevollen Augenzwinkern, weil gerade diese Art von Frau oft mit besonders vorteilhaften Proportionen ausgestattet ist.

Kloàne Leit iwàsiecht mà leicht. / Kleine Leute übersieht man leicht.

Ein scherzhafter Spruch mit spezifischem Anwendungsbereich: Wird man in einer mehr oder weniger großen Menschenmenge von einem guten Bekannten übersehen, so spricht man ihn an und kommentiert die „Blindheit" des Gegenübers mit dem vorliegenden Spruch. „Kloàne Leit" sind dabei nicht nur Personen von geringer Körpergröße, sondern in erster Linie durchschnittliche, unwichtige Personen, die nicht im gesellschaftlichen Rampenlicht stehen.

Bei derà is' no finstà, wenn bei eahm scho d'Sunn aufgeht. / Bei ihr ist es noch dunkel, wenn bei ihm schon die Sonne aufgeht.

Ein ungleiches Paar: Er ist besonders groß, sie besonders klein.

Bei meinen Großeltern war es umgekehrt. Deshalb durfte sich meine Großmutter bei Familienfotos immer auf einen Stuhl setzen, mein Großvater stellte sich schräg dahinter.

De is so kloà, de konnst im Leiwedàschl hoàmdrång. / Die ist so klein, die kannst du in der Westentasche nach Hause tragen.

Ein „Leiwe" ist im Schriftdeutschen ein Leibchen. Nicht ernst, aber liebevoll gemeinter Vergleich für eine besonders kleine Frau.

Bei derà muàß mà zwoàmoi hischaung bis mà's oàmoi siegt. / Bei der muss man zweimal hinschauen, damit man sie einmal sieht.

Diese Frau ist ungewöhnlich klein. Man könnte sie fast übersehen.

De muàßt àn Diesch naufstoin, dass' wås gleichsiegt. / Die musst du auf den Tisch stellen, damit sie etwas gleichsieht (hermacht).

Eine weitere Wendung, die eine kleine, unscheinbare Frau umschreibt.

De is à Handbroàt häher wià-r-à Saustoidürl. / Die ist eine Handbreit höher als die Tür im Schweinestall.

Und zum Dritten wird hier eine sehr klein gewachsene Frau beschrieben. Die Trennwände im Schweinestall und auch die dortigen Türen waren nämlich in der Regel nur so hoch, dass man noch bequem drüber schauen und die Schweine beobachten konnte.

Alte und Junge

In der Jugend hat man – gerade wenn man in der Vorstufe zum Paradies lebt – meist keine Zeit und auch keinen Anlass, sich große Gedanken über die Zahl zu machen, die seit dem letzten Geburtstag das eigene Alter bekannt gibt – geschweige denn über das Älterwerden selbst. Und so kommen die folgenden Redewendungen auch aus den Mündern des in Ehren ergrauten Teils der bayerischen Bevölkerung und offenbaren einen galgenhumorigen Blick auf die altersbedingten Macken, mit denen man sich jenseits der Rente herumschlagen muss.

Ois à Junger macht dà des nix aus. / Als junger Mensch macht dir das nichts aus.
Bei vielen Unternehmungen, die man als Junger noch locker wegsteckte, machen die alten Knochen nicht mehr mit, z. B. nach einer durchgefeierten Nacht am nächsten Tag bei der Arbeit vollen Einsatz zu zeigen, als ob nichts gewesen wäre.

Zwischn fuchzg und sechzg Jåhr håd mà de meistn Scheàß scho lassn. / Zwischen fünfzig und sechzig Jahren hat man die meisten Darmwinde schon hinter sich.
Die Zeitspanne, die vor einem liegt, ist also kürzer als die, die man schon zurückgelegt hat.
„Scheàß" ist der Plural von „Schoàß", dem bairischen Wort für einen Darmwind. Dieser Begriff, der heute verpönt ist, wurde früher ungeniert, sehr häufig und – wie man sieht – auch in geläufigen Sprüchen verwendet.

De grauà Håår und der Schimme auf'm Brot wachsn vo soiwà. / Die grauen Haare und der Schimmel auf dem Brot wachsen von selbst.
Diese Wendung bekommt ihren tieferen Sinn vor allem dadurch, dass ausgerechnet die Dinge, die man gar nicht bräuchte – die grauen Haare und das schimmelige Brot – im Wachstum kaum zu bremsen sind, während die Pflege und Zucht der Pflanzen, die man für die Ernährung von Mensch und Tier braucht, viel Mühe erfordert.

Schau, schau, schliàffà b'Freidhofsbleàme àà scho füre bei dir? / Schau, schau, schlüpfen die Friedhofsblumen auch schon hervor bei dir?

Als Friedhofsblumen werden hier die ersten grauen Haare bezeichnet – ein überaus deutlicher Hinweis darauf, dass man alt wird.

De lasst 's Heft net her. / Die lässt das Regiment nicht los.

Meistens geht es bei dieser Wendung um die ältere Generation, die nicht akzeptieren will oder kann, dass die Jungen nun das Sagen haben und ihre eigenen Ideen umsetzen möchten.

Wenn der Herrgod àn Narrn braucht, na lasst er àn oidn Mo sei Wei sterm. / Wenn der Herrgott einen Narren braucht, dann lässt er die Frau eines alten Mannes sterben.

Ein viele Jahre verheirateter Mann ist ohne seine Frau oft hilflos. Er konnte sich immer darauf verlassen, dass sie den Haushalt besorgte, sich ums Essen kümmerte und ihm sogar sagte, was er zu welcher Gelegenheit anziehen soll. Wenn sie nicht mehr da ist, muss er versuchen, alleine zurechtzukommen. Mangels entsprechender Praxis und Erfahrung wird er aber des Öfteren scheitern und selbst einfach erscheinende Dinge falsch machen. Vor seinen Mitmenschen wird er deshalb wie ein Narr dastehen.

Wo der Deife net hi måg, då schickt à-r-à-n oids Wei. / Wo der Teufel nicht hin will, da schickt er eine alte Frau.

Der Teufel ist der Inbegriff des Bösen, verbreitet auf der ganzen Welt Furcht und Schrecken, hat aber selbst vor niemandem Angst. Und doch gibt es Situationen, die er trotz seiner höllischen Macht meidet. In diesem Fall lässt er sich durch eine alte Frau vertreten.

Der Spruch bedeutet also: Alte Frauen können mit ihrer Kratzbürstigkeit schlimmer sein als der Teufel höchstpersönlich.

Àn oids Wei kriàgt von àn Schoàß gmuà, àn Kirtà braucht's zwoà. / Eine alte Frau wird von einem Darmwind satt, an Kirchweih braucht sie zwei.

Alte Menschen kommen meist mit einem Minimum an Nahrung aus. Aber sogar diese schlechten Esser genehmigen sich an einem Feiertag die doppelte Portion.

An Kirchweih wurden früher besonders große Mengen wohlschmeckender Speisen aufgetischt und wer Appetit hatte, verdrückte durchaus das Doppelte seiner üblichen Tellerfüllung.

I iß ja bloß no, wei's à so dà Brauch is. / Ich esse ja nur noch, weil es so üblich ist.

Kranke und alte Menschen haben oft kaum noch Appetit, von Hunger ganz zu schweigen. Sie essen nur deshalb etwas, weil sie es so gewöhnt sind.

Des soit's hoit gem: Net oid wern, aber lang lem. / Das sollte es halt geben: Nicht alt werden, aber lange leben.

Lange leben will jeder, aber die Probleme, die das Alter zwangsläufig mit sich bringt, die will niemand. Dies zeigt auch folgender Spruch:

Oid wern is à Gnad, oid sei is à Straf. / Alt werden ist eine Gnade, alt sein ist eine Strafe.

Der macht oiwei no sein oidn Sanctus. / Der verfährt immer noch nach den althergebrachten Grundsätzen.

Das Sanctus ist ein bestimmtes Gebet in der Liturgie der Heiligen Messe der katholischen Kirche. Im Bairischen ist der (!) „oide Sanctus" (alte Sanctus) etwas Überholtes, etwas, was nicht mehr dem aktuellen Stand entspricht. Es handelt sich also um alte Zöpfe, die man eigentlich abschneiden müsste.

Faulenzer, Überfliàgà und lästige Wimmerl

Die inneren Werte der Bayern

Die heutigen Nachkommen der Bajuwaren unterscheiden sich nicht nur äußerlich, sondern auch in ihren „inneren Werten“ voneinander: Ihre Begabungen, ihre Fähigkeiten, ihre Eigenschaften und ihre Charaktere sind zwar alle von der bayerischen Mentalität geprägt, dabei aber trotzdem höchst unterschiedlich. Und ebenso oft, wie man sich an einem Leben erfreut, das von den unterschiedlichsten Persönlichkeiten bunt, ideenreich und spannend vorangetrieben wird, mag man all die „Loàmsiàder“ (Trantüten), „Dipfescheißer“ (Klugscheißer) und „Stockdàmischen“ (Armen im Geiste), „Gscheithàferl“ (Besserwisser) und „Håderlumpen“ (Halunken) am liebsten gar nicht mehr sehen.

Vielleicht hängt das schwierige Auskommen mit den Eigenarten der Mitmenschen daran, dass sich die menschliche Individualität in all ihren Facetten erst in der nach-paradiesischen Zeit entwickelt hat. Aus der Bibel wissen wir: Im Garten Eden begegnen sich Adam und Eva noch als zufriedene, schlichte Charaktere ohne auffallende Marotten. Dann sorgen Neugier und eine fatale Anfälligkeit für Verführung dafür, dass die beiden vor die Tore gesetzt werden. Und schon in der zweiten Generation teilen sich die Menschen in die Glücklichen und Unglücklichen, die Fleißigen und die Neider, die Guten und die Bösen: Kain, der erste Sohn von Adam und Eva, erschlug seinen Bruder Abel, weil Gott dessen Opfer bevorzugt hatte.

Insoweit leben auch wir in Bayern nicht in einer paradiesischen, leider nicht einmal in einer vor-paradiesischen Zeit und müssen stattdessen unser Bestes tun, um mit den ganzen unterschiedlichen Spielarten des – in unserem Fall – bayerischen Charakters zurechtzukommen. Für uns hat das allerdings den Vorteil, dass diese Unterschiede viel Stoff für entsprechende Redewendungen über die inneren Werte der Bayern bieten – ein Paradies für den Sprüchesammler.

Faule und Fleißige

Der Weg Bayerns bis zur Vorstufe zum Paradies war in Sachen Wohlstand vor allem deshalb so erfolgreich, weil der Bayer schon immer bestrebt war, dass er „zu wås kimmt", also seinen Besitz vermehrt, und dass er „'s Sach zammhoit" (seinen Besitz zusammenhält). Wichtigste Voraussetzung für diese Bestrebungen ist der besondere bajuwarische Fleiß. Das heißt aber nicht, dass alle Angehörigen dieses Volkstammes über ebenjene Veranlagung verfügen.

Das Bairische kennt zahlreiche Begriffe, mit denen auf die weniger arbeitsamen und aktiven Exemplare der Menschheit Bezug genommen wird: „stingfei" und „gstingàt" (extrem faul), „maifei" (mundfaul), „bärndàtze" (behäbig wie ein Bär) oder auch das alte Verb „beìzn" (pelzen, sich wie ein Faulpelz verhalten), die „feie Màtz" (faules Weib) oder der „feie Stingl" (fauler Mann). Solche Zeitgenossen wollen sich keinen „Hàx" (Bein) ausreißen. Sie bevorzugen es, ihre Arbeit eher gemächlich zu erledigen, ihr sogar möglichst aus dem Weg zu gehen.

Deshalb war es und ist es nach wie vor notwendig, Typen, die sich zu Lasten der tatkräftigen Mehrheit einen schönen Lenz machen wollen, „katholisch" zu machen, sie also mit mehr oder weniger starkem Druck auf den Weg der Tugend zu führen.

Den reit's scho, dass à 's Làffà glernt håt. / Der hat es schon gereut, dass er Laufen gelernt hat.

Ein besonders fauler Zeitgenosse, der jegliche Art von Bewegung scheut. Eine hierzu passende Ergänzung lautet:

Aber wenn d'Arwàt eigråm werd, na derf à b'Fahnà drång. / Aber wenn die Arbeit zu Grabe getragen wird, dann darf er die Fahne tragen.

Im Gegensatz zu seinem sonstigen Arbeitseinsatz, der sehr zu wünschen übrig lässt, wäre dieser Faulpelz an maßgeblicher Stelle mit dabei, wenn die Arbeit endgültig abgeschafft würde.

Der is ’s Nixdoà gwohnt, wià dà Boog às Stingà. / Der ist das Nichtstun gewöhnt, wie der Bock das Stinken.

Ein Ziegenbock riecht gemeinhin sehr unangenehm. Dem Bock selbst macht das allerdings nichts aus, dieser markante Geruch gehört ja schließlich zu ihm und er ist ihn gewöhnt. Genauso verhält es sich mit einem faulen Kerl. Auch der stört sich nicht an der eigenen Faulheit.

Überhaupt beschreibt man mit dem Bock und seinem sprichwörtlichen Gestank gern den arbeitsscheuen Bayern:

Des håt à los – wià dà Boog ’s Stingà. / Das kann er – wie der Bock das Stinken.

Wer etwas „los“ hat, der kann etwas, der ist sehr geschickt. Damit ist normalerweise gemeint, dass jemand ausgezeichnete Arbeitsergebnisse erzielt, weil er sein Handwerk beherrscht.

Besitzt jemand allerdings nur die einfachsten Fähigkeiten, die der Herrgott jedem Menschen mitgegeben hat, so verdient er dafür kein besonderes Lob. Auch ein Ziegenbock stinkt von Natur aus, ohne sich dafür anstrengen zu müssen. Wer mit diesem Tier verglichen wird, der hat also „nix los“. Das kann z. B. ein schlechter Zahnarzt sein, von dem seine Schulfreunde behaupten: „´S Wurzlziàng håt er scho in der Schui net recht los ghabt.“ (Das Wurzelziehen beherrschte er schon in der Schule kaum.)

Der Schorsch wàr guàt um àn Dout schickà. / Der Georg wäre gut geeignet, um nach dem Tod geschickt zu werden.

Der Spruch setzt die Vorstellung eines personifizierten Tods mit Sanduhr und Sense voraus, den man aufsuchen und herbeiholen kann. Den Georg könnte man nun gut zu diesem Tod schicken, der Bursche ist nämlich dermaßen langsam und träge, dass es sehr lange dauern würde, bis er zusammen mit dem Sensenmann zurückkommen würde. Das käme allen Menschen sehr entgegen, schließlich schiebt jeder die Begegnung mit dem Tod gern möglichst weit hinaus.

Beim Gschwindsei bricht mà se leicht 's Gnàck. / Beim Schnellsein bricht man sich leicht das Genick.

Schnelligkeit kann lebensgefährlich sein, weil man dadurch die gebotene Vorsicht vernachlässigt. Eile mit Weile!

Diesen Spruch hört man naturgemäß vor allem von trägen Zeitgenossen.

Du dàrennst de oiwei no àmoi. / Du wirst eines Tages wegen deiner Hektik noch verunglücken.

Diese Wendung kann z. B. an jemanden gerichtet sein, der bekanntermaßen sehr schnell und risikoreich Auto oder Fahrrad fährt. Sie kann aber auch ironisch auf einen behäbigen Zeitgenossen gemünzt sein, der ausgesprochen langsam agiert und dem man deshalb eher „d'Schuàh beim Geh doppèn konn" (die Schuhe während des Gehens doppeln kann), als dass er sich „dàrennt".

Pressiert går net. / Es eilt überhaupt nicht.

Braucht man die Hilfe eines Handwerkers, ist es ein grober Fehler, ihm zu sagen, dass es nicht eilt. Man muss dann nämlich damit rechnen, dass es sehr lange dauert, bis er sich wieder meldet.

„I wààr jetz då", / „Ich wäre jetzt da",

sagt der Handwerker – und meint mit diesem speziell bairischen Konjunktiv der Höflichkeit, dass er vor Ort „wäre", also bereit, mit seiner Arbeit zu beginnen, aber nur, wenn das gewünscht wird und er damit keine Umstände macht.

Du werst à's dengàscht dàwartn kenà! / Du wirst es doch wohl erwarten können!

Dass d' à's fei dàwartn konnst? / Dass du es noch erwarten kannst?

Möchte jemand einen Vorgang beschleunigen und macht Druck, fordert man mit diesen gleichbedeutenden Wendungen Geduld von ihm. Gleichzeitig stellt man klar, dass überhaupt kein Grund für besondere Eile besteht.

„Dengàscht/Dengerscht" ist ein uraltes, aber schon weitgehend in Vergessenheit geratenes Wort, dem je nach Zusammenhang unterschiedliche, aber sehr ähnliche hochdeutsche Wörter bzw. Wortfolgen entsprechen, z. B. „doch", „denn doch", „doch wohl", „doch schon" oder

„dennoch". „Dàwartn" (derwarten) gehört zu den zahleichen bairischen Wörtern mit der Vorsilbe „dà-/der-", die nur mittels Umschreibungen ins Schriftdeutsche übertragen werden können.

Hausmagd steh auf und rieglt de, sonst kimmt Bäurin und prieglt de. / Hausmagd steh auf und bewege dich, sonst kommt die Bäuerin und prügelt dich.

„Sich riegeln" bedeutet: sich bewegen, sich einbringen, fleißig sein. Eine fleißige, tüchtige Frau ist „rieglsam".

Stäh net rum wià-r-à Moisååg! / Steh nicht herum wie ein Mehlsack!

Steh hier nicht im Weg, so unbeweglich und schwerfällig wie ein Mehlsack! Mach dich an die Arbeit!

Liàwà blau machà ois greà ärgern. / Lieber blaumachen als grün ärgern.

Ein arbeitsfreier Tag, den man sich außer der Reihe und moralisch nicht ganz einwandfrei selbst genehmigt, ist natürlich allemal schöner und angenehmer, als sich grün zu ärgern – womöglich auch noch am Arbeitsplatz.

Å, bin i fei! / Ach, bin ich faul!

Die wörtliche Übersetzung trifft hier nicht den Kern der Wendung. Der bedeutet nämlich: „Ach, bin ich müde!" – meistens verbunden mit einem langen, hörbaren Gähnen.

Håt de der Bettzipfe net auslassn? / Hat dich der Bettzipfel nicht ausgelassen?

Hast du verschlafen? Der allmorgendliche Kampf mit dem Bettzipfel, d.h. der Ecke bzw. dem Ende der Bettdecke, ist aber auch ein harter – vor allem im Winter, wenn es unter den Daunendecken so viel wärmer und behaglicher ist als in der ungemütlichen Welt draußen.

Mägst net dein Årsch aufhem? / Möchtest du nicht deinen Hintern aufheben?

Kannst du dich nicht erheben und mir helfen oder dich bei der Arbeit einbringen?

Auch wenn man sich zu einer geselligen Runde setzen möchte, kann man mit diesen Worten darum bitten, dass einer, der sich recht breit gemacht hat, ein Stück weiterrückt, damit man auch noch Platz findet.

Mir gfoit d'Arwàt, då kànnt e stundnlang zuàschaung. / Mir gefällt die Arbeit, da könnte ich stundenlang zuschauen.

Wenn einem eine Arbeit gefällt, heißt das noch lange nicht, dass man sie auch selber tun möchte. Zuschauen ist wesentlich angenehmer.

Wer vui ko, der muàß àà vui doà. / Wer viel kann, der muss auch viel tun.

Das denken sich vor allem die faulen Zeitgenossen. Lieber Zurückhaltung beim Erlernen zusätzlicher Fertigkeiten üben, als engagiert anpacken. Neue und zusätzliche Aufgaben werden in der Regel nämlich an diejenigen verteilt, von denen man erwartet, dass sie sie am besten erledigen. Und der Faulpelz reibt sich die Hände – früher aber nur bis Lichtmess, denn an diesem Tag wurden auf den Bauernhöfen die Dienstboten nicht nur eingestellt, sondern auch entlassen.

Des is à so à Nåsnbohrer. / Das ist so ein Nasenbohrer.

Mit dem Finger in der Nase zu bohren ist eine unappetitliche Angelegenheit. Wer das macht, hatte keine gute Kinderstube. Häufig handelt es sich dabei auch um schlichte Gemüter, die bei der Verteilung der Intelligenz vergessen haben „Hier!" zu schreien. Sie sind mit Aufgaben schnell überfordert, ohne auch nur einen Schimmer davon zu haben, wie man sie lösen könnte.

Den håwe mà kàfft. / Den habe ich mir gekauft.

Den habe ich zur Rede gestellt. Dem habe ich meine Meinung in aller Deutlichkeit gesagt. Ursache dafür ist dann häufig mangelnder Arbeitseinsatz oder ein grober Fehler.

Den ham s' d'Schuàch nausgstoit. / Dem haben sie die Schuhe hinausgestellt.

Der wurde entlassen.

D'Leit sàn heit scho so fei, dass' unterm Geh' à no sitzn mächtn. / Die Leute sind heute schon so faul, dass sie beim Gehen auch noch sitzen möchten.

Diese Kritik an den Radfahrern stammt aus dem ersten Drittel des 20. Jahrhunderts, als sich das Fahrrad als günstiges Transportmittel auch auf dem Land immer mehr durchsetzte. Sie wurde meistens von älteren Mitmenschen geäußert, die das Fahrradfahren nicht gelernt hatten, es sich auch nicht mehr zutrauten und deshalb neidisch auf die jüngeren

Leute waren, die problemlos das Gleichgewicht halten und auf ihren Drahteseln durch die Gegend sausen konnten.

Fleißige Müàttà ziàng gschlamperte Màdl. / Fleißige Mutter erziehen schlampige Mädchen.

Manche Mütter meinen es zu gut mit ihren Kindern, wenn sie ihnen alles abnehmen, auch das Aufräumen und Ordnung halten. Ist dieses verwöhnte Kind dann erst aus dem Haus, herrscht in der ersten eigenen Bude meist ein fürchterlicher Saustall.

Des muàß oàn gem sei. / Das muss einem gegeben sein.

Dafür braucht man Talent. Dazu muss man geboren sein.

Då håt's nix braucht. / Da war weiter nichts erforderlich.

So beschreibt man fleißige Mitarbeiter, die sehen was zu tun ist und unaufgefordert zupacken, ohne dass ihnen z. B. der Bauer jeden Handgriff anschaffen muss. Der Spruch gilt aber auch umgekehrt, z. B. wenn der Bauer den Dienstboten von sich aus etwas Geld für die „Duit" (Dult, Jahrmarkt) zugesteckt oder ein Paar neue Arbeitsschuhe spendiert hat, ohne dass man ihn darum bitten musste.

Då rührt se à jeds Àderl. / Da rührt sich jedes Äderchen.

So kommentierte meine Mutter den Auftritt der langbeinigen Damen des Fernsehballetts. Die Wendung trifft aber auf jede Art von besonders ausgeprägter körperlicher Arbeit oder Aktivität, insbesondere mit Armen und Beinen, zu.

À-n Amboss fürcht koàn Hammer. / Ein Amboss fürchtet keinen Hammer.

Die Schläge des Hammers gehen ständig auf den Amboss nieder. Dem macht das nichts aus, weil er entsprechend widerstandsfähig ist.

Im übertragenen Sinn steht es für die Widerstandsfähigkeit einer Person, die häufig Niederlagen einstecken muss oder für den routinierten und erfahrenen Arbeiter, den keine Aufgabe mehr aus der Ruhe bringen kann und sei sie noch so schwer.

Der håt àn broàdn Buckl. / Der hat einen breiten Rücken.

Ein breiter Rücken ist gleichzeitig ein kräftiger Rücken und damit einer, der viel aushält. Den Besitzer eines „broàdn Buckl" wirft sowohl körperlich als auch seelisch so schnell nichts um. Gleichbedeutend mit einem „broàdn Buckl“ ist eine „dicke Haut“ oder ein „dickes Fell“.

Ungeschickte und Unfähige

Die „Gscheitheit“ hat der Herrgott auch in Bayern nicht ganz gleich verteilt. In manchem „Hirnkàstl“ ist mehr los, in einem anderen eben weniger. Jetzt könnte man argumentieren, dass auch Adam und Eva im Paradies nicht gerade durch ihre ausgefeilte Logik und scharfen Verstand aufgefallen waren und einige Zeitgenossen in der bayerischen Vorstufe zum Paradies auch ruhig von Zeit zu Zeit diesen Zustand der geistig unbelasteten Zufriedenheit genießen dürfen. Schön und gut – ihre paar „Haumdaucher“ hat die clevere bayerische Gesellschaft immer schon verkraftet – und in Redensarten verewigt.

Lass dà dei Lehrgoid wieder rauszoin! / Lass dir dein Lehrgeld wieder zurückzahlen!

Ein Handwerker, der seinen Beruf nicht beherrscht, hat offensichtlich während seiner Lehre nichts gelernt. Er sollte sich das Lehrgeld, das früher üblicherweise der Lehrling an den Meister zahlen musste (und nicht umgekehrt wie heute), wieder zurückzahlen lassen, weil es offensichtlich eine Fehlinvestition bzw. die Ausbildung ihr Geld nicht wert war.

Der werklt wià dà Käfer àn Roßboin drin. / Der arbeitet wie der Käfer im Pferdeapfel.

Mit einem Käfer, der im Pferdeapfel herumwühlt und sich dort aufgrund seiner Natur sogar wohlfühlt, vergleicht man eine Person, die sich gerne in schmutziger Umgebung bewegt und trotz ständigen Arbeitens nicht recht vorankommt. Meistens handelt es sich dabei um einen Kleinbauern, dessen finanzielle Mittel nicht reichen, um seinem heruntergekommenen Gehöft ein schmuckes Äußeres zu verleihen.

Interessant ist die Aneinanderreihung von gleich vier Konsonanten in dem Wort „werklt“, das trotzdem leicht von der Zunge geht.

Es gibt Leit, de sàn so gscheit, dass mà ’s zu nix brauchà ko. / Es gibt Leute, die sind so gescheit, dass man sie zu nichts gebrauchen kann.

Mit diesen Worten antwortet man gerne Menschen, die anderen bei körperlicher Arbeit zusehen und dabei ständig vermeintlich gute Ratschläge geben. Was als Ratschlag daherkommt, ist aber oft verpackte Kritik, die bei dem, der Hand anlegt, überhaupt nicht gut ankommt.
Der Spruch muss aber gar nicht direkt an einen dieser Klugscheißer gerichtet sein. Handwerklich tätige Arbeiter bringen damit auch allgemein zum Ausdruck, dass besonders gebildete Menschen oft zu nichts zu gebrauchen sind. Jedenfalls haben sie meistens kein Geschick für handwerkliche Tätigkeiten.

Soin und doà – is zwoàràloà! / Sollen und tun – ist zweierlei!
Diesen kurzen Reim bekommt zu hören, wer eine Aufgabe in bester Absicht, aber leider nicht mit dem erwarteten Erfolg erledigt hat. Sein Bemühen um ein gutes Arbeitsergebnis sollte zwar zum Erfolg führen, sein Tun hat dafür aber nicht ausgereicht.

Bei dem is oiss tschpàt. / Bei dem ist alles zu spät.
Bei dem ist Hopfen und Malz verloren, dem kann niemand mehr helfen, da kann man nichts mehr machen. Der Spruch kann sich auf eine schwere, unheilbare Krankheit oder auf die nur sehr spärlich vorhandene Intelligenz eines Mitmenschen beziehen. Das „t" von „tschpàt" ist dabei ein assimiliertes „z", das aus „zu" verkürzt wurde.

Jetz kimmst' daher, wo dà Markt voloffà is. / Jetzt kommst du daher, wo der Markt verlaufen ist.
Der Markt ist beendet, die Besucher haben sich „verlaufen", also neuen Zielen zugewandt, und für jedes deiner Ansinnen ist es jetzt zu spät. Kurz gesagt: Wenn du jetzt erst kommst, hast du deine Gelegenheit verpasst.
Meine Mutter hat immer vermieden, ihr Geschäft auch nur kurzzeitig zu schließen, weil sich sonst die Kundschaft „verläuft", also zur Konkurrenz geht.

Vo derà Sach verstähst du so vui wià-r-à Kuàh von Danzn. / Von dieser Sache verstehst du so viel wie eine Kuh vom Tanzen.
Davon hast du keinen blassen Schimmer. Antwort auf den wenig hilfreichen Beitrag eines Besserwissers (bairisch: „Gscheithàferl").

'S schlechtà Ràài am Wång gààchàtzt àn laudàn. / Das schlechteste Rad am Wagen knarzt am lautesten.

Ausgerechnet derjenige in einem Team, der am wenigsten leistet, schreit am lautesten. Während die anderen in der Gruppe hart arbeiten, beschränkt er sich aufs Jammern und Schimpfen.

Das kaum noch bekannte bairische Verb „gààchàzn" bedeutet knarzen, ächzen, knarren.

À lààrer Wång macht àn meisten Krach. / Ein leerer Wagen macht den meisten Lärm.

Bei der Fahrt mit einem leeren Anhänger wackeln viele Einzelteile und machen dadurch Krach. Ist der Wagen aber beladen und damit beschwert, fährt es sich deutlich leiser.

Im übertragenen Sinn beschreibt der Spruch zum einen Mitmenschen mit leerem Kopf, die aber oft am lautesten ihre fragwürdige Meinung kundtun, zum anderen auch die Neigung mancher, Nichtigkeiten intensiv und emotional zu diskutieren und darüber die Hauptsache aus den Augen zu verlieren.

Ehrliche und Unehrliche

Wie so vieles andere war Adam und Eva auch das Konzept der Ehrlichkeit fremd. Nicht deshalb, weil sie zwei „Håderlumpen" (Halunken) gewesen wären. Im Paradies, dem Ort der ewigen Seligkeit und Freude, gab es auch kein Gegenstück zur Aufrichtigkeit, keine Lüge. Es bestand einfach keinerlei Notwendigkeit, fremdes Eigentum anzutasten oder die Unwahrheit zu sagen. Erst nach der Vertreibung aus dem Garten Eden und dem Ende der Rundum-Versorgung und der Sorglosigkeit, wurde ein gewisses Maß an Besitz geradezu überlebenswichtig. Leider entwickelte sich auch schnell der Wunsch, möglichst viel und vor allem mehr als die anderen zu besitzen. Und ebenso schnell erkannten die Gewieften, dass es für dieses „Mehr" neben der ehrlichen, mit Arbeit verbundenen Lösung auch den wesentlich leichteren unehrlichen Weg gibt.

Man kann davon ausgehen, dass man sich schon in den ersten menschlichen Gemeinschaften darüber einig war, dass das Eigentum der anderen zu achten ist. Trotzdem gab es, gibt es und wird es immer wieder Stammesgenossen geben, die nicht nur „mir“ und „mich“, sondern auch „mein“ und „dein“ verwechseln. Weder die früher oft drakonischen Strafen noch die heutigen, im Vergleich weitaus angenehmeren Gefängnisaufenthalte können daran etwas ändern. Wenigstens die geringe Zahl an Sprüchen über unehrliche Bayern gibt Anlass zur Hoffnung.

Dem wennst d'Hand gem håst, na muàßt deine Finger nåchzoin. / Dem wenn du deine Hand gereicht hast, musst du anschließend deine Finger nachzählen.

Reicht man seine Hand einem ortsbekannten Tagedieb, so besteht die Gefahr, dass einem dieser sogar einen oder mehrere Finger stiehlt. Das ist zwar nicht ernst gemeint, bringt aber trotzdem die Neigung des Betroffenen, fremdes Eigentum nicht zu achten, mit aller Deutlichkeit zum Ausdruck.

Wennst net soiwer stuin wuist, muàßt dà à Goàß hoitn. / Wenn du nicht selbst stehlen willst, musst du dir eine Ziege halten.

Nachdem Tiere sich generell nicht mit den bestehenden Eigentumsverhältnissen befassen, interessieren sie sich auch nicht dafür, wem die Weidefläche gehört, die sie sich ausgesucht haben. Man kann ihnen deshalb auch keinen Vorwurf machen, wenn sie sich auf fremdem Terrain ihr Futter suchen. Findige Besitzer von Ziegen nützen diese – aus moralischer Sicht scheinbar nicht verwerfliche – Situation aus und führen ihre Tiere zum Fressen ganz bewusst auf fremde Grundstücke. Sollte der Grundstücksbesitzer dies reklamieren, kann der Ziegenbesitzer die Schuld auf die – juristisch nicht deliktfähige – Ziege schieben. Und er denkt sich: „Gfressn is gfressn.“ (Gefressen ist gefressen.)

Den Grund håt mà dà Hans abgluxt, der Bätbruàder, der staubige. / Das Grundstück hat mir der Hans abgeluchst, der Betbruder, der unzuverlässige.

Der Hans tut immer so, als wäre er ein besonders frommer und ehrlicher Zeitgenosse, dabei ist er ein scheinheiliger, rücksichtsloser Betbruder, der's faustdick hinter den Ohren hat und der auch vor Lügen und kleinen Betrügereien nicht zurückschreckt.

Der håt de sauber übern Diesch zong. / Der hat dich aber kräftig über den Tisch gezogen

Der hat dich mächtig übervorteilt, der hat dich betrogen, übers Ohr gehauen. Eure Vereinbarung ist sehr einseitig zu seinen Gunsten.

Die Wendung erinnert an den bayerischen Kraftsport Fingerhakeln, bei dem sich die Kontrahenten am Tisch mit verhakten Mittelfingern gegenüber sitzen und der gewinnt, der den anderen auf seine Seite des Tisches zieht. Beim Fingerhakeln geht es allerdings ehrlich zu.

Då ham's de gscheit blitzt. / Da hat man dich geprellt.

Da bist du einem Betrüger aufgesessen.

Eine sehr ähnliche Bedeutung hat:

Då ham's de sauber pflànzt. / Da hat man dich sauber hereingelegt.

„Pflànzn" (hereinlegen) kann man üblicherweise nur Personen mit etwas beschränktem geistigen Horizont.

Des is koà heiriger Hås net. / Das ist kein heuriger Hase nicht.

Ein „heuriger" Hase ist ein junger Hase, der im aktuellen Jahr („heuer") geboren wurde und noch sehr unerfahren ist. Im Gegensatz zu diesem Tierchen hat der so Beschriebene schon einige Jahre auf dem Buckel und damit einiges an Erfahrung gesammelt. Einen von diesen alten Hasen oder schlauen bzw. alten Füchsen haut so leicht keiner übers Ohr.

Die für das Bairische typische doppelte Verneinung betont hier wieder einmal die gemachte Aussage.

Eigsperrt wern mir in Freising. / Eingesperrt werden wir in Freising

Antwort eines Bauernknechts auf die Frage, in welchem Landkreis er wohnt.

Guàde und schlechte Leit

Der menschliche Charakter: In der langen nachparadiesischen Zeit hatte er schier unendlich viele Möglichkeiten und alle Muße der Welt, sich sehr unterschiedlich und leider nicht nur zum Positiven zu entwickeln. Von Religionsführern über Gesetzeshüter bis hin zu erzieherisch umtriebigen Eltern versuchten dabei stets regulierende Kräfte, Regeln für ein harmonisches Zusammenleben zu entwerfen. Alles im Bemühen – ob bewusst oder nicht –, der ursprünglichen, friedvollen, paradiesischen Welt wieder möglichst nahe zu kommen. Erreichen werden wir das Ideal wohl so bald noch nicht.

Dass es nach wie vor unangenehme Mitmenschen (bairisch: „lästige Wimmerl") gibt, die ihre Umgebung an ihrem „Grànt" (miese Laune) oder einer ihrer zahlreichen geringen Charakterschwächen teilhaben lassen, ist dabei ein kleines Übel. Schlimmer sind schon die Scheinheiligen. Und überhaupt nicht tolerabel sind die wirklich Bösen, die mit ihrer Sturheit, Grobheit oder kriminellen Energie großen Verdruss und echten Schaden bereiten. Der Bayer spricht in diesem Fall von „de schlechtn Leit", denen es aber angeblich immer gut geht.

Der geht wià dà Hund auf'n Kirtà. / Der geht wie der Hund aufs Kirchweihfest.
Der „Kirtà" (Kirchtag) ist das Kirchweihfest, auf dem die Menschen ausgiebig feiern. Hunde sind dazu nicht eingeladen. Wer zu einer Feier kommt, ohne eingeladen zu sein, hat sich den „Kirtàhund" als Titel verdient.

Eiglåån håwe s' oi, aber zuàregeh deàns net. / Eingeladen habe ich sie alle, aber sie gehen nicht her.
Diese Klage hört man von verschiedenen Gastgebern. Vor allem die Verwandtschaft, zu der ein gespanntes Verhältnis besteht, schlägt oft eine Einladung aus. Auch viele Vereinsvorstände beklagen so den schlechten Besuch der Vereinsversammlungen.

Dà Flori hengt se ei wià-r-à Zeck. / Der Florian hängt sich ein wie eine Zecke.
Der Florian klammert sich an uns wie eine Zecke, der ist nicht abzuschütteln.

Dá Bene zwengt se überoi nei, wià-r-à lausige Sau. / Der Benno zwängt sich überall dazwischen, wie ein Schwein, das Läuse hat.
Hat eine Sau Läuse (Haematopinus suis), dann juckt es sie an den befallenen Stellen, und sie wird dem entgegenwirken, indem sie diese Stellen gegen einen Widerstand reibt, z. B. gegen eine Wand, einen Baum – oder besser noch beidseitig gegen zwei eng stehende Wände bzw. Bäume.
Wer sich ungebeten in eine geschlossene Gruppe zwängt, ist wohl ebenso beliebt wie die von Läusen geplagte Sau.

Des is à gspàssiger Heiliger. / Das ist ein merkwürdiger Heiliger.

Besonders fromme Menschen, die sich sehr bemühen, ein gottgefälliges Leben zu führen, viel zu beten und nicht zu sündigen, werden mit dem zweifelhaften Prädikat „Heilige" versehen. Den meisten Menschen ist solche extreme Frömmigkeit fremd. Der „gspàssige Heilige" steht daher für einen Einzelgänger, einen merkwürdigen Sonderling.

Schàmmà dààt e me. / Da würde ich mich schämen.

Aber der Betroffene hat offenbar keinen Charakter und schämt sich nicht. Geht es um mehr als eine unverschämte Person, so heißt es: „Wià s-à-se no net schàmma!" (Dass sie sich nicht schämen!)

Då muàß mà se ja in Grund und Boon nei schàmmà. / Da muss man sich ja in Grund und Boden schämen.

Es gibt Situationen, die extrem peinlich sind. Um ihnen gerecht zu werden, reicht es nicht, sich zu schämen, vielmehr würde man deshalb am liebsten in Grund und Boden versinken.

Einige meiner Schulfreunde, Söhne von Nachkriegs-Flüchtlingen aus Ungarn, brachten von ihren Eltern den Spruch mit: „Schàm de in Hund sein Oàsch nei!" (Schäme dich in den Hintern des Hundes hinein!)

'S Guàtsei is scho recht, aber es is dà Ofang vo dà Dummheit. / Das Gutsein ist schon recht, aber es ist der Anfang der Dummheit.

Wer die christliche Nächstenliebe ernst nimmt und anderen Gutes tut, der wird dafür im Jenseits dafür belohnt werden. So lehrt es die katholische Kirche. In der Praxis hat sich aber gezeigt, dass solche Großzügigkeit oft damit endet, schamlos von faulen und hinterlistigen Menschen ausgenutzt zu werden. Wer wirklich in jedem einzelnen Menschen nur das Gute sieht, wird für recht naiv gehalten.

Des is à ganz à Siàssà. / Das ist ein ganz besonders Süßer.

Damit sind nicht nur kleine Buben gemeint, die besonders adrett gekleidet und herausgeputzt ganz liebreizend aussehen können. In erster Linie geht es hier um eine männliche Person beliebigen Alters, die eine Vorliebe für Torten, Kuchen und anderes Naschwerk hat. Auch jemand, der anderen schön tut, um sich einzuschmeicheln, wird so beschrieben.

Des is à ganz à Dickschäläda. / Das ist ein ganz besonderer Dickschädel.

Das ist ein auffallend sturer Mensch, ein Dickkopf, einer, der partout nicht nachgibt und mit dem Kopf durch die Wand will.
Schaltet jemand schon nach kurzer Diskussion auf stur, versucht man, ihn davon mit folgender Wendung abzubringen:
Då brauchst net glei dein' Dickschäl aufsetzn. / Da musst du nicht gleich deinen Dickkopf aufsetzen.

Is endlich 's Bàndl brochà? / Ist endlich das Band gebrochen?

„Hast du Sturkopf dich endlich eines Besseren besonnen? Das wurde auch Zeit!", atmen alle Beteiligten auf, wenn der letzte hartnäckige Widerstand gebrochen ist.

Des is à gschlångà Mo. / Das ist ein geschlagener Mann.

Dieser Zeitgenosse muss viel aushalten, sei es, weil er eine böse Frau zu Hause hat oder weil ihm das Schicksal anderweitig übel mitspielt. Man könnte auch positiv sagen: ein Mann mit Nehmerqualitäten – oder negativ: ein Lapp, mit dem andere machen was sie wollen und der sich nicht wehrt.

Des is à so à Simàndl. / Das ist so ein Pantoffelheld.

Ursprünglich war der „Simàndl" die Koseform bzw. der Diminutiv von Simon. Dann kam die Bedeutung „Einfaltspinsel" dazu, die auch in folgendem Reim ihren Niederschlag gefunden hat: „Simàndl, Saumàndl, doikàdà Buà – Ziàg die rot' Hosn o und danz mit der Kuáh!" (Simandl, Saumandl, ungeschickter Bub – Zieh die rote Hose an und tanze mit der Kuh!)
Später wurde der Begriff hauptsächlich im Sinn von „Pantoffelheld" gebraucht. Damit ist es das (!) „Simàndl", das sich aufteilen lässt in ein „Màndl" (Männchen), das von einer „Sie", also seiner Ehefrau, beherrscht wird.

Den scheich e, der schlagt sein' Ox ürger wià sei Wei. / Den scheue (fürchte) ich, der schlägt seinen Ochsen ärger (heftiger) als seine Ehefrau.

Diese Wendung zeigt, dass früher die körperliche Züchtigung sowohl bei Nutztieren als auch bei der eigenen Ehefrau nichts Ungewöhnliches war. Als besonders schlimm empfindet man nach unserem heutigen Verständnis, dass derjenige besonders gefürchtet war, der seinen Ochsen mehr geschlagen hat als seine Frau. Oder umgekehrt ausgedrückt: Die Ehefrau mehr zu züchtigen als das Nutztier war offensichtlich nichts Außergewöhnliches.

Er håt siem Heit und beißt d'Leit. / Er hat sieben Häute und beißt die Leute.

Was ist das? Lösung: „Der Zwiefe!" (die Zwiebel). Sie weist mehrere übereinanderliegende Schichten auf und treibt mit ihrem beißenden Geruch den Köchinnen beim Schneiden die Tränen in die Augen.

Wird mit diesem Spruch ein Mann beschrieben, so handelt es sich dabei um ein mürrisches, unfreundliches, unsympathisches Exemplar, das „beißt" wie eine Zwiebel und mit dem man deshalb am liebsten nichts zu tun haben möchte.

Eine ähnliche Wendung gibt es auch für Frauen, denen man aber neun Häute nachsagt:

De håt nein Heit. / Die hat neun Häute.

Ein Spruch auf einer Schützenscheibe aus dem Jahr 1731, die sich heute im Heimatmuseum Bad Reichenhall befindet, lautet: „Man sagt, ein jedes Weib habe neun Häut an ihrem Leib." Es handelt sich dabei um die Häute von neun verschiedenen Tieren, denen unterschiedliche Eigenschaften zugeordnet werden, die angeblich auch auf die Frauen zutreffen, z. B.: Sie brummen wie ein Bär, schnattern wie eine Gans, keifen bzw. kläffen wie ein Hund, schlagen aus wie ein Pferd, kratzen wie ein Katze und schreien wie ein Schwein.

Kein bairischer Spruch, aber den beiden obigen Redewendungen eindeutig nah verwandt: „Eine Zwiebel hat sieben Häute, ein Weib neun." So beschriebene – weibliche – Personen zeigen sich im Falle eines Vergehens nicht reuig, sondern schütteln die Kritik einfach von sich; sie streifen ihre äußerste Haut ab und leben völlig unbelastet weiter als sei nichts gewesen – auf Bairisch: „Bei derà hängt se nix o." (Bei der bleibt nichts hängen.) Frauen unterstellt man hier offenbar die größere Gelassenheit in Schuldfragen.

Je weniger Zehn dass mei Oide håt, desto bissiger werd s'. / Je weniger Zähne meine Frau hat, desto bissiger wird sie.

Oder: Man lege sich nicht mit reifen Damen an, die haben sogar Haare auf den Dritten!

De braucht fei beißn. / Die ist schwer zu kauen.

Eine Frau, die „beißn braucht“, ist eine sehr unangenehme, böse Person. Mit ihr fertig zu werden, ist genauso schwierig wie ein Stück zähes Fleisch zu kauen. Will man mit ihr ohne ständigen Zank und Streit auskommen, dann muss man selbst oft die Zähne zusammenbeißen und die von ihr ausgeteilten verbalen Kröten schlucken.

De is net zon dàlein. / Die ist nicht zu erleiden.

Dieses Weib ist nicht auszuhalten. Das kann ein vorübergehendes Problem sein, z. B. wenn eine grundsätzlich freiwillige Diät durch den Hunger für schlechte Stimmung sorgt, es kann sich aber auch um eine charakterlich oder psychisch begründete Grundeinstellung handeln, auf die man sich dauerhaft einstellen muss.

99 Henà und oà Wei sàn hundert Mistviecher. / 99 Hühner und ein Weib sind hundert böse, widerspenstige Individuen.

Wer sich so äußert, der hat mit Frauen allgemein keine guten Erfahrungen gemacht. Er setzt sie einerseits mit Hühnern und andererseits mit „Mistviechern“ gleich. „Mist-“ dient hier als pejoratives (abwertendes) Präfixoid, ein „Mistviech“ ist daher wörtlich ein schlechtes, bösartiges, widerspenstiges Tier.

In die gleiche Richtung weist der folgende Spruch:

Es Weiwà seids oisam Luàder. / Ihr Frauen seid alle Luder.

À koide Suppm und à bäs' Wei machà à fàds Mai. / Eine kalte Suppe und eine böse Frau machen einen faden Geschmack im Mund.

Eine kalte Suppe schmeckt nicht gut. Sie kann einem den Appetit genauso verderben wie eine böse Frau.

De duàt ja gråd àso, ois hättn ihre Oàr zwoà Dottàrà. / Die tut ja gerade so, als hätten ihre Eier zwei Dotter.

Die meint wohl, sie hätte ganz besondere Hühner – und bildet sich vor allem ein, selbst etwas Besonderes zu sein.

Schlechte Leit gehts oiwei guàt. / Schlechten Leuten geht es immer gut.

Eine scherzhafte Antwort auf die Standardfrage zur Begrüßung: „Wià gehts dir denn?“

Eine Alternative dazu lautet:

Unkraut verdirbt net, eher wern zwoà draus. / Unkraut verdirbt nicht, eher werden zwei daraus.
Beim Abschneiden von Unkraut besteht die Gefahr, dass man die Wurzel nicht ganz erwischt, sodass es sich verzweigt und noch stärker vermehrt. Der vergnügte Sprecher ist also von äußerst zäher Natur, ihn bekommt man so schnell nicht klein.

D'Woid is guàt, aber d'Leit sàn schlecht. / Die Welt ist gut, aber die Menschen sind schlecht.
Alles an der göttlichen Schöpfung ist gut geraten – mit einer Ausnahme: die Menschen. Mit dieser Wendung beklagt man z. B., von jemandem betrogen worden zu sein.

À Guàdà hoit's aus und um àn Schlechtn is' net schåd. / Ein Guter hält es aus und um einen Schlechten ist es nicht schade.
So antwortet man, wenn man eine schwierige, belastende Situation gut überstanden hat.

Den mächt i ja net mit à-r-à langà Stangà oglangà. / Den möchte ich nicht mit einer langen Stange anfassen.
Dem will ich nicht zu nahe kommen, mit dem möchte ich nichts zu tun haben – ein höchst unsympathischer Mensch, zu dem man immer einen gewissen Abstand halten sollte.

Dem reckst' besser net àn Buckl hi. / Dem zeigst du besser nicht deinen Rücken.
Dem ist nicht zu trauen, den solltest du immer im Auge behalten. Wer weiß, was er hinter deinem Rücken anstellen würde.

Du bist no àmoi mei Sargnågl. / Du wirst eines Tages noch mein Sargnagel sein.
Bei dem ganzen Ärger und Verdruss, den du mir bereitest, musst du dich nicht wundern, wenn mich das eines Tages ins Grab bringt! Der so Beschuldigte trägt große Schuld daran, dass man am Leben verzweifelt. Der „Sargnågl" ist hier ein Synonym für den Tod.

Du bist à Schàniàl, du schenierst überoi wo-s-d bist. / Du bist ein Genie, du genierst überall wo du bist.

Ein mehrfaches Wortspiel: Ein „Schàniàl“ ist an sich ein Scharnier, also ein verbindendes Gelenk. Nur die undeutliche Aussprache lässt es zur bairischen Form von „Genie“ werden, also einem Menschen mit überragender Begabung. Das davon abgeleitete Verb „genieren“ (Bairisch: „scheniern“) steht dagegen für eine als peinlich empfundene Situation, in der man sich schämt, oder auch für das Belästigen und Stören anderer; stellt man z. B. eine Kiste unmittelbar vor eine Tür, so „scheniert“ sie dort, sie stört an dieser Stelle.

Zusammengefasst bedeutet das für die vorstehende Redewendung: Der Angesprochene ist alles andere als ein Genie und stört, wo auch immer er auftaucht.

DASS'D À PREIß BIST,
BRAUCHST NET BEICHTN,
ABER BEREIN
DERFST-ÀS SCHO.

Lem und lem lassn

Leben und leben lassen

Selber leben, aber auch andere leben lassen – dieser alte bayerische Grundsatz hat etwas Paradiesisches an sich. Nur wenn man auch die schwächeren Mitmenschen mitkommen lässt, entsteht eine Gemeinschaft, in der sich alle wohl fühlen – anders als im heutigen Wirtschaftskannibalismus und in der sogenannten Freien Marktwirtschaft, wo die Starken und Mächtigen immer reicher und die Armen immer ärmer werden.

Dazu steht diese Lebensweisheit auch für die sprichwörtliche bayerische Gemütlichkeit und eine gelassene Einstellung zum Leben. Konkurrenz, Streit und Kampf versauern nur die kurze Zeit, die einem auf diesem schönen Flecken Erde gegeben ist. Gegeneinander geht's unter Bayern in erster Linie im quasi schon sportlichen Wettkampf des Raufens, ansonsten lässt es sich so viel besser bei friedlichem Miteinander aushalten. Sogar „Preißn" wird im Biergarten heutzutage kaum mehr der Platz am Tisch verweigert. So wird es auch im Paradies gewesen sein: Alle Lebewesen genossen dort ihre Tage in Frieden und gegenseitigem Respekt.

Bayerische Lebensart

Ein schönes Beispiel für vor-paradiesische Zustände in Bayern konnte man in der Fernsehserie „Königlich-bayerisches Amtsgericht" sehen, die zur Zeit des bayerischen Prinzregenten Luitpold, also um die Wende zum 20. Jahrhundert spielte. Die Großzügigkeit des Herrn Ökonomierats gegenüber seinen Angestellten und Gästen sowie das Verständnis und Fingerspitzengefühl des „Herrn Rat" bei der Bemessung des Strafmaßes für manchen schlitzohrigen Kleinkriminellen zeigen, wie einfach es sein kann, einen Ausgleich im Miteinander zu finden: selbst zu leben, aber auch die anderen leben und mitkommen zu lassen, die nicht das Glück hatten, in reiche Verhältnisse hineingeboren zu werden. Ob die gespielten Szenen wirklich dem Leben in Bayern zur Prinzregentenzeit entsprachen, sei einmal dahingestellt. Wunderbar präsentiert wurde ein solches Dasein im paradiesisch-schönen Fleckchen Erde auf jeden Fall.

Neben den Redewendungen zur bayerischen Lebensart sind in diesem Kapitel auch Sprüche versammelt, die die Gefühlswelt der Bayern und ihr

Verhältnis untereinander beschreiben. Die Einstellung zum Leben, zum Unglück, das einen hin und wieder unweigerlich erwischt, zum Nachbarn, Stammtischbruder und zur Verwandtschaft, die manchmal einfach „'s Spinnà" anfängt, kann man in Bayern meist mit wenigen wohlgewählten Worten auf den Punkt bringen.

Då bin e dàhoàm. / Hier bin ich daheim.

Im Plural: „Då sàmmà dàhoàm" (Hier sind wir daheim).

Diese schlichte Feststellung wird täglich im Bayerischen Fernsehen vorgetragen: Bayern, die aus unterschiedlichsten Regionen des Freistaats stammen, tun so ihre Heimatverbundenheit kund und repräsentieren die Vielfalt Bayerns.

Zusammen mit dem Titel der beliebten Fernsehserie „Dahoam is Dahoam" wurde der Spruch zu einer weit über Bayern hinaus bekannten Redewendung.

Lem und lem lassn. / Leben und leben lassen.

Einer der wichtigsten Grundsätze bayerischer Lebensart. Er bedeutet, dass man selbst nach seinen eigenen Vorstellungen leben möchte, aber auch andere so leben lassen soll, wie sie es gerne möchten. Daraus ergibt sich eine tolerante Grundhaltung und eine gewisse Großzügigkeit gegenüber Schwächeren.

I mächt mein Griàwign. / Ich möchte meine Ruhe haben.

Das Adjektiv „griàwig" bzw. „grüàbig" bedeutet gemütlich, geruhsam, behaglich, geborgen. Dort, wo es „griàwig" ist, fühlt sich der Bayer so richtig wohl. Das Substantiv „Griàwiger" umfasst dasselbe Bedeutungsspektrum und ist auch von einer der früher weit verbreiteten Stickereien auf Sofakissen bekannt: „Lass mir mein Griàwigen!"

Dieses Wort bringt in jeder Form die in sich ruhende bayerische Lebensart in besonderer Weise zum Ausdruck.

Mà soi 's Unglück net ernster nehmà ois wià 's Glück. / Man soll das Unglück nicht ernster nehmen als das Glück.

Ein kleiner Trost, wenn jemandem ein Unglück zugestoßen ist. Er entspricht in etwa der Wendung: „Es hängt net immer auf oà Seitn." (Es hängt nicht immer auf eine Seite; das Pech wird nicht überwiegen, es kommen zum Ausgleich auch wieder bessere Tage.) Die gleiche Bedeutung hat die folgende Wendung:

Drei und dànem, geht à ganz Lem. / Drei und daneben, geht ein ganzes Leben.
„Drei" ist hier das bairische Wort für „drein" in der Bedeutung von „zusätzlich", wobei das „e" nasal und die beiden Vokale des Diphthongs getrennt ausgesprochen werden. Gemeint ist die „Dreingabe", also ein Mehr bei gleichem Preis, das man auf Bairisch auch „Zuàwååg" (Zuwaage) nennt. Die Wendung bedeutet daher: Mal gibt es etwas gratis dazu, das ist schön, mal geht aber auch etwas daneben, das ist weniger schön, aber so ist es eben im Leben.

'S Beste woi mà hoffà, 's Schlechte kimmt vo soiwà. / Das Beste wollen wir hoffen, das Schlechte kommt von selbst.
Bairischer Wunsch für die Zukunft, geleitet von der Erkenntnis, dass diese nicht nur Schönes und Angenehmes bringen wird.

Es gibt oiwà wås Neis, aber soitn wås Guàts. / Es gibt ständig etwas Neues, aber selten gute Nachrichten.
Eine Aussage, die sich scheinbar täglich beim Lesen, Hören oder Ansehen der Nachrichten bestätigt. Bayern beklagen damit den Eindruck, die Medien würden fast nur schlechte Meldungen verbreiten, die guten aber entweder ausblenden oder mangels Vorhandensein nur in geringerem Umfang bringen können. Vergessen wird dabei, dass es den meisten Menschen selbst kaum einen Satz wert ist, über ihre gute Laune Bescheid zu geben. Negative Ereignisse, kleine und große Katastrophen oder Skandale werden dagegen lang und breit besprochen.

Es håt der Letzte no net gschiem. / Der Letzte hat noch nicht gekegelt.
Solange der Letzte noch nicht gekegelt hat, ist das Spiel in der Regel noch nicht entschieden. Bairische Variante des Spruchs: Man soll den Tag nicht vor dem Abend loben.

Hifoin is koà Kunst, aber 's Aufsteh. / Hinfallen ist keine Kunst, aber das Aufstehen.
Hinfallen bzw. Fallen läuft schon allein aufgrund der Schwerkraft weitgehend von selbst ab. Beim Aufstehen muss man dagegen nicht nur eben

diese Schwerkraft überwinden, sondern auch gegen die etwaigen Blessuren und Verletzungen ankämpfen, die man sich beim Fallen zugezogen hat. Der Spruch soll also dazu motivieren, nicht aufzugeben, sondern nach Niederlagen wieder aufzustehen, auch wenn es nicht einfach ist.

„Jetz werd's liàcht", / „Jetzt wird es hell",

sagte der Bauer, als ihm der Sturm das Dach davongeweht hatte. Bairischer Sarkasmus bzw. Galgenhumor. Üblicherweise kommen diese Worte dann zum Einsatz, wenn die dunklen Wolken eines Gewitters abgezogen sind und der blaue Himmel wieder sichtbar wird.

Då werst à Freid håm. / Daran wirst du deine Freude haben.

In der Regel ist diese Feststellung ironisch gemeint, sie bedeutet: Das wird dir noch Ärger bereiten, damit wirst du viel Mühe, aber sicher keine Freude haben. Das kann z. B. ein altes Auto sein, dem man schon ansieht, dass es keine zehn Meter mehr ohne Reparatur schafft, oder ein bekanntermaßen fauler Kerl, den sich eine Frau zum Ehemann ausgesucht hat.

Des håwe (dà) vielleicht dick! / Da habe ich (dir) ziemlich dick!

Das kann ich gar nicht ertragen, das geht mir total gegen den Strich. An diese Wendung schließt sich in der Regel ein „wenn" und die Erklärung an, was man nicht ertragen kann, z. B.: „Des håwe vielleicht dick, wenn de Jungà oiwà gscheider sei woin ois wià de Oidn." (Das kann ich nicht ertragen, wenn die Jungen immer klüger sein wollen als die Alten.)

Des gàngàd mà jetz gråd no åb. / Das würde mir jetzt gerade noch fehlen.

So spricht z. B. der geplagte Inhaber eines kurz vor der Insolvenz stehenden Betriebs, dem der Finanzbeamte andeutet, dass demnächst eine Betriebsprüfung ansteht.

Då dàvor graust's mà heit scho. / Davor graut mir schon heute.

Es kann einen z. B. grausen, wenn man daran denkt, dass die bislang pflegeleichten Kinder in die Pubertät kommen oder dass der unvorsichtige Sohn eines Tages seine Abenteuerlust am Steuer ausleben darf. Auch die Befürchtung, dass ein besonders unangenehmer Zeitgenosse der neue Firmenchef wird, löst das sprichwörtliche Grauen vor der Zukunft aus. Die gleiche Bedeutung hat die Wendung:

Då is's mà heit scho Himmeangst. / Davor habe ich heute schon große Angst.

Das Präfix „Himme-" („Himmel-") wird zur Verstärkung gebraucht.

Des is mà aber jetz zwider. / Das ist mir aber jetzt unangenehm.

„Zwider", schriftdeutsch „zuwider", bedeutet unfreundlich, mürrisch, schlecht gelaunt, wenn es einen entsprechenden Gesichtsausdruck beschreibt. Im obigen Spruch kommt eine zweite Bedeutung zum Tragen: unangenehm; z. B.: „Mei, is mir de Beerdigung heit zwider." (Ach, ist mir diese Beerdigung heute unangenehm.)

Hat man versehentlich einem anderen einen Schaden zugefügt, so ist einem das natürlich unangenehm („zwider"). Den vorstehenden Spruch kann man dann im Sinne einer Entschuldigung verwenden.

Mir sàn ja unter uns Bäätschwestern. / Wir sind ja unter uns Betschwestern.

Wir sind hier ja unter uns, in vertrauter Umgebung. Hier können wir ganz ungezwungen und ungestört reden.

Unter „Betschwestern" sind zum einen besonders fromme Frauen, überaus fleißige Kirchgängerinnen und damit Personen, die vollstes Vertrauen und absolute Integrität besitzen, zu verstehen. Andererseits bietet sich auch die ironische Verwendung des Begriffs an, der damit eher das genaue Gegenteil einer „Betschwester" beschreibt. In beiden Fällen kann man sich darauf verlassen, dass nichts von dem ausgeplaudert wird, was im intimen Kreis der „Betschwestern" besprochen wird.

Des treibt me gscheit um. / Das treibt mich massiv um.

Das beschäftigt mich sehr, das lässt mich nicht mehr los. Dauernd muss ich an dieses Problem denken.

Der mächt auf ålle zwoà Achsln Wasser dràng. / Der möchte auf beiden Schultern Wasser tragen.

Der möchte es allen recht machen – ein sogar noch schwierigeres Unterfangen als das Tragen von Wassereimern auf beiden Schultern.

Wås duàst'n heit so gspreizt? / Warum zierst du dich denn heute so?

Die Wendung kann auch bedeuten: Warum tust du denn heute so vornehm? Oder: Warum gibst du denn heute so an?

Wås spinnst'n heit wieder? / Was bzw. warum spinnst du denn heute wieder?

Warum führst du dich denn heute wieder so auf? Wer „spinnt", macht einen mehr oder weniger verrückten Eindruck.

Mit dem bin e guàt speziell. / Mit dem verstehe ich mich gut.
Dabei muss es sich nicht um eine innige Freundschaft handeln, aber die „Chemie" stimmt zwischen den beiden.

Der håt vui z'vui Gfui. / Der hat viel zu viel Gefühl.
Hier ist einerseits von einer äußerst emotionalen bis sentimentalen Person die Rede, die zu viel Gefühl zeigt, andererseits handelt es sich auch schlicht um ein Wortspiel ohne tiefere Aussage mit dem dreifach aufeinanderfolgenden Diphthong „ui".

Dà Miche is eigschnappt, de beleidigte Lewerwurscht. / Der Michael ist gekränkt, diese beleidigte Leberwurst.
Wer diesen Titel verdient, der fühlt sich schon von Kleinigkeiten schwer auf den Schlips getreten.

Jeder muàß sei Bàggàl drång. / Jeder muss sein Päckchen tragen.
Ein tröstendes Wort für alle, die unter der Last des Alltags oder auch unter besonderen Erschwernissen wie Krankheiten oder Zwistigkeiten zu leiden haben: Ein jeder Mensch hat mit Problemen zu kämpfen, keiner wird davon verschont. Geteiltes Leid ist halbes Leid.

De håt Rootz und Wasser bleckt. / Die hat Rotz und Wasser geweint.
„Blecken" ist ein bairisches Synonym für herzzerreißendes Weinen.

Mà soi net woànà, bevor mà d'Schleeg spürt. / Man soll nicht weinen, bevor man die Schläge spürt.
Es gibt noch keinen Grund, pessimistisch zu sein. Warten wir doch erst mal ab, wie sich die Angelegenheit entwickeln wird. Geht sie schlecht aus, ist immer noch genug Zeit zum Weinen.

Då håt's me glei grissn. / Da hat es mich gleich gerissen.
Da bin ich total erschrocken. Das kann z. B. schon passieren, wenn man völlig unerwartet einem Bekannten oder gar einer berühmten Persönlichkeit begegnet.

Dà Done ràcht wià dà Oifezug vo Starnberg. / Der Anton raucht wie der Elf-Uhr-Zug von Starnberg.

Die Wendung stammt aus der Zeit der Dampflokomotiven, die mit Kohle beheizt wurden und riesige Rauchwolken in die Luft geblasen haben. Mit solchen Lokomotiven hat man gern starke Raucher verglichen, die entweder für eine ähnlich enorme Rauchentwicklung gesorgt oder einfach nur sehr viel bzw. ständig geraucht haben. Dass dabei speziell der Elf-Uhr-Zug von Starnberg (nach München) herangezogen wurde, dürfte Zufall sein. Im Schriftdeutschen sagt man: „Der qualmt wie ein Schlot."

Lustig ist die Fasenacht,
Wenn die Bäurin Kiàche bacht.
Wenn sie aber koàne bacht,
Pfeif e auf de Fasenacht. /

Lustig ist die Fastnacht,
Wenn die Bäuerin Küchel bäckt.
Wenn sie aber keine bäckt,
Pfeife ich auf die Fastnacht.

Der Vers zeigt, dass das Wichtigste am bairischen Fasching früher die frisch gebackenen „Kiàche" (Küchel) waren. Die Kinder verkleideten sich, gingen von Haus zu Haus um eine kleine Gabe zu erbitten und erhielten Süßigkeiten, kleine Münzen oder auch den ersehnten Küchel.

Då muàß e ja lachà. / Da muss ich ja lachen.

Då muàß e aber scho lachà. / Da muss ich aber schon lachen.

Das ist ja lächerlich. Was du erzählst, ist dermaßen unwahrscheinlich, dass man darüber nur lachen kann. Deshalb fügt man hier gerne noch den Satz an: „Des glàbst du ja soiwà net." (Das glaubst du doch selbst nicht.)

Mir kimmt à´s Lachà wià-r-àn Håfner, wenn à umwirft. / Mir kommt das Lachen wie einem Hafner, wenn er umschmeißt.

Der Hafner produziert Gegenstände aus Ton, also zerbrechliche Ware. Schmeißt er mit seinem Gefährt, auf dem sich seine Tontöpfe und sonstigen Gefäße befinden, um, so wird die Ladung weitgehend zerbrochen und die Mühe vieler Arbeitstage umsonst gewesen sein. Einen Grund zum Lachen gibt es dann nicht.

Die Wendung spricht also ironisch für den Galgenhumor bzw. dafür, dass dem Sprecher, wie dem Hafner, eigentlich zum Weinen zumute ist.

Jetz konn e wieder lachà. / Jetzt kann ich wieder lachen.
Dem Spruch kann die Überwindung einer schwierigen Situation zugrunde liegen, aber auch die konkrete Tatsache, dass man sein verlorenes Gebiss zurück- oder ein neues bekommen hat.

Preißn

Ein Grund dafür, dass es Bayern bisher nur zur Vorstufe zum Paradies und noch nicht zum ausgewachsenen Garten Eden gebracht hat, könnte darin liegen, dass mit der Zeit eine beträchtliche Zahl „Preißn" in dieses schöne Land eingewandert und hier sesshaft geworden sind. Die Gemütlichkeit des in sich ruhenden Volksstammes der Bajuwaren bekam es so immer mehr mit der „preißischen" Hektik, Ungeduld und Besserwisserei zu tun. Und der angenehme Grundsatz „Lem und lem lassen" kam gegenüber der neuen Konkurrenz ins Hintertreffen. Jedenfalls empfanden es manche Ureinwohner (Alt-)Bayerns lange Zeit so.

Konkret haben der verlorene bayerisch-preußische Krieg von 1866 und die Reichsgründung 1871 unter preußischer Führung bei den Bayern tiefe Wunden und eine starke Abneigung gegenüber den „Preißn" hinterlassen. Diese Abneigung kommt in dem gängigen Schimpfwort „Saupreiß" klar zum Ausdruck. „Preißn" sind dabei aber aus bayerischer Sicht nicht nur die Bewohner des früheren Königreichs Preußen, sondern alle Bürger Deutschlands, die nördlich der Mainlinie zur Welt gekommen sind. Diese Grenze ist sehr ungenau und wird je nach persönlicher Ansicht manchmal weiter südlich oder auch weiter nördlich gezogen.

Ein wichtiges Indiz dafür, dass man es mit einem „Preiß" zu tun hat, ist die Tatsache, dass dieser jemand weder Bairisch noch Schwäbisch spricht noch Talent darin zeigt, diese Dialekte jemals akzentfrei zu erlernen. Eindeutige „Preißn" sind Deutsche mit erkennbar norddeutscher Sprachfärbung, also einer „Berliner Schnauze" bzw. mit dem Hamburger „s-pitzen S-tein" auf der Zunge. Bei manchen Bayern stehen gleich alle Menschen unter „Preißn"-Verdacht, die ein mehr oder weniger sauberes Hochdeutsch sprechen. Nach einer noch weiter gefassten Definition, die gern von absoluten Hardlinern und Urbayern angewandt wird, fallen sogar alle Angehörigen der gesamten Weltbevölkerung unter „Preißn“, die nicht einwandfreies Bairisch sprechen. Das ging zeitweise so weit, dass japanische Touristen als „Saupreißn, japanische“ bezeichnet wurden.

Erst die Europäische Union und die Globalisierung haben zum Ende des 20. Jahrhunderts dazu geführt, dass dieses alte Feindbild nach und nach an Kraft verloren hat. Inzwischen sind die Bayern froh, wenn sie auf dem Münchner Marienplatz neben den ganzen fremdländischen Lauten der Touristen zwischendurch einen „Preißn“ hören, der in bestem Schriftdeutsch die Pracht des Neuen Rathauses preist.

Nach dem alten bayerischen Grundsatz „Lem und lem lassn“ (Leben und leben lassen) grenzt der Bayer seine „preißischen“ Nachbarn aber nicht kategorisch aus. Insofern sie sich um Integration bemühen, wird ihnen diese auch gewährt: Spätestens nach einer oder zwei Mass Bier versteht man sich kultur- und mentalitätsübergreifend nämlich blendend. Die Eingliederung der „preißischen“ Neubayern unternimmt der alteingesessene Freistaatler allerdings zugegebenermaßen nicht ganz uneigennützig, kann er doch dadurch seine minderwertigen sauren Wiesen in Bauland umwandeln und an die Neubürger teuer verkaufen. Auch kann er sich köstlich darüber amüsieren, wenn sich die „Preißn“ ganz ungelenk beim Schuhplattln versuchen. Noch mehr Freude bereitet ihm die Durchführung kostenpflichtiger Jodelkurse – kostenpflichtig für die „Preißn“, die das Jodeln lernen wollen (aber niemals lernen werden), obwohl das Vergnügen solcher Veranstaltungen sehr einseitig beim bayerischen Jodellehrer liegen dürfte.

Dass'd à Preiß bist, brauchst net beichtn, aber berein derfst-às scho. /
Dass du ein Preuße bist, brauchst du nicht zu beichten, aber bereuen darfst du es schon.

Die Preußen waren früher überwiegend evangelisch, die Bayern katholisch. Die bei den Katholiken übliche Ohrenbeichte, bei der man dem Priester alle seine sündhaften Verfehlungen einzeln und persönlich bekennen muss, gibt es bei den evangelischen Christen nicht.

Es ist also auch bayerischer Sicht keine beichtenswerte Sünde, ein Preuße zu sein, stellt aber ein erhebliches Manko dar, dessen man sich bewusst sein sollte und das man – wie jeder Christ alle seine Sünden – zumindest bereuen sollte.

Heit auf d'Nacht
Wer'n Preißn åbgschlacht.
Wer à Preißnfleisch måg,
Der soi kemà de Dåg. /

Heute Nacht
Werden Preußen abgeschlachtet.
Wer ein Preußenfleisch mag,
Der soll dieser Tage vorbeikommen.

Dieser alte, sehr derbe Reim stammt aus der jahrzehntelangen Hochzeit der Rivalität zwischen Bayern und Preußen. Schon damals war er allerdings nie ernst gemeint und kam immer mit einem gewissen Augenzwinkern daher. Inzwischen hat die Entwicklung der deutschen Geschichte endgültig ihren Mantel über diesen früher in Bayern weit verbreiteten groben Vierzeiler gebreitet.

So schnoi schiàssn de Preißn net. / So schnell schießen die Preußen nicht.

Dieser Spruch stammt ursprünglich aus dem „feindlichen" Preußen: Im 18. Jahrhundert war es in Europa nicht unüblich, desertierte Soldaten zur Strafe hinzurichten bzw. die Männer mit der Androhung der standrechtlichen Erschießung davon abzuhalten, fahnenflüchtig zu werden. Der preußische König Friedrich der Große ordnete an, dass davon abzusehen war, weil jeder einzelne Mann für die Aufstellung seines Heeres sehr wichtig war.

Seit diese Redensart in Bayern bekannt und ins Bairische übernommen wurde, beschränkt sich ihre Bedeutung auf „Jetzt mal langsam", „Nur nicht hudeln" oder „Pressiert nicht".

Gegà 's Leitn vo de Kiàchàglockn protestiern, wegà´n Gràhn von Nachbarn sein Gockl zon Gricht rennà und bei dà Haussammlung vo dà Freiwillign Feierwehr àn Liter Wasser spendn – aber wart nur, du Saupreiß, du reigschmeckter, du werst àmoi à traurige Leich kriang. / Gegen das Läuten der Kirchenglocken protestieren, wegen des Krähens des Gockels zum Gericht rennen und bei der Haussammlung der Freiwilligen Feuerwehr einen Liter Wasser spenden – aber warte nur, du

Saupreuße, du hereingeschmeckter, du wirst einst eine traurige Beerdigung bekommen.

In den letzten Jahren konnte man oft über Gerichtsprozesse den Kopf schütteln, in denen sich sogenannte Zugezogene über die Belästigung durch die üblichen Geräusche auf bayerischen Dörfern beschwerten – auch wenn die Kirchenglocken schon seit Jahrhunderten läuteten und das frühmorgendliche Krähen des Hahns wahrscheinlich noch länger ohne jede Klage zu hören gewesen war. Die Kläger waren in der Regel Personen, die nur des Schriftdeutschen mächtig waren und die schon allein deshalb in Bayern pauschal als „Preißn" bezeichnet wurden.

Mit dem pejorativen Präfix „Sau-" wird die ohnehin schon abwertende Grundbezeichnung „Preiß" noch weiter verstärkt. Als weitere negative Charaktereigenschaft wird diesen ungeliebten neuen Nachbarn über den Hinweis auf eine kleine Wasserspende für die Feuerwehr übertriebener Geiz attestiert.

Die obigen wohlgewählte Worte des rechtschaffenen Bayern-Zorns haben im Übrigen eine Quelle: Heimatkolumne „Boarische Ansichtn" von Herbert Schneider im Münchner Merkur vom 20./21.Februar 2016.

Ja, ja, des Hochdeitsche, des hat àn Deife! / Ja, ja, das Hochdeutsche, das hat einen Teufel!

So äußerte sich auch ein bayerischer Landbewohner, als ihm ein Verwandter erzählte, dass seine Tochter jetzt als Dolmetscherin in München arbeitet.

Wenn etwas „àn Deife håt", ist es sehr schwierig oder macht erhebliche Schwierigkeiten. Zum Glück bereitet das Hochdeutsche den meisten Bayern keine Verständnisprobleme, wogegen die „Preißn" andersherum ihre liebe Mühe mit dem Bairischen haben.

Und selbst wenn sie sich nach langen Jahren mühsam einen kleinen Wortschatz angelernt haben, scheitern sie mit ziemlicher Sicherheit an Spezialitäten wie der folgenden:

Deàt's fei eire Boànà net untern Diesch nei, sunst kimmt dà grouß' Hund drüwer. / Tut doch bitte eure Knochen nicht unter den Tisch hinein, sonst kommt der große Hund darüber.

Der Witz dieser Aufforderung eines bayerischen Bauern liegt in der unterschiedlichen Bedeutung des Wortes „Boà", das im Schriftdeutschen das Bein, im Bairischen dagegen den Knochen bezeichnet. Während der Gastgeber nur darum bittet, keine Knochen (Speisereste) unter den Tisch zu werfen und den Hund damit nicht noch mehr zu mästen, zieht der preußische Gast vermutlich furchtsam seine Beine ein, um den großen Vierbeiner nicht zu provozieren.

De andern Leit

Vor allem auf dem Land ist es auch heute noch oft von großer Bedeutung „wås d'Leit sång" (was die Leute sagen). Die grausamste Strafe für Abweichungen von der allgemein für gut befundenen Lebensweise (arbeitsam, treu, gläubig) ist es, wenn Mitglieder der Dorfgemeinschaft – angeblich meist ältere Frauen – jemanden in der „Reißn" haben (über denjenigen ausgiebig diskutieren). Vor allem für den bayerischen Individualisten ist das Leben im Angesicht der Autorität der dörflichen Dreieinigkeit Kirchenchor-Schützenverein-Freiwillige Feuerwehr nicht immer leicht. Denn wenn man einfach nicht für ein Dasein am Stammtisch geschaffen ist, stößt leider auch die Maxime „Lem und lem lassn" in der alltäglichen Anwendung an ihre Grenzen.

So war und ist selbst der Bayer oft gezwungen, sich dem anzuschließen, was die Mehrheit macht, um nicht als schief angeschauter Sonderling verschrien zu sein – neudeutsch: Der „Mainstream" gibt den Takt vor. Die „68-er Generation" hat dieses enge System zwar etwas gelockert, aber auch heute hört man oft noch den Kommentar: „Wås sång à-n då d'Leit!" (Was würden denn die Leute dazu sagen!) Was so viel bedeutet wie: Das geht nicht, da würden wir ja ins Gerede kommen. Bis zu paradiesischen Zuständen ist es in diesem Punkt noch ein weiter Weg.

Wås sång-à-n då d'Leit? / Was sagen denn da die Leute?

Das war eine der wichtigsten Fragen, die man sich früher in den kleinen Dörfern, in denen jeder jeden kannte, täglich stellen musste. Jedes Tun und Lassen war stark davon beeinflusst, ob es bei den Anderen im Dorf akzeptiert oder kritisiert wurde. Ein moderner Haarschnitt oder auffällige Kleidung waren oft nur deshalb in der eigenen Familie nicht geduldet, weil sich darüber die Nachbarn lustig machen konnten. Wollte ich für eine schmutzige Arbeit im Garten eine zerrissene Hose anziehen, ließ meine Mutter das nicht zu und begründete es mit obigem Spruch.

Heute sind solche zerrissenen Hosen modern und nur gegen Aufpreis zu haben. Die Zeiten ändern sich.

Mi'm nackàdn Finger zoàgt mà net auf ozonge Leit! / Mit dem nackten Finger zeigt man nicht auf bekleidete Menschen!
Es ist unhöflich, mit dem Finger auf andere, in der Nähe befindliche Menschen zu zeigen. Dies sollte man schon deshalb unterlassen, weil damit sofort erkennbar wird, dass man über sie spricht.

Då zoàgàtn d'Leit mi'm Finger auf mi. / Da würden die Leute mit dem Finger auf mich zeigen.
Die Leute würden schlecht über mich reden, wenn ich das tun würde. Obwohl es grundsätzlich unhöflich ist, auf jemanden mit dem Finger zu zeigen, muss mit dieser Geste rechnen und sie erdulden, wer sich etwas Schlimmes zuschulden kommen hat lassen.

Berg und Doi kemà nià zamm, aber d'Leit scho. / Berg und Tal kommen nie zusammen, aber die Menschen schon.
Im Gegensatz zu Berg und Tal laufen sich Menschen, die in derselben Gegend wohnen, immer wieder über den Weg. Solche unweigerlich wiederkehrenden Begegnungen kann man mit der vorliegenden Wendung kommentieren.

Wo muàß e'n jetz di hidoà? / Wo muss ich denn jetzt dich hintun?
Begegnet man zufällig einer Person, die einem bekannt vorkommt, weiß aber momentan nicht mehr, woher, stellt man ihr diese Frage.

D'Leit lernt mà auf'm Markt kennà, net in dà Kiàcha. / Die Menschen lernt man auf dem Markt kennen, nicht in der Kirche.
Man lernt seine Mitmenschen nur dort kennen, wo man miteinander sprechen kann. Dies ist vor allem auf dem Markt der Fall, wo man einerseits viele Leute trifft und wo andererseits beim Handel auch die unterschiedlichen charakterlichen Eigenschaften der Marktbesucher erkennbar werden. In der Kirche sind dagegen alle recht brav und fromm, jedenfalls tun sie so.

D'Leit sàn wià Biàchà: Ohne Titl bedeitns nix. / Die Menschen sind wie Bücher: Ohne Titel haben sie keine Bedeutung.
Bücher ohne Titel gibt es nicht. Manche Zeitgenossen übertragen diese These unsinnigerweise auf ihre Mitmenschen. Sie erkennen nur Titelträger als ebenbürtige Menschen an, also einen Doktor oder Professor. Auch Amtsbezeichnungen können diese Wirkung besitzen, z. B. der „Herr Wachtmeister", der „Herr Inspektor", der „Herr Bezirksamtmann" oder ein Ehrentitel wie der „Kommerzienrat".
Frauen hatten früher nur sehr selten entsprechende Titel, konnten sie aber praktischerweise auf dem Heiratsweg „erwerben". Es war üblich, z. B. die Gattin des örtlichen Arztes als „Frau Doktor" oder die des Hochschullehrers als „Frau Professor" anzusprechen.

Wemmà d' Leit und 's Viech mitànand vergleicht, steigt dà Viechpreis. / Vergleicht man Mensch und Tier, dann steigt der Viehpreis.
Manche Menschen sind faul oder nur für wenige Arbeiten zu gebrauchen, wieder andere verhalten sich grausam und schlicht unmenschlich. Tiere sind dagegen meistens friedlich und – wenn es zu ihrer Natur gehört – sogar arbeitswillig, zumal wenn der Mensch sie dementsprechend erzogen und dressiert hat. Ein Abwägen des Werts von Mensch und Tier dürfte bei genauerer Betrachtung zu Ungunsten des Menschen ausgehen.

De feinà Leit schiàm eàhnàn Rootz in Hosnsååg ei. / Die feinen Leute stecken ihren Nasenschleim in die Hosentasche (Hosensack).
Einfache Leute beherrschten früher die Kunst, sich im Freien dermaßen geschickt nur mithilfe der Hand zu schnäuzen, dass der Schleim auf dem Boden landete. Eventuell an der Hand verbliebene Reste wurden am „Schàwà" (Schurz der Männer zum Schutz ihrer Kleidung) oder am „Fürter" (Vortuch, Schurz der Frauen) abgewischt. Eine saubere Sache. Es muss sehr befremdlich gewirkt haben, wenn feine Leute, die sich Taschentücher leisten konnten, ihren eigenen Nasenschleim nach getaner Putzarbeit zusammen mit dem Tuch wieder in die Hosentasche steckten.

Grobe Leit sàn wià Griàßkneel, bloß dass net rund sàn. / Grobe Leute sind wie Grießknödel, nur dass sie nicht rund sind.

Der Grieß in den gleichnamigen Knödeln ist von rauer Konsistenz. Sie mit groben, raubeinigen Zeitgenossen zu vergleichen, ist daher nicht abwegig.

Wer Anderleit zon Lachà bringt, der dàläást à-n arme Soi. / Wer andere Leute zum Lachen bringt, der erlöst eine arme Seele.
Dass man eine Seele aus dem Fegefeuer erlösen kann, wenn man andere Leute erheitert, ist wohl etwas hoch gegriffen. Zweifellos tut man damit aber ein gutes Werk. Und wer gute Werke tut, ist im Himmel hoch angesehen. Zumindest tut man also mit der Verbreitung guter Laune für sein eigenes Seelenheil etwas Gutes.

HÅB I À GOID, NA BIN
I FROH – HÅB I KOÀNS,
GEHTS ÀÀ–R–À SO.

VO DE REICHN LEIT
KONNST ÀS SPÅRN LERNÀ,
VO DE ARMÀ ’S KOCHÀ.

Der Ruàch und der Bettlmo

Der Geizhals und der Bettler

Ein „Ruàch" ist jemand, der möglichst viel Geld und Besitz zusammenrafft und sich am großen Umfang seines Vermögens erfreut. Meistens ist diese Eigenschaft auch mit der eines „Geizkrångs" (Geizkragens) gepaart, der das einmal gebunkerte Geld nur ungern ausgibt, um den letzten Cent feilscht und sehr knausrig ist. Auch so manche Bayern sind auf diese Weise zu großem Reichtum gekommen und fühlen sich fast wie im Paradies, könnten sie sich doch alles leisten was ihr Herz begehrt – wenn, ja wenn sie bereit wären, etwas von ihrem Baren wieder an den diversen Kassen der freistaatlichen Einkaufstempel abzugeben.

Diese Art von Paradies ist zum einen von etwas fragwürdiger Natur – die Lebensweisheit „Geld allein macht nicht glücklich" kommt schließlich nicht von ungefähr. Zum anderen ist dieser spezielle paradiesische Zustand auch im heutigen Bayern nur einer vergleichsweise kleinen Gruppe vorbehalten. Früher war die Ungleichheit freilich noch weitaus schlimmer.

Während noch vor hundert Jahren weite Teile der Bevölkerung ihre Lebtage „arm wie eine Kirchenmaus" verbrachten, geht es den meisten Bayern heute gut. Jedenfalls will kaum jemand das schöne Bayernland verlassen, während umgekehrt immer mehr Menschen hier ansässig werden wollen – ein deutlicher Beweis für die Nähe Bayerns zum Paradies.

In diesem Kapitel geht es um reiche und arme Menschen. Einige der folgenden Sprüche beschäftigen sich mit den verschiedenen Wegen zum Reichtum, andere mit dem Verlust des gesamten Besitzes. Dafür genügte früher oft der regelmäßige Wirtshausbesuch samt großem Durst. Im Vergleich mit dem früheren Einkommensstandard sieht der Bierpreis heute geradezu moderat aus, sodass ein gut gepflegter Platz am Stammtisch glücklicherweise kaum noch ein Grund für eine Insolvenz ist.

Reichtum und Neid

Erstaunlicherweise ist der Neid vor allem bei reichen Leuten weit verbreitet. Das war auch früher so: Selbst wenn ein Bauer bereits einen großen Hof besaß, musste er immer noch mehr zusammenraffen, um die anderen Großbauern zu übertrumpfen. Dafür ging man verschiedene Wege: sparen, nichts verschenken, optimal wirtschaften und bei der Hochzeit des Jungbauern auf eine stattliche Mitgift der Hochzeiterin achten.

Die armen Leute dagegen akzeptierten früher ihre prekäre Situation in der Regel als gottgegeben. Neid oder Missgunst kam schon von Zeit zu Zeit auf, wenn die eigene Arbeit gerade genug abwarf, um davon überleben zu können, während die wohlhabenden Bauern mit ihren Unternehmungen immer auf der Sonnenseite zu landen schienen. Übertrieben neidisch wurde aber niemand. Ging z. B. eine Kleinbäuerin an den Schaufenstern feiner Läden in der Stadt vorbei, dachte sie verständnisvoll an die Großbauern und sagte nachdenklich nickend: „De reichn Leit brauchà scho à Goid!" (Die reichen Leute brauchen schon Geld!) Sie kam gar nicht auf die Idee, dass es schön wäre, wenn auch sie sich diese begehrenswerten, teuren Sachen in den Schaufenstern leisten könnte.

'S Sach muàß zon Sach. / Besitz muss zu Besitz.

Dies war für die Großbauern früher die wichtigste Grundregel für die Auswahl des Hochzeiters oder der Hochzeiterin. Bei dieser Entscheidung spielten Liebe und Zuneigung kaum eine Rolle, schließlich galt es – oft sogar ohne Rücksprache mit den Betroffenen –, eine vor allem reiche, erst in zweiter Linie charakterlich ordentliche Partie für den eigenen Nachwuchs zu finden.

Hoit's às Sach zamm! / Haltet den Besitz zusammen!

Eine weitere wichtige Grundregel der Bauern, die nicht nur an den unmittelbaren persönlichen Wohlstand, sondern an die Sicherung der Lebensgrundlage für kommende Generationen dachten. Eine Bäuerin, die diese Regel befolgte, war eine „guàde Hauserin" (gute Haushälterin). Eine Eigenschaft, die – neben der Mitgift – bei potenziellen Heiratskandidatinnen sehr begehrt war.

De stingà-n vor lauter Goid. / Die stinken vor lauter Geld.

Vor lauter Reichtum soll die so beschriebene Familie schon nach Geld riechen. Dabei bleibt ungeklärt, wie Geld eigentlich riecht, also auch, welchen Geruch diese Leute angeblich verströmen. Jedenfalls kann man der Wendung entnehmen, dass es sich nicht um einen Wohlgeruch handelt, sondern um unangenehmen Gestank. Den nehmen die reichen Leute allerdings gerne in Kauf.

Vo de reichn Leit konnst às Spårn lernà, vo de armà 's Kochà. / Von den reichen Leuten kann man das Sparen lernen, von den armen das Kochen.
Reichtum geht oft darauf zurück, dass der oder die Vermögende großes Talent beim „Sach zammhoitn“ (den Besitz wahren und gegebenenfalls vermehren) beweist, also beim Geldausgeben sehr zurückhaltend ist und versucht, möglichst viel auf die hohe Kante zu legen. Arme Leute dagegen zeigen angesichts ihrer engen finanziellen Situation oft gezwungenermaßen besondere Kreativität beim Kochen. Eine Hausfrau, die trotz ihrer stark begrenzten Mittel ein nahrhaftes und auch schmackhaftes Essen auf den Tisch bringt, verfügt über sehr gewiefte Kochkünste.

Der håt à scheens Machà. / Der hat ein schönes Machen.
Dem geht es gut, der hat es gut. Der verfügt über genügend finanzielle Mittel und braucht sich nicht anzustrengen, um seinen Lebensunterhalt zu sichern. Dem so Gesegneten kann man seinen latenten Neid direkt auch folgendermaßen mitteilen:
Du håst às schee, so schee mächt e's àà håm wià du. / Du hast es gut, so gut möchte ich es auch haben wie du.

Liàwà Neider ois Mitleider. / Lieber Neider als Mitleider.
Es ist besser, beneidet zu werden, als bemitleidet zu werden. Noch schöner wäre es zwar, beneidet und gleichzeitig geliebt zu werden, diese Konstellation ist aber ausgesprochen selten.
Wenn in meiner Kinderzeit jemand über mich oder meine Familie eine abfällige oder spöttische Bemerkung gemacht hat, ließ das meine Mutter kalt und sie tröstete mich mit dem Spruch: „Des is ja bloß der Neid.“ (Das ist doch nur der Neid, die sind uns doch nur neidig.)

Neid frisst 's Viech und d'Leit. / Der Neid frisst das Vieh und die Leute.
Neid ist kein guter Ratgeber. Wer ständig andere beneidet und diese im Blick hat, dabei aber vergisst, sich um seine eigenen Angelegenheiten zu kümmern, der wird nicht erfolgreich wirtschaften und im Extremfall sogar „auf Gànt“ (in die Insolvenz) kommen.

Pass auf, dass dir dei Goid net gstingàt werd! / Pass auf, dass dein Geld nicht modrig wird!

Lagert der Bauer feuchtes organisches Material, z.B. Gras, in größeren Mengen über längere Zeit, so wird es anfangen zu schimmeln und zu verfaulen. Wer im gleichen Stil immer mehr Geld und Besitz anhäuft, sollte sich gelegentlich auch überlegen, wofür er sein Vermögen verwenden möchte. Es einfach zu lagern, bis es anfängt zu modern, wäre nicht sinnvoll.

Der is so ruàchàd, der lasst se àmoi bloß bis zum Brustkastn eingråm, na konn er sei Gråb soiwà richtn. / Der ist so geizig, der lässt sich eines Tages nur bis zur Brust hin eingraben, dann kann er sein Grab selbst pflegen.

Eine sehr drastische Beschreibung für einen „Ruàch“ (Geizhals), der sich sogar noch nach seinem Tod am liebsten die Kosten der eigenen Grabpflege sparen würde.

Fast noch drastischer:

Der is so ruàchàd, der dàhungert mit àn Stickl Brot im Mai. / Der ist so geizig, dass er mit einem Stück Brot im Mund verhungern muss.

Dieser extreme Geizkragen gönnt sich selbst das Stück Brot nicht, das er schon im Mund hat. Über einen derart radikalen Geizhals mit ansehnlichem Besitz sagte man deshalb früher auch: „Der dàhungert oiwei no àmoi.“ (Der muss eines Tages noch verhungern.)

Mägst àn Dåg d’Aung ausbrenna? / Möchtest du dem Tag die Augen ausbrennen?

Ein echter Geizhals kritisiert alles, was Geld kostet, auch die tagsüber eingeschaltete Beleuchtung.

Àn Muià sei Wei is net vo Gemhausn. / Die Frau des Müllers ist nicht von „Gebenhausen“.

Die Frau des Müllers sitzt auf ihrem Besitz, die gibt freiwillig nichts her. Von dieser Frau bekommt man nie etwas geschenkt, die ist sehr geizig. Von so einer Frau sind auch die folgenden Worte zu erwarten:

I leich nix her. / Ich verleihe nichts.

Auch Kinder schnappen solche Wendungen auf und bringen sie in weniger geeigneten Situationen zum Einsatz, z.B. wenn die Lehrerin fragt: „Håst du koà Taschnduách?“ (Hast du kein Taschentuch?) und der kleine Maxl antwortet: „I håb scho oàns, aber i leichs net her.“ (Ich habe schon eins, aber ich verleihe es nicht.)

Der håt fei gscheit wås springà lassn. / Der hat schon gehörig etwas springen lassen.

Etwas „springen lassen“ heißt, dass man freigebig ist und ohne rechtliche Verpflichtung großzügig eine Geldsumme spendiert oder bestimmte Kosten übernimmt. Der Hintergrund dafür, dass jemand einiges „springà lasst“, kann ehrliches Mäzenatentum sein, meistens ist aber die Großzügigkeit nur vordergründig selbstlos. So sollen früher auch manche Bürgermeisterwahlen zugunsten des Bewerbers entschieden worden sein, der am meisten Freibier spendiert oder für den Fall seines Wahlsieges in Aussicht gestellt hat.

Hätt mà’s net, dàät mà’s net. / Hätten wir es nicht, dann würden wir es nicht tun.

Hier spricht eine Person, die über ausreichende Mittel verfügt, um sich z. B. ein teures Auto oder Schmuck zu kaufen, und die damit angibt. Anders ausgedrückt: Wir tun es nur, weil wir es uns leisten können. Der Spruch kann sich aber auch ganz generell auf eine bestimmte Gelegenheit beziehen, die man nützt, weil sie sich bietet. Er kann deshalb auch bedeuten: Gelegenheit macht Diebe.

Då muàß à oide Frau lang strickà. / Da muss eine alte Frau lange stricken.

Ein Kommentar, wenn von einem hohen Geldbetrag die Rede ist. Stricken ist eine bekanntermaßen schlecht bezahlte Tätigkeit. Um damit eine ansehnliche Summe zu verdienen, muss man schon enorm fleißig sein.

Bevor e me schlång laß … / Bevor ich mich verprügeln lasse …

Man muss Geschenke auch annehmen können. Wird man zum Beispiel auf ein Bier eingeladen oder wird einem ein großzügiges Trinkgeld angeboten, so kann man das durchaus mit Dank entgegennehmen. Der Sprecher täuscht mit obigen Worten wahrscheinlich mehr Bescheidenheit und Zurückhaltung vor, als er im Angesicht von z. B. Freibier wirklich empfindet, indem er das Geschenk scherzhaft den Prügeln vorzieht. Eine weniger dramatische Alternative wäre:

Des hätts aber net braucht. / Das hatte es aber nicht gebraucht.
Das wäre doch nicht nötig gewesen.
So reagiert man meist auf ein Geschenk, das man erhält, weil man jemandem einen Gefallen, eine kleine Selbstverständlichkeit getan hat. Oft wird diese Wendung aber auch benutzt, um nur den Eindruck zu erwecken, selbstlos gehandelt zu haben. Schnell wird dann das Geschenk entgegengenommen, bevor noch eine Diskussion dazu führen könnte, dass der Geber sein Präsent wirklich wieder einsteckt.
Ist die Uneigennützigkeit des Helfers aber ehrlich und keine Fassade, dann antwortet er auf den Dank für seine Unterstützung folgendermaßen:
Håt leicht sei kinà. / Hat leicht sein können.

Mà muàß då rupfà, wo's federt. / Man muss dort rupfen, wo es federt.
Wörtlich bedeutet die Wendung, dass man Federvieh dort rupfen muss, wo sich Federn befinden. Im übertragenen Sinn ist damit gemeint, dass man sich dorthin wenden muss, wo etwas von dem vorhanden ist, was man braucht. In der Regel wird es sich um Geld handeln: Finanzielle Hilfe muss man also dort erbitten, wo genügend vorhanden ist.

'S Goid liegt auf dà Straß', bloß aufhem'muàß mà 's. / Das Geld liegt auf der Straße, nur aufheben muss man es.
Geld ist zwar überall vorhanden, man muss sich aber auch bücken, also sich bemühen und arbeiten, um es zu bekommen.

Des geht weg wià warme Semme. / Das geht weg wie warme Semmeln.
Das verkauft sich gut, dafür besteht eine große Nachfrage.
Das beste Beispiel für Ware, die sich schnell verkauft, sind die sprichwörtlichen warmen Semmeln. Sie kommen morgens frisch und knusprig aus dem Backofen und haben oft noch etwas von dessen Hitze gespeichert, wenn sie verkauft werden. Solche Semmeln sind ein Gaumenschmaus, weshalb man in guten Bäckereien früh am Morgen oft lange Schlangen sieht.

Då muàß scho wås rausschaung. / Da muss schon etwas herausschauen.

Das muss sich rentieren. Wirtschaftlich denkende Menschen greifen nur solche Projekte auf, die mit großer Wahrscheinlichkeit Profit abwerfen werden.

Drepfen duàds, renga braucht's net. / Es tröpfelt, regnen muss es nicht.

Damit beschreibt man die Einnahmesituation in einem kleinen Laden oder Gewerbe. Der Betreiber ist froh, dass er regelmäßige Einnahmen erzielt, auch wenn sie nicht besonders üppig sind. Eine ähnliche Wendung hierzu lautet: „Es drepfet oiwà àso dàhi." (Es tröpfelt immer so dahin.) Bei Toilettenfrauen ist es wörtlich gemeint, wenn sie auf die Frage, wie das Geschäft läuft, antworten: „Es drepfed se zamm." (Es tröpfelt sich zusammen.)

Auch der folgende Spruch hat diese Bedeutung:

Kloàne Henà leng àà Oàr. / Kleine Hühner legen auch Eier.

Laß´n no à bissl boàzn. / Lass ihn noch etwas zappeln.

Lässt man jemanden „boàzn", so lässt man ihn grundlos über Gebühr lange warten, in der Regel mit dem Ziel, den Druck zu erhöhen, bis der Betroffene eher bereit ist, einem bei den anstehenden Gesprächen oder Verhandlungen entgegen zu kommen.

War diese Taktik erfolgreich, heißt es im Anschluss z. B.:

Den Grund håwe um à Butterbrot kàfft. / Das Grundstück habe ich für ein Butterbrot gekauft.

Dieses Grundstück habe ich ausgesprochen günstig erstanden, es war ein Schnäppchen – ganz wie ein Butterbrot, das zu den preiswerten Nahrungsmitteln zählt, die aber dennoch schmackhaft und sättigend sind.

Des is eàhm feu wià's saure Bier. / Das ist ihm feil wie das saure Bier.

Früher gab es nur sehr beschränkte Möglichkeiten, Getränke kühl zu halten und sie dadurch länger lagern zu können. Bier in einem angestochenen Fass hatte nur eine begrenzte Haltbarkeitsdauer, wurde danach sauer und war nicht mehr genießbar. Den damit verbundenen finanziellen Verlust wollten die Wirte natürlich vermeiden. Sie priesen deshalb ihr Bier in dieser Phase ganz besonders an, oft gaben sie es am Schluss auch noch billiger ab. Will ein Geschäftsmann eine bestimmte Ware unbedingt loswerden, so ist sie ihm ebenso „feu" (feil).

Des kost aber àn Batzn. / Das kostet aber sehr viel Geld.

À guàde Ausred is à-r-àn Batzn wert. / Eine gute Ausrede ist auch viel wert.

Heute wird man den „Batzn" (Batzen) als einen Haufen Geld übersetzen. Man denkt dabei an einen „Dreegbatzn" (Dreckklumpen) oder an einen „Loámbatzn" (Lehmklumpen). Kaum noch bekannt ist, dass der Batzen auch eine historische Münze in der Schweiz und in Süddeutschland war. In der Schweiz wurde sie von 1492 bis 1850 geprägt. Die Älteren werden sich noch an das Volkslied erinnern: „Ein Heller und ein Batzen, die waren beide mein."

Wer nix dàheiràt und nix irbt, der bleibt arm bis dass er stirbt. / Wer nichts erheiratet und nichts erbt, der bleibt arm bis er stirbt.

Wennst nix dàheiràtst und nix irbst, bleibst à Depp so lang bis d' stirbst. / Wenn du nichts erheiratest oder erbst, bleibst du ein solange ein Narr bis du stirbst.

Die einzigen zwei Möglichkeiten, zu einem Vermögen zu kommen, das diesen Namen verdient, sind reich zu heiraten oder viel zu erben. Im Umkehrschluss: Mit ehrlicher Hände Arbeit ist noch keiner reich geworden.

Vom Erm kriàgt mà koàne Blådàn an de Hendt. / Vom Erben bekommt man keine Blasen an den Händen.

Der Idealzustand für jeden, der sich um die Mühen und manchmal auch Blessuren grundanständiger Handarbeit lieber drückt: Macht man eine Erbschaft, ist dies gewiss nicht mit Blasen an den Händen verbunden, und trotzdem kann der Gewinn daraus deutlich höher sein als der Verdienst aus körperlicher Arbeit.

Hau's naus, de oide Bànde! / Wirf es weg, das alte Gerümpel!

Hat man viel Platz, um etwas aufzubewahren, wird man ihn nutzen. Schließlich ist nicht auszuschließen, dass man die momentan entbehrlichen Gegenstände vielleicht doch eines Tages wieder brauchen kann. Eventuell sind sie ja sogar noch etwas wert, gerade wenn sie einem vererbt wurden!

Im Laufe der Zeit wird aber immer klarer, dass man nicht alles aufheben kann, worauf es nach erfolgreicher Entsorgung heißt:

Des is guàt weider. / Das ist gut weiter.

Darauf können wir gut verzichten.

Das gilt für Sachen, aber auch für Personen. „Der is guàt weider!" kann z. B. einen ungeeigneten Mitarbeiter betreffen, dem man gekündigt hat. Hat sich eine Frau scheiden lassen, sagt ihr Ex: „De is guàt weider!" (Ein Glück, dass ich sie los bin!)

Bettlleit

„Oiwei de Fremdwörter!" (Immer diese Fremdwörter!), hat ein alter Bayer geschimpft, als er hörte, dass ein Numismatiker jemand ist, der Münzen sammelt. „Bei uns hoàssn de heit no Bettlleit." (Bei uns nennt man die heute noch Bettelleute.)

In Bayern gibt es heute kaum noch „Bettlleit" (Bettelleute), die auf Almosen anderer angewiesen sind, um über die Runden zu kommen. Früher war das anders. Sehr oft kamen Handwerksburschen und andere arme Leute an die Haustür und baten um eine kleine Gabe oder Wegzehrung. Selbst die Kleinbauern konnten von dem geringen Ertrag ihrer überschaubaren landwirtschaftlichen Fläche kaum leben. Es reichte meist gerade noch, um eine Kuh zu halten, aber wenn diese Kuh einging, war das existenzgefährdend. Dazu wuchs auf den eigenen Grundstücken kaum genug Viehfutter, um die wenigen Tiere vernünftig zu ernähren.

Eine solche Situation mit einem unterernährten Zugtier beschreibt die Szene einer Kleinbauernfamilie, wenn der Bauer zu seiner Frau sagte: „Jetz muàß e scho di vor'n Pfluàg spannà. Siegst ja, dass's àm Ochs z'hart werd." (Jetzt muss ich schon dich vor den Pflug spannen. Du siehst ja, dass es dem Ochsen zu schwer wird.) Die Kleinbäuerin war über dieses Ansinnen überhaupt nicht begeistert und klagte bei ihrer Nachbarin: „Beim Dåg derfàt i eàm oiwei àn Ochsn machà und bei der Nåcht 'Kuàh." (Tagsüber dürfte ich ihm immer den Ochsen machen und nachts die Kuh.)

Was heute lustig klingen mag, war damals bitterer Ernst – von paradiesischen oder auch nur vor-paradiesischen Verhältnissen keine Spur.

Má muàß se schindn und ràckern, dass mà sei bissl Leem furtbringt. /

Man muss sich schinden und rackern, um sein bisschen Leben zu bewältigen.

Eine früher weit verbreitete Klage der Kleinbauern, die sich jahraus jahrein sehr plagen mussten, um auf niedrigstem Niveau über die Runden zu kommen.

Spårn miàß-b-mà, Kinder kemà nackert auf d'Woid. / Sparen müssen wir, die Kinder kommen nackt auf die Welt.
Gängiger Spruch, wenn man auf die Notwendigkeit zu sparen hinweisen will – auch wenn keine Babys unterwegs sind, die ja bekanntlich überhaupt nichts mitbringen, wenn sie zur Welt kommen.
Das „b" zwischen „miàß" und „mà" fügt der Bayer als Bindelaut ein, um sich den sprachlichen Übergang vom „ß" zum „m" zu erleichtern.

Wei, verkààf d'Àntn – àn Buàm miàss-b-mà gwàndtn. / Weib, verkaufe die Enten – den Buben müssen wir gewanden (kleiden).
In Familien, die „nix Übrigs" (nichts Übriges, also kein Geld auf der hohen Kante) hatten, mussten früher oft die letzten Reserven mobilisiert werden, um eine wichtige Anschaffung finanzieren zu können. Dazu gehörte auch ein schönes „Gwand" (Kleidung) für den Sohn, damit dieser eine passende Hochzeiterin fand.

Dà Xaverl håt sei Gwand vo Schleißheim. / Der Xaver hat seine Kleidung aus Schleißheim.
Mit dem Ort Schleißheim hat das Wortspiel nichts zu tun. Es geht rein um den Zustand der Kleidung: „schleißig", also verschlissen, schäbig und abgenutzt.

'S guàde Gwand muàß mà auf houche Zeitn aufsparn. / Die gute Kleidung muss man für hohe Zeiten reservieren.
Das „guàde Gwand" (gute Gewand) war früher die besonders schöne, aber auch teure Kleidung, oft die landesübliche Tracht. Um diese wertvolle Anschaffung zu schonen, wurde sie nur zu der „hohen Zeit" getragen, also vor allem zu den hohen kirchlichen Festen Weihnachten, Ostern, Pfingsten und Allerheiligen.
Diese Hoch-Zeiten nannte man auch „heilige Zeiten". Weil es sich nur um ein paar Tage im Jahr handelte, wurden sie auch als Synonym für „nur selten, nur gelegentlich" verwendet. Manche Schafkopf-Runde trifft sich nur „alle heiligen Zeiten", also vier- bis fünfmal im Jahr. Das „guàde

Gwand“ nannte man auch „Feirdàgwand“ (Feiertagsgewand), weil es an den Sonn- und Feiertagen getragen wurde.

Bist schwarz geborn, is àà ’s Weißwaschn verlorn. / Bist du schwarz geboren, ist auch das Weißwaschen verloren.

Die Lebensumstände, in die man hineingeboren wird, kann man nur selten verändern. Kommst du aus armem Elternhaus, wird ein finanzieller Aufstieg nur äußerst schwer möglich sein.

Die gleiche Bedeutung hat die nächste Wendung:

Wer für’n Bettlsååg geborn is, bringts nià zu koàn Ranzn net. / Wer für den Bettelsack geboren ist, bringt es nie zu einem dicken Bauch.

Die Besonderheit einer sogar dreifachen Verneinung („nià koàn net“) zeigt den tiefen Brustton der Überzeugung, in dem der Spruch vorgetragen wird.

I håb do koàn Goidscheißer. / Ich habe doch keinen Geldscheißer.

Dies ist die Antwort auf die Äußerung von Wünschen, die nicht finanzierbar sind. Ein Geldscheißer ist ein Fabeltier, das sich durch die Fähigkeit auszeichnet, Stuhlgang in Form von Geldmünzen oder Geldscheinen zu haben – zu schön, um wahr zu sein.

Håb i à Goid, na bin i froh – håb i koàns, gehts àà-r-à so. / Habe ich Geld, dann bin ich froh – habe ich keins, geht es auch so.

Ein tröstender Reim: Geld allein macht nicht glücklich.

Wenn e koà Goid net håb, na bleib e dàhoàm. / Wenn ich nicht genügend Geld habe, dann bleibe ich daheim.

Bayerischer Pragmatismus: Wenn ich mir z. B. einen Wirtshausbesuch, das Kinoticket oder eine Reise nicht leisten kann, dann bleibe ich eben zu Hause. Dieser Grundsatz war früher für die meisten Bayern selbstverständlich. Einige wenige verfuhren aber trotz geringer Mittel nach der Maxime „Nur der Nout koàn Schwung lassn!“ (Nur der Not keinen Schwung lassen!) und leisteten sich den einen oder anderen Luxus, was aber meistens nicht lange gut ging und „auf der Gànt“ (in der Insolvenz) endete.

Des håwe mà vom Mai åbgspart. / Das habe ich mir vom Mund abgespart.

Um mir etwas Bestimmtes leisten zu können, habe ich sogar beim Essen Abstriche gemacht.
Diese Wendung benutzt man bevorzugt dann, wenn man mit dem mühsam zusammengesparten Einkauf unzufrieden ist. Dann ist es nämlich besonders ärgerlich, sogar Fastentage eingelegt zu haben, um die notwendige Summe ansparen zu können.

Bei de Zündhoizl fangt mà ´s Spårn o. / Bei den Zündhölzern fängt man mit dem Sparen an.
Wer darauf baut, in kurzer Zeit einen großen Geldbetrag sparen und zur Bank tragen zu können, wird sein Ziel nie erreichen. Vielmehr muss man alle kleinen Einsparungsmöglichkeiten nutzen. In der Summe macht nämlich „Kleinvieh auch Mist".

Beim Schlaffà spart mà 's meiste Goid. / Beim Schlafen spart man das meiste Geld.
Bestechende bairische Logik: Wer im Bett liegt und schläft, kann in dieser Zeit kein Geld ausgeben.

'S Oànzige, wås mà ohne Goid machà konn, sàn Schuidn. / Das Einzige, was man ohne Geld machen kann, sind Schulden.
Scherzhaft gemeinter Ausspruch eines Menschen, der immer knapp bei Kasse ist. Richtig ist dabei, dass man in der Tat für fast alles, was man anfangen und unternehmen möchte, Geld braucht.

Wer scho Schuidn håt, dem is nix z'teier. / Wer bereits Schulden hat, dem ist nichts zu teuer.
Aus der Redewendung spricht eine gewisse Lethargie bzw. Resignation: Entweder ist der Schuldenberg bereits so gewaltig, dass es auf die paar Euro mehr im Minus nicht mehr ankommt, oder der Betroffene hat endgültig aufgegeben daran zu glauben, dass er noch jemals aus seinen Schulden herauskommt.

Der Damàl zoit am Karfreidà bein Zwoifeleitn. / Der Thomas zahlt am Karfreitag beim Mittagsläuten.
Am Gründonnerstag schweigen nach dem Gloria der Abendmesse die Glocken und die Orgel. Den Kindern wird in alter Überlieferung erzählt: „Die Glocken sind nach Rom geflogen." An ihre Stelle treten die hölzer-

nen Hand- und Kastenratschen. Erst in der Osternacht von Karsamstag auf Ostersonntag kehren die Glocken zur Feier der Auferstehung Jesu Christi zurück. Das heißt, dass man am Karfreitag vergeblich auf das Mittagsläuten warten wird. Wer also verspricht, seine Schulden am Karfreitag beim Mittagsläuten zu begleichen, der verschiebt die Tilgung seiner Schulden auf den „St. Nimmerleinstag".

À Ràllàmass werds dà do scho no lein. / Eine Radlermass wirst du dir doch schon noch leisten können.

„Des leidt's net" (Das leidet es nicht) heißt wörtlich: „Das lässt es mir nicht zu." Gemeint ist damit, dass man sich etwas nicht leisten kann. Eine Radlermass ist ein Liter Mischgetränk aus Bier und Limonade im Verhältnis 1:1. Nachdem Limonade weniger kostet als Bier, wird manchen Schankkellnern und Gastwirten unterstellt, dass sie im Interesse der Gewinnoptimierung mehr Limonade als Bier einschenken würden. Vielleicht ist es aber auch die Fürsorge gegenüber den Konsumenten, die sich anschließend ans Steuer ihres Autos setzen. Auch mehrere Radlermass können nämlich zur Fahruntüchtigkeit führen.

À Bauer wo net ackert, und à Henà wo net gackert, bleibt net lang auf'm Hof. / Ein Bauer, der nicht ackert, und ein Huhn, das nicht gackert, bleibt nicht lange auf dem Hof.

Auf einem Bauernhof muss jeder seinen Beitrag zum Erfolg leisten. Wenn der Bauer seine Äcker nicht bestellt, wird er „auf Gànt" (in die Insolvenz) kommen und vom Hof gejagt werden. Ein Huhn, das nicht gackert, legt keine Eier und wird deshalb schnell zum Suppenhuhn.

Jetzt geht's auf Gråmbo zuà! / Jetzt geht es auf Grabenbach zu!

Ist eine Situation – auch finanziell – total verfahren und wohl kaum noch etwas zu retten, dann geht es „auf Grabenbach zu". Man könnte auch sagen: „Jetz geht's àn Gråm nei." (Jetzt geht es in den Graben hinein.) Der fiktive Ort „Grabenbach" ist also ein Synonym für den Graben, in den man geradewegs hineinsteuert.

Nachdem es einen Ort dieses Namens in Bayern nicht gibt, hat die Volksetymologie das sprichwörtliche „Gråmbo" in Anlehnung an die ähnliche Lautung in „Håslbo" (Haselbach) umgewandelt. Gemeinden mit dieser Bezeichnung kommen in Bayern nämlich häufig vor. Zu einiger Berühmtheit hat es der Ortsname durch das Lied „D'Wirtsdirn vo Håslbo" (Die Wirtsmagd von Haselbach) gebracht. Darin wird Haselbach als ein Ort beschrieben, in dem man sich „à wene z'krein" (ein wenig zerkratzen) lassen muss, „Strixn kriàgt håt" (Schläge bekommen hat) und wo viel gerauft wurde. Solche Schlägereien können ein ähnlich schlimmes Ende nehmen wie eine Fahrt in den Graben. Und das alles wegen einer hübschen „Wirtsdirn" (Wirtsmagd).

De sàn so arm, dass d'Meis mit verwoànte Aung d'Bodnstiàng runterkemà. / Die sind so arm, dass die Mäuse mit verweinten Augen die Treppe zum Dachboden herunterkommen.

Die „Bodnstiàng" ist die Stiege (Treppe) zum Dachboden. Dort wurde früher das Getreide getrocknet, es war also in mehr oder weniger großer Menge vorhanden. Angesichts dieses üppigen Nahrungsangebots haben sich dort immer Mäuse aufgehalten. Kamen die Nager die Treppe herunter, hieß das, dass es oben nichts mehr zu fressen gab. In einem solchen Fall war die Lage des Bauern schon sehr prekär. Der Hinweis auf die verweinten Augen der Mäuse soll dem traurigen Anlass eine lustige Note geben.

Bei dem geht d'Mui lààr. / Bei dem geht die Mühle leer.

Bei dem laufen die Geschäfte schlecht. Es kann aber auch gemeint sein, dass der Beschriebene nicht zeugungsfähig ist.

Betreibt jemand verschiedene Geschäfte, von denen nur eines nicht gut läuft, sagt man: „Bei dem geht oà Mui lààr, aber der håt ja mehrà." (Bei dem geht eine Mühle leer, aber er hat ja mehrere).

Klagt jemand, dass er nicht über genügend finanzielle Mittel verfügt, dann rät man ihm: „Muàßt hoit in d'Mui fåhn." (Dann musst du eben zur Mühle fahren.) Die Mühle ist hier ein Synonym für die Bank, zu der man gehen muss, um sich Geld zu besorgen.

Der håt Schuidn wià dà Hund Fläch. / Der hat Schulden wie der Hund Flöhe.

Der håt so vui Ausredn wià dà Hund Fläch. / Der hat so viele Ausreden wie der Hund Flöhe.

Flöhe sind ein Synonym für Negatives, Unangenehmes. Hunde hatten früher – wie auch andere Haustiere – oftmals sehr viele der kleinen blutsaugenden Insekten im Fell sitzen. Häufte sich bei jemandem etwas

Negatives oder Unangenehmes, verglich man das viele Unglück deshalb mit den zahlreichen Flöhen eines Hunds. Schulden und Ausreden sind nur zwei von vielen denkbaren Varianten dieses Vergleichs.

Der siegt se nimmer naus. / Der sieht sich nicht mehr hinaus.

Wer sich „nimmer naus siegt“, der hat keine Aussicht, aus diesem Schlamassel herauszukommen. steht also kurz vor der Insolvenz, auf Bairisch: Der wird bald „auf Gànt kèmà“ (auf die Gant kommen).

Es håt mi bein Hosnbàndl. / Es hat mich am Hosenbändchen.

Ich bin in großer Verlegenheit, dem Verderben nah.

Kurze Håår sàn schnoi kàmpet. / Kurze Haare sind schnell gekämmt.

Wo nicht viel ist, kann man leicht Ordnung halten.

Dem sitzt ’s Messer scho an der Gurgl. / Dem sitzt das Messer schon am Hals.

Der steht kurz vor dem Aus. Die Wendung beschrieb früher in der Regel die Lage eines Bauern, der seine Schulden nicht mehr bedienen konnte und deshalb „auf Gànt“ kam.

Des håt eàhm ’s Gnàck brochà. / Das hat ihm das Genick gebrochen.

Der Bruch des Genicks hat in der Regel den sofortigen Tod zur Folge. Dieser Spruch wird auch im übertragenen Sinn immer dann benutzt, wenn eine Sache total schiefgegangen ist, vor allem nach dem Eintritt eines Ereignisses, das den völligen Ruin einer Person zur Folge hatte. Das kann z. B. eine Missernte sein oder der Zahlungsausfall eines Kunden oder die psychische Belastung aufgrund des unerwarteten Todes einer nahen Person.

Då gehts kloà rå. / Da geht es klein herunter.

Oder:

Då gehts noude rå. / Da geht es notig herunter.

Da ist die Not zu Hause, da ist alles klein, nichts ist üppig.

Dazu gibt es auch verschiedene Ergänzungen, z. B.: „„Då gehts kloà rå‘, håt der Fuchs gsagt, wià-r’-à jeden Dåg à Fliàng gfangt håt.“ („Da ist die Not groß“, sagte er Fuchs, als er jeden Tag eine Fliege fing.) Oder: Då gehts noude rå, de kennà vor Noud net scheissn. (Da ist die Not groß, die können vor lauter Not nicht scheißen; wer nämlich nur sehr wenig zu essen hat, bei dem ist auch wenig zu entsorgen.)

Håt à-n-Armà à Stickl Brot, na schnappt's eàhm dà Hund weg. / Hat ein Armer ein Stück Brot, schnappt es ihm der Hund weg.
Arme Leute haben es schwer, aus ihrer misslichen Situation herauszukommen. Kaum haben sie ein kleines Sümmchen zusammengespart, tritt oft ein unerwartetes, negatives Ereignis ein, das alles Ersparte schon wieder aufzehrt.

Überoi kommà guàt Brot schnein – wemmà oàns håt. / Brot schneiden kann man überall – vorausgesetzt, man hat eines.
Bei den ganz armen Leuten war früher sogar das Brot oft knapp. Das Messer wäre vorhanden gewesen, aber das Brot hat gefehlt.

Des Anwesn bein Fàber is à so råkema, då huift bloß no à warmer Åbbruch. / Das Anwesen beim Färber ist dermaßen heruntergekommen, dass nur noch ein warmer Abbruch hilft.
Der Färber ist in diesem Fall ein armer Kleinbauer, der sich den Abbruch und Neubau seines Anwesens nicht leisten konnte. Ein „warmer Abbruch" ist ein Fall von Brandstiftung. Ist sie nicht nachweisbar, so bezahlt den Schaden die Brandversicherung.
Bei Bauern, denen diese Lösung gelingt, spricht man davon, dass sie schon fast „abgebrannt", also pleite (Bairisch: „auf der Gànt") waren, dann aber „aufbrennt" (aufgebrannt) sind, weil ihnen die Brandversicherung einen Neubau bezahlt hat.

Wià abgschnien. / Wie abgeschnitten.
Konnte man sich auf eine gewisse Regelmäßigkeit einer Entwicklung verlassen, die aber unerwartet nicht eingetreten ist, dann ist es „wià åbgschnien" (wie abgeschnitten). Oft wird diese Formulierung im Scherz gebraucht: „Am Freitåg håwe mein Lohn kriàgt, am Samstag håwe àn Vierer im Lotto ghabt, am Sonntag håwe beim Schåfkopfà gwunna, aber seit Montag is' wià åbgschien." (Am Freitag habe ich meinen Lohn erhalten, am Samstag hatte ich vier Richtige im Lotto, am Sonntag habe ich beim Schafkopfspiel gewonnen, aber seit Montag ist es wie abgeschnitten.) Dass die Phase kleiner finanzieller Erfolgserlebnisse zu Ende

gehen muss, ist selbstverständlich. Hier auf eine Perpetuierung zu setzen, wäre vermessen. Das weiß natürlich der Betroffene, er meint es deshalb sicher nicht ernst.

Hammà net z'vui, trång mà net z'schwàr. / Haben wir nicht zu viel, so tragen wir auch nicht zu schwer.
Es hat auch Vorteile, wenn man von einer Sache nicht zu viel hat. Zumindest stellt das niedrigere Gewicht eine geringere Belastung dar – ein schwacher Trost, wäre doch eigentlich jeder Mensch gern ein finanzieller „Lastenträger". Man könnte die Wendung auch im Sinne der Maßhaltung frei übersetzen mit: Allzu viel ist ungesund.

Hätt mà gmuà/zvui, wàr's net ràr. / Hätten wir genug/zu viel, dann wäre es nicht selten.
Hätten wir ausreichend oder zu viel von einer bestimmten Sache, dann wäre es keine Besonderheit mehr. Ein Spruch, den man vor allem auf wertvolle Raritäten bezieht und der über den Mangel an diesen hinweg trösten soll.

Wenn dà Bettlmo aufs Roß kimmt, konn àn dà Deife net dàreitn. / Wenn der Bettler zu einem Pferd kommt, kann ihn der Teufel nicht mehr bändigen.
Mehrere Pferde konnten sich früher nur die großen, reichen Bauern leisten. Bauern mit mittelgroßen Anwesen hatten nur ein Pferd im Stall. Klein- und Kleinstbauern konnten davon grundsätzlich nur träumen und nutzten als Zugtiere einen Ochsen oder eine Kuh. Das „Roß" wurde deshalb auch als Synonym für Reichtum verwendet.
Wird ein armer Mensch unerwartet und mit einem Schlag reich, so ist fraglich, ob er mit dieser neuen, ungewohnten Situation umgehen kann. Mancher kennt dann keine Grenzen mehr und trifft in seiner Überheblichkeit völlig falsche Entscheidungen. Oft ist dann das große Vermögen schnell durchgebracht – frei nach dem Motto: Wie gewonnen, so zerronnen.

WENE WISSEN VUI,
VUI WISSEN WENE,
ABER DE MEHRÀN
WISSEN OISS BESSER.

I glààb, du håst àn Vogl

Ich glaube, du hast einen Vogel

Die Menschen unterscheiden sich nicht nur äußerlich und charakterlich voneinander. Auch die Intelligenz ist unter ihnen sehr ungleich verteilt. Die Bandbreite ist dabei sehr groß und reicht vom Genie über die „Gwàppelten“ (Raffinierten) und die Gescheiten bis hin zu den Dummen und Einfältigen – die Verrückten kommen als ganz eigenes Völkchen noch obendrauf. Während die Klugen eine für sie unerfreuliche Lage bewusst wahrnehmen und sich bemühen, dagegen anzukämpfen, um einem schöneren Leben – einer Art Paradies – näher zu kommen, bewegt sich für die Einfältigen meistens nur wenig. Einen deutlichen Vorteil hat der schlichtere Geist dabei auf seiner Seite: Von Ehrgeiz und Karrieredruck befreit, lebt es sich zufriedener; man ist auch ohne Reichtum und Macht glücklich – glücklicher als so mancher „Ruàch“ (Raffzahn), der trotz gut gefüllter Bankkonten oder Immobilienbesitz unzufrieden bleibt und mit einem stets mürrischen Gesichtsausdruck durchs Leben geht.

Das Ideal in Geistesdingen ist wohl, wie so oft, der gesunde Mittelweg: Nicht zu wenig, aber auch nicht zu viel. In den Köpfen der Bayern, die in der Vorstufe zum Paradies dem Lebensglück eh einen Schritt näher sind als der Rest, befindet sich in der Regel genau dieses richtige Maß an Schlauheit. Deshalb gibt es in Bayern auch einen sehr breiten Mittelstand, der eine der tragenden Säulen für die wirtschaftliche Prosperität Bayerns ist.

Dass in diesem Kapitel die Redewendungen über eher weniger mit Hirnschmalz gesegnete Mitmenschen dominieren, liegt nicht daran, dass es davon in Bayern überdurchschnittlich viele gäbe. Ursache hierfür ist vielmehr, dass es in der Natur des Menschen liegt, Zeitgenossen, die man nicht leiden kann, für „dumm“ abzustempeln – ganz egal, ob das den Tatsachen entspricht. Noch herrscht auf der Erde keine paradiesische Gleichheit, und wer sich in Geistesdingen seinen Mitmenschen überlegen fühlt, tut dies meist auch gern kund. Nicht ohne Grund ist die Behauptung beliebt, ein anderer habe einen Vogel. Kommt diese Hypothese von einem Bayer, so will er damit sagen, dass sein Gegenüber entweder ziemlich dumm oder verrückt ist. Über solche Menschen sagte auch einmal ein Pfarrer: „Es gibt immer mehrà Leit, de eàhnàn Vogl für'n Heiligen Geist hoitn.“ (Es gibt immer mehr Leute, die ihren eigenen Vogel für den heiligen Geist halten.)

À diàmoi oà sàn scho gscheit bläd. / Manche sind schon besonders dumm.

Wörtlich ins Schriftdeutsche übertragen bedeutet „à diàmoi oà“: manchmal welche. Das „à“ (ein) entfällt bei der Übersetzung ersatzlos. „Oà“ entspricht an sich dem unbestimmten Artikel, muss hier aber als „welche“ übersetzt werden, und „diàmoi“ (manchmal) stellt eine zeitliche Komponente dar, um auszudrücken, dass derart extreme Fälle nur gelegentlich vorkommen.

Mein Vater hätte diese Behauptung mit folgendem Spruch ergänzt: „Jedn Dåg stäht à Dàmischer auf, du muàßt´n bloß findn.“ (Jeden Morgen steht ein Dummkopf auf, du musst ihn nur finden.) Dabei dachte er an einfältige Menschen, die von findigen Geschäftsleuten leicht zu übertölpeln sind.

Dei Hirn wenn e häd und du mei Goid, na hätt mà oi zwoa àn Dreeg. / Dein Hirn wenn ich hätte und du mein Geld, dann hätten wir beide einen Dreck.

Der eine hat also kein Hirn und der andere kein Geld, wobei hier auch der Umkehrschluss zutrifft: Der eine ist reich an Besitz und der andere reich an Verstand. Wer diesen Spruch von sich gibt, möchte seinem Gegenüber damit sagen, dass er ihn zwar für dumm hält, ihn aber gleichzeitig achtet, weil er es – im Gegensatz zum Sprecher – zu einem ordentlichen Vermögen gebracht hat.

Då håt dà Schubkarrn à Ràdl gfunà. / Da hat die Schubkarre ein Rad gefunden.

Mit diesen Worten kommentiert man die Hochzeit von zwei recht unbedarften Personen.

Wenn dà Schääl à Depp is, na muàss dà ganze Körper biàssn. / Wenn der Schädel ein Idiot ist, muss es der gesamte Körper büßen.

Der Mensch trifft seine Entscheidungen im Kopf – hin und wieder gewürzt mit einem Schuss Bauchgefühl –, dort finden die dafür maßgeblichen Überlegungen statt. Fehlentscheidungen belasten allerdings den ganzen Menschen.

Der Guàtgmuà und dà Gmoàdepp wohnà in oàn Heisl. / Der Gutgenug und der Gemeindeidiot wohnen in einem Häuschen.

Manche Menschen haben keine Lust, besonders viel Energie in ihre Arbeit zu investieren. Auf halbem Wege beenden sie oft ihren Einsatz mit der Feststellung: „Des is guàt gmuà.“ (Das ist gut genug.) Die gleiche Bedeutung hat übrigens das heute weit verbreitete: „Des duàt's scho!“ (Das reicht schon!) Mit einer solchen an Faulheit grenzenden Einstellung wird es ein „Guàtgmuà“ im Leben nicht weit bringen.
Konnte sich eine dieser Personen früher nicht einmal mehr die eigene Wohnung leisten, landete sie im „Gmoàheisl“ (Gemeindehäuschen; Sozialwohnung). Sie musste sich diese Unterkunft dann mit dem intellektuell etwas zurückgebliebenen „Gmoàdepp“ (Gemeideidiot; geläufiger: Dorftrottel) teilen, der aufgrund seiner beschränkten Begabung ebenfalls nur mit Unterstützung der Allgemeinheit über die Runden kam und im Gemeindehaus Unterschlupf fand.

Wenn à Dummer redt, bleibt à Gscheiter stààd. / Wenn ein Dummer spricht, bleibt ein Gescheiter still.
Es ist sinnlos, mit einem dummen Menschen zu diskutieren.

Wenn 'Dummheit schrein kànnt, wàrn ålle Leit doràt. / Wenn die Dummheit schreien könnte, wären alle Menschen schwerhörig.
„Doràt“ bedeutet schwerhörig, taub. Wer „doràt“ ist, hat also einen Gehörschaden. Auf der Welt gibt es, gemäß dem Spruch, so viele dumme Menschen, dass ein Höllenlärm entstünde, wenn sie alle ihre Dummheit schreiend verkünden würden.
Die individuelle Fassung zu dieser Wendung lautet:
Wenn 'Dummheit wäh dààt, na miàssàdst du àn ganzn Dåg plärrn. / Wenn die Dummheit weh tun würde, dann müsstest du den ganzen Tag schreien.

Wenn 'Dummheit à Sind wààr, na kàmmàdn vui mehrà Leit ins Fegfeier. / Wenn die Dummheit eine Sünde wäre, dann kämen viel mehr Leute ins Fegefeuer.
Womöglich würde sogar der Platz in dieser unangenehmer Zwischenstation auf dem Weg zum Himmel knapp. Zum Glück hat der Herrgott Verständnis für die Armen im Geiste.

Wenn der so groß wàr wià-r-à bläd is, na kànnt à b'Frauentürm z'Mingà leicht glanzert putzn – boi er net z'fei zon Buckà wàr. / Wenn der so groß wäre wie er blöd ist, dann könnte er die Frauentürme in München mühelos glänzend putzen – wenn er nicht zu faul zum Bücken wäre.
Die Türme der Münchner Frauenkirche sind ca. 100 Meter hoch und damit deutlich höher als die übrigen Gebäude der Münchner Altstadt. Entspräche die Körpergröße des Beschriebenen seiner Dummheit, dann würde er nicht nur die Frauenkirche überragen, nein, er müsste sich auch noch bücken, um die Türme zu polieren – eine für seine Größe leichte Aufgabe, die trotzdem an seiner Faulheit scheitern würde.

Der is so bläd, der spannt 's Wàgl vor's Roß. / Der ist so dumm, der spannt das Wägelchen vor das Ross.
Man muss nicht studiert haben, um zu wissen, dass das Pferd den Wagen zieht und nicht umgekehrt. Bei einem, der hier verkehrt vorgeht, ist Hopfen und Malz verloren.
Ähnlich schlecht ist es um das „Hirnkàstl" jenes Exemplars von Mensch bestellt:
Der is so bläd, dass er sogår auf'm Abort no in d'Hosn scheißt. / Der ist so blöd, dass er sogar auf der Toilette in die Hose macht.
Ein offensichtlich übertriebener, scherzhaft gemeinter Vergleich.

Der is so gscheit wià-r-àn Herrgod sei Roß, und des is à Esl gwen. / Der ist so gescheit wie das Pferd des Herrgotts, und das ist ein Esel gewesen.
Will man jemanden nicht direkt und knallhart als Esel bezeichnen, kann man den etwas freundlicheren Umweg über das Pferd Gottes nehmen.

Mit dem sein'Kopf konnst dreschn, na fragt er <u>no</u>, warum koà Muse net spuit. / Mit dessen Kopf kannst du dreschen, dann fragt er <u>immer noch</u>, warum die Musik nicht spielt.
Hier geht es um die früher übliche manuelle Art des Getreidedreschens mit Dreschflegeln, die rhythmisch auf den Boden geschlagen wurden und deshalb wie ein Schlagzeug klangen.
Der Kopf des ausgesprochen dummen Menschen des Spruchs wird hier als Dreschflegel missbraucht. Und während der Einfaltspinsel eine solche Grobheit überhaupt mit sich geschehen lässt, moniert er sogar

noch das Fehlen der Musik bei diesem Vorgang – wo er doch das Schlagzeug hören kann!

Bist schee bläd, wennst … / Du bist ganz schön dumm, wenn du …

Für diesen Satzanfang gibt es zahllose Anwendungsgebiete. Eines davon: „Bist schee bläd, wennst d'Arwàt vo dein Bruàder mitmachst." (Du bist ganz schön dumm, wenn du die Arbeit von deinem Bruder mitmachst.)

Dummheit und Stolz wachsn auf oàm Hoiz. / Dummheit und Stolz wachsen auf einem Holz.

Es kommt oft vor, dass die Intelligenz und das Selbstbewusstsein einer Person zueinander umgekehrt proportional sind: Je geringer die Intelligenz, desto größer der Stolz. Das überzogene Selbstwertgefühl führt häufig auch noch zu besonderer Dreistigkeit. Daraus ergibt sich dann das Adjektiv „dummdreist". Eine Eigenschaft, die Lehrer auch bei manchen Schülern feststellen, die zwar schlechte Zensuren haben, aber besonders frech sind.

Bläd geborn und nix dàzuàglernt! / Dumm geboren und nichts dazugelernt!

Bläd wià fünf Meter Feldweg! / Dumm wie fünf Meter Feldweg!

Drastische Beschreibungen für die Dummheit eines Mitmenschen. In letzter Steigerung:

Du bist do dà Oiàbläder. / Du bist doch der Allerdümmste.

Du bist doch der dümmste Mensch auf der Welt.

Der wenn net wàr und der Kàmpe, na miàssad mà d'Leis mi'm Strick fangà. / Der wenn nicht wäre und der Kamm, dann müsste man die Läuse mit dem Strick fangen.

Läuse waren früher weit verbreitet. Ohne die heutigen chemischen Hilfsmittel wurden sie mit einem speziellen Kamm entfernt. Ein Synonym für Kamm ist deshalb in Bayern heute noch der „Lausràchà" (Lausrechen).

Der Spruch beschreibt in lustiger Weise eine Person mit besonderen, aber wenig vorteilhaften Eigenschaften, ohne dass diese explizit genannt werden.

Hans und Sepp – hoàßt jeder Depp.
Aber Bene – hoàßn wene. /

Hans und Sepp – heißt jeder Depp.
Aber Benno – heißen wenige.

Johann (Hans) und Josef (Sepp) waren früher die gebräuchlichsten Vornamen in Bayern. Deshalb ist vor allem der erste Teil dieses Reims weit verbreitet. Der zweite Teil wird insbesondere von Männern mit dem Vornamen Benno oder Benedikt und deren Sympathisanten angefügt.

Dumm, dàppe und voi Dreeg. / Dumm, deppert und voller Dreck.

Eine schlechte Eigenschaft kommt selten allein. Dumm und „dàppe“ haben dieselbe Bedeutung, nämlich: blöd. Dazu gesellt sich oft eine unzureichende Hygiene, weil der Betroffene aufgrund seiner Beschränktheit nicht merkt, dass es an der Zeit wäre, sich wieder einmal zu waschen.

I glààb, du håst àn Vogl. / Ich glaube, du hast einen Vogel.

Bei dummen Menschen vermutet man, dass sie anstelle des Gehirns einen Vogel im Kopf haben. Es ist deshalb auch üblich, ihnen einen „Vogel zu zeigen“, also mit dem Zeigefinger an die Stirn zu tippen, wenn sie Unsinn angestellt oder von sich gegeben haben.

I moàn, di håt's. / Ich meine, dich hat es.

Den Betreffenden hat es erwischt. Leider hat er sich bei obiger Wendung nicht nur eine Krankheit eingefangen – vor allem bei Erkältungskrankheiten, die sich schnell ausbreiten, fragt man: „Håt's di àà dàwischt?“ (Hat es dich auch erwischt?) –, sondern eine generelle Unregelmäßigkeit im Kopf. Der Spruch bedeutet daher: Ich habe den Eindruck, du bist im Kopf nicht mehr ganz in Ordnung, oder kurz: Ich glaube, du spinnst.

Koànà is mit sein Goid zfrie'n, aber mit sein Verstand à jeder. / Keiner ist mit seinem Geld zufrieden, aber mit seinem Verstand ein jeder.

Jeder will mehr Geld und Besitz, aber kaum einer strebt nach mehr Wissen. Jedenfalls fühlen sich die meisten Menschen mit ihrer Intelligenz den anderen schon ausreichend überlegen.

Net um à Fümferl àn Verstand. / Nicht um fünf Pfennige Verstand.
Mit dieser Wendung versucht man, den Umfang der Intelligenz einer bestimmten Person pekuniär zu quantifizieren. Fünf Pfennige – heute: fünf Cent – sind wirklich sehr wenig Geld.

Heb dein'Kopf schiàf, dass's Hirn zammlàfft. / Halte deinen Kopf schräg, damit das Hirn zusammenläuft.
Befindet sich in einem Topf ganz wenig Flüssigkeit, muss man ihn schräg halten, damit sich die letzten Reste an einer Stelle sammeln und man sie noch nutzen kann. Ähnlich stellt sich der Bayer die Situation im Kopf eines Idioten vor, der seinen fast leeren Schädel schräg halten muss, damit wenigstens eine Mindestmenge an Hirn zusammenkommt.

Leich mà-r-àmoi dein Wasserkopf, mei Hoizfuàß brennt. / Leih mir mal deinen Wasserkopf, mein Holzfuß brennt.
Grober, aber scherzhaft gemeinter Spruch aus der Nachkriegszeit, als Kriegsversehrte mit einer Holzprothese am Bein keine Seltenheit waren. Der Spruch gehörte damals auch zum Repertoire der Kinder. Der Person, an die er gerichtet wurde, wird damit eine Menge Wasser, statt Hirnmasse im Kopf angedichtet.

Du håst dein´ Kopf àà bloß auf, dass'dà net in Hois neirengt. / Du hast deinen Kopf auch nur, damit es dir nicht in den Hals hineinregnet.
Hat man berechtigte Zweifel, dass bei seinem Gegenüber nicht ein einziger Funken Intelligenz zu Hause ist, liegt die Vermutung nahe, dass der Kopf in diesem Fall allein dazu bestimmt ist, den Regen am Eindringen in den Körper zu hindern.

Geht des denn net in dei Hirnkàstl nei? / Geht das denn nicht in dein Hirnkästchen hinein?
Verstehst du das denn nicht? Das ist doch nicht so schwer. Stößt du hier wirklich schon an die Grenzen deiner Aufnahmefähigkeit?

Des bring i in mein'Kopf net nei. / Das bringe ich in meinen Kopf nicht hinein.
Das kann ich nicht verstehen. Die getroffene Entscheidung ist für mich nicht nachvollziehbar. Wie kann man nur so etwas Dummes tun?

Då mägst do glei nàrrisch wern. / Da könnte man auf der Stelle verrückt werden.

Laufen die Dinge völlig anders, als man es erwartet hatte, oder wurden Entscheidungen getroffen, die jeglicher Vernunft entbehren, dann kann man nur den Kopf schütteln, im Extremfall sogar verrückt werden.

In diesem Fall sagt man auch:

Då muàß mà se doch àn Kopf higlangà. / Da muss man sich doch an den Kopf fassen.

I glààb, du bist in 'Bààmschui gangà. / Ich glaube, du bist in die Baumschule gegangen.

Nach deiner Intelligenz zu urteilen, warst du nicht auf einer allgemeinbildenden Schule, sondern in der Baumschule. Dort werden Bäume und Sträucher gezogen und verkauft, Lehrer gibt es dort nicht.

Àà in àm finstern Keller leicht àmoi à Kerzn. / Auch in einem finsteren Keller leuchtet einmal eine Kerze.

Gelegentlich kann es vorkommen, dass auch einem unbedarften Menschen ein Licht aufgeht und er eine gute Idee hat. „Ein blindes Huhn findet auch mal ein Korn" ist die schriftdeutsche Entsprechung der bairischen Wendung.

Gscheit muàß mà sei, groß gmuà is mà leicht. / Gescheit muss man sein, groß genug ist man leicht.

Auf die Körpergröße kommt es im Leben nicht an, die Intelligenz ist entscheidend!

Des is nix Gscheids. / Das ist nichts Gescheites.

Das ist nichts Vernünftiges, das ist eine halbseidene Angelegenheit – nichts Halbes und nichts Ganzes.

Gscheit sei ohne Goid is àà nix. / Gescheit sein ohne Geld ist auch nichts.

Auch auf die Intelligenz allein kommt es im Leben nicht an, man braucht auch die finanziellen Mittel, um alle schönen Seiten des Lebens genießen zu können. Letztlich ist es aber eine Frage der eigenen Wünsche und Vorstellungen, welche Bedeutung Geld und Besitz für einen haben. Der bayerische Musikkabarettist Fredl Fesl z. B. sagt: „Ohne Gaudi is oiss nix." (frei: Die Freude am Leben schlägt den vollen Geldbeutel.)

An dem, wås mà woàß, trågt mà net schwààr. / An dem, was man weiß, trägt man nicht schwer.

Bildung und Wissen sind immer von Vorteil. Und braucht man seine gut gefüllten grauen Zellen einmal nicht, sind sie auch keine Belastung.

Jetz kimmt's eàhm, wià-r-àm Boog d´Mille. / Jetzt kommt es ihm, wie dem Bock die Milch.

Wenn „es" jemandem kommt, so kann das zweierlei bedeuten: Die unverfängliche Variante weist darauf hin, dass dieser jemand ein Problem endlich durchschaut hat. Die pikantere Variante beschreibt den Augenblick höchster sexueller Erregung. Letzteres ist auch der Fall, wenn beim Bock die „Milch" kommt. Es liegt also ein Wortspiel vor, mit dem in der Regel die Begriffsstutzigkeit eines Mitmenschen zum Thema gemacht wird. Mit dem Hinweis auf den Bock soll der Spruch nur besonders originell daherkommen.

Alternativ kann man „Schnellcheckern" auch folgendermaßen zu ihrer Erleuchtung gratulieren:

Jetz håt's gschnàgglt. / Jetzt hat es klick gemacht.

Jetz is's Zehnerl rågfoin. / Jetzt ist das Zehnpfennigstück heruntergefallen.

Jetzt hast du es kapiert. Letzterer Spruch nutzt den Vergleich mit einem Automaten, der die gewünschte Ware frei gibt, sobald die eingeworfene Münze in den Geldbehälter gefallen ist. In gleicher Weise ist das aufgenommene Wissen verfügbar, sobald man es einmal verstanden hat.

Kimmst miet? / Kommst du mit?

Hast du das verstanden? Kapiert?

Håst-à-s gneißt? / Hast du es gegneißt?

Hast du es kapiert? Das alte, heute sehr selten gewordene bairische Wort „gneißn" bedeutet erkennen, spannen, kapieren, wittern, merken, ahnen.

Wene wissen vui, vui wissen wene, aber de Mehràn wissen oiss Besser. / Wenige wissen viel, viele wissen wenig, aber die Meisten wissen alles besser.

Dazu passt die Frage nach dem Unterschied zwischen dem Herrgott und einem Lehrer: Der Herrgott weiß alles, der Lehrer weiß alles besser.

DÅ HÅW E FEI ÀÀ NO À WÀRTL ZON MITREEN.

Des back mà scho!

Das schaffen wir schon!

Alles, was der Mensch zu einem angenehmen Leben braucht, stand im Paradies in Hülle und Fülle zur Verfügung. Nichts musste erarbeitet werden. Adam und Eva mussten sich weder plagen, um ihren Lebensunterhalt zu sichern, noch mussten sie sich Gedanken machen, ob ihre Vorräte für den Winter oder andere schlechten Zeiten reichen würden.

Gleich nach der Vertreibung aus dem Garten Eden ging´s dann allerdings los. Harte körperliche Arbeit bestimmte nun den Alltag. Wer nicht verhungern wollte, musste zusehen, dass er seine Fähigkeiten als Jäger und Sammler perfektionierte. Dies war aber nicht nur wenig ertragreich, sondern auch äußerst mühsam und vor allem immer mit der Unsicherheit verbunden, an weniger erfolgreichen Tagen mit leeren Händen und noch leereren Mägen dazustehen. Der Schritt eines Großteils der Menschheit hin zum sesshaften Leben reduzierte dieses Risiko: Man säte und erntete im Kreislauf der Jahreszeiten, domestizierte und hielt sich zunächst kleine, dann auch größere Tiere. Deren Produkte und Fleisch sicherten die Nahrungsversorgung mit, bereicherten den Speiseplan und nicht zuletzt unterstützten Tiere wie Ochs und Pferd die Menschen bei ihren landwirtschaftlichen Verrichtungen. Aber auch in ersten festen Siedlungen waren fast alle Stunden eines Tages bestimmt von der schweren, überlebenswichtigen Arbeit.

Als die Bajuwaren die Bühne der Geschichte betraten, lebte man in der Region, die einmal Bayern werden sollte, bereits in kleinen Gemeinschaften von Bauern und ersten Handwerkern. Letztere übten ihre Kunst in der Regel noch neben ihrer eigentlichen bäuerlichen Feld- und Stallarbeit aus; die Arbeit diente der Selbstversorgung, kaum dem Profit. Handel und Dienstleistungen entwickelten sich erst langsam zu ertragreichen Zweigen der Wirtschaft. Heute dagegen scheint im Freistaat zwischen den sprichwörtlichen „Laptop und Lederhosen“ in Sachen Arbeit alles möglich zu sein.

Das Bairische unserer Vorfahren enthält Redewendungen und Lebensweisheiten zu all diesen Spielarten der Arbeit, natürlich mit einem Schwerpunkt auf der ländlich-bäuerlich geprägten Art des Lebensunterhalts. Man kann daraus ersehen, dass die Arbeit zu allen Zeiten schwierig und häufig nicht von Erfolg gekrönt war. Klar wird aber auch, dass sich die Menschen unablässig bemühten, anstehende Probleme trotz aller Rückschläge zu meistern und sich das Leben dadurch nicht vermiesen zu lassen. Mit ihrer Hartnäckigkeit kamen sie zum Erfolg und über viele Generationen hinweg auch nahezu zu paradiesischen Zuständen.

Der Kampf um das tägliche Brot

Der Begriff „Freizeitstress" hat sich erst in jüngster Zeit entwickelt und zeigt ein Problem auf, das die Bayern vor gar nicht langer Zeit noch als puren Luxus empfunden hätten: vollkommen freie Zeit, ohne anstehende Aufgaben oder Unternehmungen. Wer für sein tägliches Brot vom ersten Hahnenschrei bis zum letzten Sonnenstrahl hart arbeiten musste, hatte nie etwas gegen die raren müßigen Stunden einzuwenden, in denen man einfach nur die Füße hochlegen und nichts tun durfte. Von manchen „Problemen" unserer heutigen Jugend (beim Blick aufs Smartphone während des Gehens auf Hindernisse und den Verkehr achten!) konnten unsere Vorfahren nicht einmal träumen. Im Vordergrund stand die rechtzeitige, erfolgreiche und auch gerechte Erledigung sämtlicher anstehender Aufgaben. Viele der folgenden Sprüche zeigen, dass man sich deshalb einen guten Ruf vor allem durch Fleiß und Sorgfalt erwerben konnte, nicht durch den Besitz neuester technischer Geräte oder modischen Schnickschnacks.

Wer nix duàt, macht nix hi und nix verkehrt. / Wer nichts tut, macht nichts kaputt und nichts falsch.

Wer arbeitet, kann sich sicher sein, früher oder später einen Fehler zu produzieren. Aber Fehler sind nur menschlich und schließlich muss man arbeiten, um sich seinen Lebensunterhalt zu verdienen.

Von Beamtenhassern wird dazu folgender Witz verbreitet: „Wer arbeitet, macht Fehler. Wer viel arbeitet, macht viele Fehler. Wer keine Fehler macht, wird befördert." Wer sich allerdings in der Absicht, den Spruch in die Tat umzusetzen, für eine Beamtenlaufbahn entschied, musste schnell feststellen, dass das Vorurteil des wenig bis kaum arbeitenden, dadurch fehlerfreien und schnell beförderten Beamten weit von der Realität entfernt ist.

Wer nià umgworfà håt, is nià gfahrn. / Wer nie umgeschmissen hat, ist nie gefahren.

Fahren ist eine nicht ungefährliche Angelegenheit. Die Wahrscheinlichkeit, dass man früher mit dem Pferde- oder Ochsenwagen irgendwann einen Unfall erlitt, war relativ hoch; heute ist sie mit jedem Gefährt vom Mofa bis zum hoch motorisierten Auto noch um ein Vielfaches höher. Prahlt jemand damit, noch nie einen Unfall verursacht zu haben, so bezweifelt man mit obigen Worten, ob er denn überhaupt schon einmal dieser Gefahr ausgesetzt war.

Die Wendung bedeutet aber, wie der vorhergehende Spruch, auch ganz generell, dass jeder, der arbeitet, Fehler macht.

À verschitts Wasser kommà net aufhem. / Verschüttetes Wasser kann man nicht aufbewahren.

Manchmal kann man etwas, das schief gelaufen ist, wieder korrigieren, manchmal ist das nicht mehr möglich – wie verschüttetes Wasser, das nur noch aufgewischt, aber nicht wieder verwendet werden kann.

Wer Gerschn obaut, kriàgt koàn Woàz. / Wer Gerste anbaut, bekommt keinen Weizen.

Man muss sich schon beim Aussäen Gedanken machen, welche Frucht man ernten möchte. Oder im weiteren Sinn: Man muss sich rechtzeitig überlegen, welches Ziel man erreichen möchte, und dann dafür die richtigen Vorbereitungen treffen.

Wer ois Schuàster à's Bett geht, konn net ois Schneider aufsteh. / Wer als Schuster ins Bett geht, kann nicht als Schneider aufstehen.

Schuster bleibt Schuster und Schneider bleibt Schneider. Oder anders ausgedrückt: Schuster, bleib bei deinen Leisten! Hier kannst du gute Arbeit leisten, für alles andere fehlt dir die Ausbildung, alles andere wird dich überfordern. Besinne dich auf deine Fertigkeiten und bilde dir nicht ein, du wärst auch auf anderen Feldern ein großer Könner.

I gäh liàwà glei zon Schmie und net zon Schmiedl. / Ich gehe lieber gleich zum Schmied statt zum Schmiedlein.

Ich gehe lieber gleich zum Fachmann. Der „Schmiedl" ist der – außerhalb dieser Wendung nicht gebräuchliche – bairische Diminutiv von

Schmied. Man bezeichnet damit einen nicht voll ausgebildeten Schmied, der sein Handwerk noch nicht beherrscht. Mit einem schwierigen Anliegen sollte man sich nicht an einen Anfänger, sondern gleich an einen Meister wenden.

Àn Schuàster sei Wei håt de zrissnstn Schuàch. / Die Frau des Schusters hat die zerrissensten Schuhe.

D' Schuàsterweiwer und d' Schmieroß gengà bårfuàß. / Die Frau und die Mädchen des Schusters und die Pferde des Schmieds gehen barfuß.

Die eigene Familie und eventuell auch die eigenen Nutztiere müssen in Handwerksbetrieben immer hintan stehen, weil die Kunden mit ihren Anliegen Vorrang haben und für daheim entweder die Zeit oder das Geld nicht reicht.

Du håst den Murks gmacht, und i håb vom Moàster à Nåsn kriàgt. / Du hast den Pfusch gemacht, und ich hab dafür vom Meister einen Rüffel bekommen.

Eine „Nåsn" (Nase) ist zuvorderst das menschliche Riechorgan, der Name einer Fischart, aber auch ein Synonym für Kritik, den Rüffel oder eine Beanstandung. Statt der „Nåsn" im Sinn von Rüffel, kann der unzufriedene Meister auch eine „Zigàhn" (Zigarre) verteilen.

Um schwarze Kersch steigt mà oiwà häher ois wià um rote. / Um schwarze Kirschen steigt man immer höher als um rote.

Bei bestimmten Kirschsorten haben die Früchte ihren idealen Reifegrad erreicht, wenn sie fast schwarz sind, und schmecken dann besser als die nicht ganz ausgereiften roten. Sind die unteren, leichter erreichbaren Äste schon abgeerntet, dann ist den Kirschenfeinschmeckern keine Kletterpartie zu wagemutig, um an die höheren Äste und deren süße Last zu gelangen. Die Wendung bringt im übertragenen Sinn zum Ausdruck, dass man bereit ist, sich mehr anzustrengen, wenn ein lohnendes Ziel winkt.

Neie Bäsn kehrn guàt, aber de oidn kennà ålle Eckn und Winkl. / Neue Besen kehren gut, aber die alten kennen alle Ecken und Winkel.

Neue Chefs und Mitarbeiter sehen die Firma samt aller Arbeitsabläufe unter anderen Aspekten als die alten und haben dadurch oft neue, gute

Ideen. Das bisherige Personal hat dafür den Vorteil der Erfahrung: Fehler, die einem Neuling unterlaufen würden, machen sie schon lange nicht mehr. Fazit: Die beste Lösung für die Firma ist eine gute Mischung aus Alt und Jung.

Des back mà über Hirn. / Das packen wir über Hirn.

Das packen wir entweder besonders raffiniert oder mit großer Kraftanstrengung an. „Über Hirn" dürfte sich darauf beziehen, dass früher meist Ochsen als Zugtiere verwendet wurden, deren Kraft über das Stirnjoch zum Einsatz gebracht wurde.

Gleichbedeutend damit ist: etwas „krawåttisch" (kroatisch; oder allgemein: slawisch) anpacken, also wie die im 18. Jahrhundert gefürchteten, gewalttätigen Panduren, die zum großen Teil aus Kroatien stammten und immer wieder in bayerisches Gebiet einfielen und plünderten.

Gib Owacht! / Gib Obacht!

Gib Acht! Pass auf! Vorsicht! Bedienungen bahnen sich im Gewimmel von Menschen den Weg mit dem Ruf „Owacht! Fett und hoàß!" (Vorsicht! Fettig und heiß!) oder „Owacht! D´Soss!" (Vorsicht! Die Soße!)

Eine gereimte Variante der Warnung wäre:

Heb de stààd – dass de net åwedràht. / Halte still – damit es dich nicht hinunterdreht.

Hier kann vor einem tatsächlichen Absturz, z. B. in den Bergen oder vom Fahrrad, gewarnt werden oder auch vor Risiko allgemein.

Passt, sitzt und håt Luft. / Passt, sitzt und hat Luft.

Passt, wacklt und håd Luft. / Passt, wackelt und hat Luft.

Beide Varianten sind scherzhafte Aussprüche nach der Fertigstellung eines gelungenen Werkes – oder bei der erfolgreichen Anprobe eines neuen Kleidungsstücks.

Jetz håst me drausbråcht. / Jetzt hast du mich durcheinander gebracht.

Jetzt hast du mich gestört, du hast meinen Gedankengang unterbrochen. Vor allem, wenn man sich intensiv mit einer Gedankenkette befasst hat und mittendrin gestört wird, beklagt man die Unterbrechung mit dieser Wendung. Dies ist z. B. auch dann der Fall, wenn man eine passende

Formulierung sucht oder wenn man beim Schachspiel einige Züge vorausdenken muss.

Mach net à so à Gschieß. / Mach doch nicht so ein Geschiss.

Wer ein „Gschieß" macht, der nimmt zur Lösung eines Problems nicht den geraden Weg, sondern unnötige Umwege. So ein Arbeiter geht bei seinem Tagwerk viel zu umständlich vor. Es kann aber auch sein, dass jemand sich nur ziert, etwas Bestimmtes zu tun.

In der bayerischen Fernsehserie „Monaco Franze" aus den 80er Jahren klagte der Titelheld wiederholt über eine seiner Freundinnen: „Immer des Gschieß mit der Elli." (Immer der Ärger mit der Elli.)

À-r-à krumms Hoiz macht à warms Feier. / Auch ein krummes Holz macht ein warmes Feuer.

Holz ist ein hervorragendes Brennmaterial. Dabei kommt es nicht darauf an, ob es sich um geschnittene oder fein gehobelte Bretter handelt. Auch mit unregelmäßig geformten, krumm gewachsenen Ästen, kann man ein angenehm wärmendes Feuer erzeugen.

Der Spruch wird meistens im übertragenen Sinn gebraucht, wenn sich eine Person oder ein Material für eine bestimmte Arbeit nicht eignet, an anderer Stelle oder zu anderem Zweck aber trotzdem gute Dienste leistet.

Wo koà Mistwång hifahrt, då braucht mà àà koàn Àrndtwång. / Wo kein Mistwagen hinfährt, da braucht man auch keinen Erntewagen.

Voraussetzung für eine gute Ernte ist das rechtzeitige Düngen der Felder: Vor der Verbreitung der Kunstdünger kam hier allein der Mist aus dem Stall zum Einsatz.

Diese Erkenntnis gilt auch für jede Arbeit abseits der Landwirtschaft: Nur wer rechtzeitig die für ein Projekt notwendigen Grundlagen schafft, wird es auch zum Erfolg führen. Oder: „Vo nix kimmt nix." (Von nichts kommt nichts.)

Der Bauernschwoàß dungt àn bessàn. / Der Bauernschweiß düngt am besten.

Der Bauer, der am meisten Zeit und Kraft in seine Feldarbeit investiert, wird am Ende durch eine besonders reiche Ernte belohnt werden.

Wås mà nausschwitzt, des braucht mà net biesln. / Was man herausschwitzt, braucht man nicht anderweitig auszuscheiden.

Auch dieser Spruch ist ein Trost für Personen, die sich bei ihrer Arbeit körperlich sehr anstrengen und deshalb sehr schwitzen müssen – allerdings ein zugegeben schwacher.

Nach'm Brotdoàg Knetn håwe oiwei ganz saubere Hendt. / Nach dem Brotteig Kneten habe ich immer ganz saubere Hände.

Diese Aussage bekommt vor allem dann ihre ganz besondere Pointe, wenn sie von der „Stalldirn" (Stallmagd) kommt.

Mà schillt koàn Bààm, an dem nix dro is. / Man schüttelt keinen Baum, an dem sich kein Obst befindet.

Man soll seine Kraft nicht mit Aktionen vergeuden, die keinen Ertrag versprechen.

Dàschnaufst-as no? / Derschnaufst du es noch?

Hast du noch genügend Luft? Schaffst du es noch? Bei körperlich sehr anstrengender Arbeit stellen die Kollegen mit guter Kondition diese Frage an die schwächeren Mitarbeiter.

Die Vorsilbe „dà-" (der-) ist ein typisch bairisches Sprachmittel, um besondere Verben zu bilden. Manchmal liegt diesen Wörtern im Schriftdeutschen die Vorsilbe „er-" zugrunde, z. B. „dàsaufà" (ertrinken) oder „dàschlång" (erschlagen), meistens handelt es sich aber um Verben, die es in dieser Form nur im bairischen Dialekt gibt, wie „dàrennà" („derrennen" für verunglücken), „dàbackà" („derpacken" für aushalten, erdulden) oder „dàplärrn" („derplärren" für mit Rufen erreichen).

Des werd nià nix! / Das wird nie etwas!

Das wird doch nie etwas Brauchbares! Interessant ist hier wieder die bairische Besonderheit der doppelten Verneinung. Man sagt „Das wird nie nichts", meint aber: „Das wird nie etwas."

Ist der absehbare Misserfolg zeitlich enger eingrenzbar, kann folgender Spruch zum Einsatz kommen:

Heit geht går nix. / Heute geht gar nichts.

Am heutigenTag wird keine Möglichkeit bestehen, das angestrebte Ziel zu erreichen. Das kann z. B. ein Termin beim Chef sein, der an diesem

Tag bereits total ausgebucht ist, oder eine Fahrt mit der Münchner S-Bahn, die wieder einmal komplett auf allen Linien ausfällt, oder ein Besuch einer Behörde an dem Tag, an dem sich der Großteil deren Mitarbeiter auf dem jährlichen Betriebsausflug befindet.

Då håw e mà à dicke Suppm eibrockt. / Da habe ich mir eine dicke Suppe eingebrockt.

Da habe ich mir große Probleme eingehandelt. Das wird schwierig, weil man die problematische Suppe, die man sich eingebrockt hat, auch selbst auslöffeln muss. Wer dadurch ziemlich aussichtslos im Schlamassel sitzt, bekommt sicher auch die Abwandlungen dieses Spruches zu hören:

Då håst dà wås Gscheits eibrockt. / Da hast du dir was Gescheites eingebrockt (große Schwierigkeiten eingehandelt).

Då hockst fei sauber in de Brennnessl drin. / Da sitzt du aber schön in den Brennnesseln drin.

Då beißt's aus. / Da beißt es aus.

An dieser Stelle hört es auf, da fehlt es an Substanz, da reichen die Fähigkeiten für die geforderte Leistung nicht mehr aus, da gibt es Schwierigkeiten.

Meine Tante erzählte über ihre Tochter, die sich mit dem Rechnen sehr schwer tat: „Beim Lesn und Schreim is's ja ganz guàt, aber beim Rechnen, då beißt's aus." (Beim Lesen und Schreiben ist sie ja ganz gut, aber beim Rechnen, da hat sie große Schwierigkeiten.)

Bring fei koàn Knoopf net nei! / Bringe bloß keinen Knoten hinein!

Diese Wendung hat ihren Ursprung in der Arbeit mit Wolle. Produziert man dabei einen Knoten, kostet dessen Entfernung große, unnötige Mühe. Generell wird der Spruch in der Bedeutung „Mach bloß keinen Fehler!" verwendet. Hat jemand etwas falsch gemacht, sagt er „Jetz håwe àn Knoopf neibråcht", was man auch übersetzen kann mit: Jetzt habe ich einen Wurm hineingebracht.

Die gleiche Bedeutung hat die Warnung:

Vàwurschtld d'Woi net! / Verwurstle die Wolle nicht!

Jetz miàß-b-mà aber 'Brems neihaun. / Jetzt müssen wir aber scharf bremsen.

Jetzt ist der Punkt erreicht, ab dem man die Dinge nicht mehr treiben lassen kann, sondern die Entwicklung bremsen muss. Wenn eine Arbeit oder sonstige Unternehmung aus dem Ruder zu laufen droht, muss man handeln.
So klagte manche Ehefrau über die große Kinderschar: „Jetz hammà scho fünf Kinder, jetz miàß-b-mà aber 'Brems neihaun." (Jetzt haben wir schon fünf, Kinder, jetzt müssen wir aber bremsen.)

Geschäfte und Handel

Einen Großteil der langen Zeit, die die Menschheit auf der Erde verbrachte, lebten die meisten autark und arbeiteten schlicht für die Versorgung der Familie: Behausung, Nahrung, Kleidung – alles entstand Tag für Tag unter der eigenen Hände Arbeit. Güter, die man nicht selbst herstellen konnte, waren für das normale Leben nicht notwendig. Und wollte man sich dennoch den Luxus eines Schmuckstücks, besonderer Gewänder oder Gerätschaften leisten, dann nahm ein simpler Tauschhandel seinen Lauf. Mit der Einführung des Geldes und der Verbreitung einheitlicher Währungen eröffneten sich neue Möglichkeiten: Der günstige An- und teurere Verkauf diverser Waren versprach ein lukratives Einkommen. Der Ertrag einer solchen Arbeit ermöglichte zudem ein angenehmeres Leben, als das des körperlich sehr anstrengenden Tagwerks von Bauern und Handwerkern. Auch beim Handel gilt es aber, gewisse Grundsätze zu beachten, um erfolgreich zu sein, wie die folgenden Redewendungen zeigen.

Guit scho! / Gilt schon!

Mit diesen Worten wurden früher in Verbindung mit einem Handschlag rechtsverbindliche Verträge geschlossen. Schriftform war nicht nötig, es war selbstverständlich, dass sich die Vertragspartner an ihre Abmachung hielten.

Um àn Kuàhschwanz handelt mà net. / Um einen Kuhschwanz handelt man nicht.

Der Kuhschwanz ist ein sehr unbedeutendes Teil des Rinds. Wenn man sich beim Handeln schon so weit angenähert hat, dass nur noch eine Kleinigkeit – so unbedeutend wie ein Kuhschwanz – zur Übereinkunft fehlt, dann sollte man das Geschäft abschließen und es nicht wegen der letzten unbedeutenden Differenz scheitern lassen.

Dem håt's d'Àrndt gscheit verhaglt. / Dem hat es die Ernte ziemlich verhagelt.

Mit der „Àrndt" ist hier nicht nur die Ernte des Bauern gemeint, sondern jedes Geschäft, von dem man sich einen Gewinn versprochen hat, der dann aber ausblieb. Während bei den Bauern tatsächlich manchmal der Hagel das reife Getreide vernichtet, sind es bei anderen Geschäften unerwartet eintretende Ereignisse vieler Art, die den erhofften Gewinn schmälern oder gar ganz vernichten, ihn also „verhageln" können.

Der Ànderl mächt bloß àn Rahm åbschepfà. / Der Andreas will nur den Rahm abschöpfen.

Das Wertvollste an der Milch ist der Rahm, buttrig, süß, nahrhaft und sogar voller Vitamine. Das Abschöpfen dieses Rahms ist das letzte Glied einer Kette von Arbeitsschritten: die tägliche Pflege, das Füttern und Melken der Kühe. Faule bzw. auch clevere Menschen beschränken sich gerne auf diesen letzten Arbeitsgang. Solche Faulpelze sind aber meist auch schnell durchschaut, die Fleißigen lassen sich nämlich – hierzu passend – nicht gerne die Butter vom Brot nehmen.

Wer im Voraus zoit, kriàgt bloß à grobs Moi. / Wer im Voraus bezahlt, bekommt nur grobes Mehl.

Sehr fein gemahlenes Mehl ist hochwertiger und folgerichtig teurer als grobes Mehl. Zahlt man den Müller im Voraus, sieht der keine Notwendigkeit mehr, teure Ware herauszugeben, und speist den Kunden mit grobem Mehl ab.

Mit der Wendung rät man generell davon ab, im Voraus zu bezahlen.

Der håt à Schneid! / Der hat aber Mut!

Wer eine „Schneid" hat, der traut sich was. Mit diesen Worten bewundert man z. B. auch einen Händler, der den Mut hat, neben dem Hofbräuhaus in München einen „Kràcherlstand" (Limonadenstand) zu eröffnen.

Der Bauer und andere Bosse

Eine der wichtigsten Voraussetzungen für ein erfolgreiches Unternehmen ist ein Chef, der weiß, worauf es in seinem Betrieb ankommt – auf dem Bauernhof der Bauer, im Handwerksbetrieb der Meister, im Laden der Inhaber und in der Industrie der Vorstandvorsitzende. Nur wenn „von oben“ die richtigen Vorgaben kommen, wird der Betrieb florieren. Dabei geht es nicht nur um die Prozesse der Produktion, sondern auch um die gute Führung, ordentliche Entlohnung und Motivation des Personals. Nicht umsonst gilt bei den Bayern nach wie vor der Spruch: „À guàdà Oschaffer is mehrà wert wià fünf guàde Arbeiter.“ (Ein guter Anschaffer ist mehr wert als fünf gute Arbeiter.)

Herr auf'm Hof bin oiwei no i! / Der Herr auf dem Hof bin immer noch ich!

Hier hat niemand mitzureden. Ich bin hier der Chef und es wird gemacht, was ich sage.

Oder:

Då håw e fei àà no à Wàrtl zon Mitreen. / Da habe ich aber auch noch ein Wörtchen mitzureden.

Das kannst du keinesfalls allein entscheiden, da habe ich auch mitzuentscheiden.

I glààb, jetz miàss-b-mà andere Saiten aufziàng. / Ich glaube, jetzt müssen wir andere Saiten aufziehen.

Saiten werden bei Saiteninstrumenten aufgezogen. Zieht man andere Saiten auf, wird sich ein anderer, neuer Klang ergeben. Kommt der Spruch aus dem Mund eines Vorgesetzten, dann ist jetzt Schluss ist mit freundlichem, nachgiebigem Verhalten, ab sofort sind Strenge und hartes Durchgreifen angesagt.

Der Baur mächt uns ràách sprenga. / Der Bauer möchte uns sprengen (hetzen), bis wir dampfen.

„Ràách sprengà“ kommt aus dem Bereich der Arbeit mit Pferden und bedeutet, dass die Tiere angetrieben werden, bis sie „rauchen“, also derart stark schwitzen, dass sie zu dampfen beginnen. Auch mancher Bauer hat seine Dienstboten „ràách gsprengt“ und sie an die Grenzen ihrer Leistungsfähigkeit gebracht.

Wer àn Baun schindn wui, der muàß àn andern Baun z'leichà nehma. / Wer einen Bauern quälen will, der muss sich einen anderen Bauern ausleihen.

Dieser Rat kann nur aus dem Bereich der „Ähoitn" (Ehhalten, Dienstboten) stammen, die vom Bauern angetrieben und dazu angehalten werden, ständig Höchstleistungen zu erbringen. Ihm liegt die Erfahrung zugrunde, dass sämtliche Bauern ausnahmslos über diese aus der Sicht des Personals negative Eigenschaft verfügen.

Wennst bloß mit Bànànà zoist, brauchst de net wundern, wennst bloß Affn kriàgst. / Wenn du nur mit Bananen zahlst, musst du dich nicht wundern, wenn du nur Affen bekommst.

Wenn du nur sehr geringen Lohn zahlen willst, ist doch klar, dass du nur drittklassiges Personal bekommst. Gute Arbeit hat ihren Preis.

Der mächt àà scho mit de groußn Hund' brunzn. / Der möchte auch schon mit den großen Hunden pinkeln.

Obwohl er noch recht jung ist, möchte er auch schon mit den älteren Burschen oder mit den Erwachsenen mitmachen. Auch auf einen armen Kleinhäusler, der recht angibt und mit den reichen Bauern mithalten möchte, kann man diesen Spruch münzen.

De groußn Herrn und de groußn Hund beißn ànand net. / Die großen Herren und die großen Hunde beißen einander nicht.

Große Tiere tun sich gegenseitig nicht weh. Das ist bei den Menschen nicht anders als im Tierreich.

’S Viechzeig

Das Vieh

In der Bibel finden sich keine konkreten Hinweise darauf, welche Tiere sich das Paradies mit Adam und Eva teilten. Auch wenn Adam seine Aufgabe, den vielen zwei-, vierbeinigen, geflügelten und geschuppten Gefährten Namen zu geben, mit größtem Pflichtgefühl erfüllte, ist nur die Schlange deutlich belegt. Mücken, Bremsen, Flöhe und ähnliche Insekten dürften jedenfalls noch nicht existiert haben, denn sonst wären die Zustände im Garten Eden für Eva und ihren Adam sicher nicht paradiesisch gewesen.

Über die Jahrhunderte mussten sich nicht nur die Bayern dieser Plagegeister erwehren. Die Erkenntnis, dass Sauberkeit und Hygiene dabei eine wichtige Rolle spielen, ist noch gar nicht so alt. Zwischendurch verwendete man das übelriechende „Bremàoi“ (Bremsenöl), um Pferde und Kühe vor den lästigen Insekten und ihren Stechrüsseln zu schützen. Durch die Vielfalt an chemischen Mitteln, die inzwischen erfunden wurden, hat der Mensch heute im Kampf gegen die furchtbaren Viecher einen deutlichen Vorteil. Im Vergleich zu früher, als man z. B. die zahllosen Fliegen, Bremsen oder Mücken, die es wagten, auf menschlicher Haut Platz zu nehmen, ohne Zögern mit der

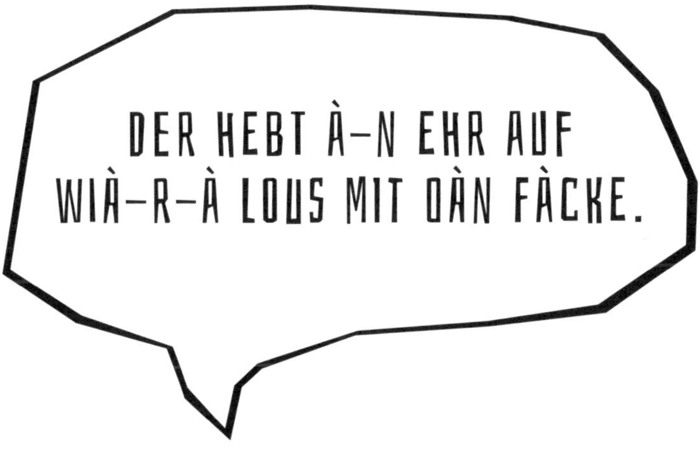

Hand erschlug – man sprach angesichts des klatschenden Geräuschs von einer besonderen Form des bayerischen Schuhplattelns –, haben wir es heute einfacher. Auch eine Kleinigkeit wie Mückenspray sorgt in Bayern dafür, dass es ein Stückchen mehr berechtigt ist, vom Leben in der Vorstufe zum Paradies zu sprechen.

An die einstigen härteren Zeiten erinnern vor allem noch die alten Redewendungen. Diese Sprüche geben auch Zeugnis vom früher sehr engen Zusammenleben von Mensch und Tier. Nur zusammen mit den Pferden, Kühen, Schweinen, Schafen, Ziegen, Hunden, Katzen, Hühnern, Enten und Gänsen konnte man die oft harten Zeiten auf dem Land überstehen. Diese Haus- und vor allem Nutztiere waren deshalb für die bäuerliche Bevölkerung nicht nur wertvoller Besitz, unverzichtbare Helfer und das Überleben sichernde Nahrungslieferanten. Oft herrschte eine nahezu liebevolle Beziehung zwischen Mensch und Tier, obwohl der Umgang mit dem Vieh immer ein pragmatischer blieb. Es ist daher auch kein Zufall, dass in einer Umfrage unter Schülern auf die Frage nach dem beliebtesten Haustier der Bayern angeblich am häufigsten das „halbe Hendl" genannt wurde.

Insekten

Stànzn, Schnackn, Bremà – mit de Viechà lemà. / Mücken, Schnaken, Bremsen – mit den Viechern leben wir.

Dieser Reim beschreibt die Nähe der Landbevölkerung auch zu lästigen Tieren. Man lebt nicht nur mit den bäuerlichen Nutztieren zusammen, sondern muss sich auch mit den vielen unangenehmen Insekten abfinden, die ihre Heimat im Stall, auf den Feldern oder beim nahen Teich haben.

Då håt's Leis. / Da hat es Läuse.

Dort, wo Läuse dauerhaft auf den Köpfen oder in der Kleidung von Menschen zu finden sind, herrschen fragwürdige hygienische Bedingungen. Wer diesen Spruch gebraucht, will allgemein damit sagen: Da gibt es Probleme.

De hert b'Fläch huàschtn. / Die hört die Flöhe husten.

Bei einer so beschriebenen Person sind Neugier und Lust am Ratschen besonders ausgeprägt. Neueste Nachrichten kennt so jemand immer als

Erster. Am besonders guten Gehör, das bereits die leisesten Geräusche aufnimmt (die Frage, ob Flöhe wirklich husten, wollen wir hier nicht weiter untersuchen), wird es aber eher nicht liegen. Vielmehr wird der entsprechende Mitmensch bei kleinsten Andeutungen bereits hellhörig und kann es nicht lassen, nach den Hintergründen zu forschen.
In dem Spruch schwingt auch mit, dass der Wahrheitsgehalt von Berichten aus dieser mündlichen Klatsch- und Tratsch-Quelle oft fragwürdig ist, weil sie noch ungesicherte Informationen bereits als Fakten weitergibt.
Gleichbedeutend ist die Wendung: „De hert 's Gr̊as wachsen." (Die hört das Gras wachsen.)

I gäh jetz in mei Flouchkistn. / Ich gehe jetzt in meine Flohkiste.

Aufgrund der unzureichenden Hygiene waren früher Flöhe weit verbreitet. Nach einem ihrer bevorzugten Aufenthaltsorte, dem Bett, nannte man selbiges auch scherzhaft „Flohkiste".

À so à blinde Bremà! / So eine blinde Bremse!

Bremsen sind lästige Insekten, die Menschen und Tiere stechen und sich von deren Blut ernähren. Die Meinung, dass sie blind seien, ist weit verbreitet. Tatsächlich sind Bremsen mit großen Komplexaugen ausgestattet, mit denen sie Menschen und Tiere an ihren Bewegungen erkennen können. Nichtsdestotrotz nennt man Zeitgenossen, deren Arbeit von schlechter Qualität ist, auch „blinde Bremà".

Wegà-r-à Wanzn reißt mà koà Haus net ei! / Wegen einer Wanze reißt man ein Haus nicht ab!

Findet man in seiner Wohnung eine Wanze, ist das kein Grund, gleich das ganze Haus abzureißen – eine bayerische Form des Verhältnismäßigkeitsprinzips. Oder auf Hochdeutsch: Man soll das Kind nicht mit dem Bade ausschütten.

Geflügel

In der Legalität sàn s' ganz guàt, aber in der Brutalität, dâ daung s' nix. / In der Legalität sind sie ganz gut, aber in der Brutalität taugen sie nichts.

Ein Wortspiel, bei dem der Fremdwörtern und schriftdeutschen Begriffen in der Regel abgeneigte Bayer das Eier Legen seiner Hühner als „Legalität“ und das Ausbrüten der Küken als „Brutalität“ bezeichnet.

De schaugt aus wià-r-à gschupfte Henà. / Die schaut aus wie eine zerzauste Henne.

Damit beschreibt man nicht nur eine Frau mit zerzaustem Haar, sondern auch eine leicht verrückte, wunderliche oder überspannte Frau.

Des konnst de Henà gem. / Das kannst du den Hühnern geben.

Das ist so minderwertig oder ungenießbar, das kann man allenfalls noch als Hühnerfutter verwenden.

Koà Henà scharrt umàsunst. / Keine Henne scharrt umsonst.

Hühner scharren nicht aus Spaß am Scharren, sondern weil sie nach Futter suchen. So ist es auch bei den Menschen: Niemand möchte umsonst arbeiten.

À guàde Henà verlegt àà-r-àmoi à Oàr. / Auch eine gute Henne legt mal ihr Ei an eine abgelegene Stelle.

Eine gute Henne ist ein Huhn, das viele und möglichst große Eier legt, und zwar normalerweise immer am gewohnten Ort, sodass sie leicht eingesammelt werden können. Legt sie ihr Ei ausnahmsweise woanders ab, so verursacht das zwar kurzen Ärger, ist aber nicht zu kritisieren, weil auch diese Eigenschaft zum Wesen eines Huhns gehört.

Auf den Mensch bezogen würde man Neudeutsch sagen: Nobody is perfect.

Heit woàß d'Màm wieder går net, wo's seine Oàr hileng soi. / Heute weiß die Mutter wieder gar nicht, wo sie ihre Eier ablegen soll.

Heute ist die Mutter wieder recht unschlüssig, sie verhält sich wie eine Henne, die einen geeigneten Platz für die Ablage ihres Eis sucht. Dazu gibt es auch den Spruch: „Heit gehts wieder umànand wià-r-à legàde Henà.“ (Heute geht sie wieder umher wie eine legende Henne.)

Die Verwendung des männlichen Possessivpronomens (seine) statt der weiblichen Form (ihre) entspricht dem früheren Sprachgebrauch der Bayern. Wollte man die weibliche Komponente besonders zum Ausdruck bringen, sagte man nicht „ihre Oàr“, sondern „ihrà seine Oàr“.

À Henà gackert erst nåch'm Leng. / Eine Henne gackert erst, nach dem Legen.

Es empfiehlt sich, einen Erfolg erst dann zu verkünden, wenn er eingetreten und ganz sicher ist.

Då is ja à Henà über's Papier gloffà. / Da ist ja eine Henne über das Papier gelaufen.

Bei den auf dem vorliegenden Blatt Papier befindlichen Zeichen weiß man nicht genau, ob es sich um eine extrem schlechte Handschrift oder eine Zeichnung handelt oder ob wirklich eine Henne darüber gelaufen ist und ihre Spuren hinterlassen hat.

Wenn dà Baur à Henà frisst, is oàns krank: da Baur oder d'Henà. / Wenn der Bauer ein Huhn isst, dann ist eines von beiden krank: entweder der Bauer oder das Huhn.

Ist der Bauer krank, so nimmt er eine nahrhafte, kräftigende Hühnerbrühe zu sich, um wieder zu Kräften zu kommen. Ist das Huhn krank, wird es rechtzeitig geschlachtet, um noch verspeist werden zu können. Unabhängig davon, wer krank ist: Die Henne hat in jedem Fall das schlechtere Los gezogen.

D'Woit is koà Henàsteing. / Die Welt ist keine Hühnersteige.

Eine „Henàsteing" ist ein Käfig aus Holzlatten, in dem Hühner transportiert werden. Befindet sich ein Huhn in einer solchen Steige, ist ihre Welt auf einen sehr kleinen und überschaubaren Raum begrenzt. Die vorliegende Wendung beruht auf der Erkenntnis, dass es hinter den Holzlatten noch viel mehr zu entdecken gibt als man sich nur vorstellen kann – die Welt ist groß. Diese regelrechte Offenbarung hat sich in ganz Bayern verbreitet, seit das Gerücht aufkam, dass es hinter Straubing sogar noch weitergehen soll.

Schweine

Hintà-r à fettn Sau schmeckt's net nåch Rosn. / Hinter einem dicken Schwein riecht es nicht nach Rosen.

Nicht erst seit der verbreitet angewandten Beschreibung „Der stinkt wià-r-à Sau" (Der stinkt wie ein Schwein) ist bekannt, dass Schweine keinen angenehmen Duft verströmen. Besonders die männlichen Exemplare sind durch ihren intensiven Hormoncocktail keine Freude für die Nase. Dies gilt natürlich auch für ein gemästetes Schwein. Ein solches hatte früher einen großen Wert, nicht nur als nahrhafter Fleischlieferant, sondern auch als finanzielle Sicherheit. Die vorliegende Spruch ist deshalb nichts anderes als die bairische Variante von „Geld stinkt nicht", den bereits die alten Römer als „pecunia non olet" kannten.

Es muàß net sei, dass d'Sau à Hoisbàndl trågt. / Es muss nicht sein, dass das Schwein ein Halsband trägt.
Ein Schwein muss nicht besonders hübsch sein. Es kommt nicht auf sein Äußeres, sondern vor allem auf seine „inneren Werte" an, also auf die Qualität seines Fleisches.
Diese Wendung hört man vor allem von sparsamen Zeitgenossen, die es nicht einsehen, Geld für sinnlose Äußerlichkeiten auszugeben.

Da sprach der Herr: „Es Sei!" / Da sprach der Herr: „Ihr Säue!"
„Es" ist im Bairischen nicht nur eines der drei Personalpronomen der 3. Person Singular, es steht auch für „ihr" (2. Person Plural). Ebenso besteht bei dem Wort „sei" Verwechslungsgefahr: Es kann sich einerseits um den Imperativ von „sein" handeln, andererseits auch um den Plural der „Sau" in bairischer Aussprache. Obiges häufig in der Bibel erscheinende Zitat bekommt daher in seiner bairischen Variante eine völlig andere, sehr derbe Bedeutung.

Von à-r-à Sau kommà koà Rindfleisch verlangà. / Von einem Schwein kann man kein Rindfleisch erwarten.
Gemeint ist: Von einem ungehobelten Menschen kann man nicht erwarten, dass er sich besonders gewählt ausdrückt, ihm fehlt zur Eleganz genauso viel wie dem rustikaleren Fleisch des Schweins zum höherwertigen Rindfleisch. Der Vergleich wird gerne herangezogen, wenn sich jemand auffallend geschmacklos oder obszön äußert. Entsprechend vorgebrachte Witze erhalten für gewöhnlich auch das Prädikat „schweinisch", es ist daher nicht abwegig, deren Erzähler auch mit einer „Sau" (Schwein) zu vergleichen.
Der Spruch hat noch eine zweite Bedeutung: Man muss sich rechtzeitig Gedanken darüber machen, welches Ziel man erreichen will. Misserfolg

liegt häufig an der falschen Planung. Dieser Inhalt deckt sich mit der Wendung: „Wer Gerschn obaut, kriàgt koàn Woàz.“ (Wer Gerste anbaut, bekommt keinen Weizen.)

Der hebt à-n Ehr auf wià-r-à Lous mit oàn Fàcke. / Der hebt eine Ehre auf, wie ein Mutterschwein mit einem Ferkel.

Eine „Lous“ (auch „Loàs“ oder „Lois“) ist ein Mutterschwein. Ehre „hebt man auf“, wenn man jemandem eine Freude macht oder mit seiner Art bzw. seinen Taten gut ankommt.

Von einem trächtigen Mutterschwein erwartet man sich eine größere Zahl von Ferkeln, sogar eine zweistellige Nachkommenschaft ist keine Seltenheit. Bringt es aber nur ein einziges Ferkel zur Welt, ist die Enttäuschung groß. Wer mit dieser Sau verglichen wird, hat sich blamiert und kein Lob verdient.

Wer se unter ’Gleim mischt, wird vo de Sau gfressn. / Wer sich unter die Kleie mischt, wird von den Schweinen gefressen.

Kleie, also die minderwertigen Rückstände, die nach dem Sieben des Mehls übrig bleiben, wurde früher vorwiegend als Futtermittel verwendet. Gemeint ist mit dem Spruch, dass jemand, der sich mit halbseidenen Gestalten einlässt, Gefahr läuft, unter die Räder zu kommen. Die Wendung ist auch mit Ferkeln („Fàcke“) bekannt, die für das drohende Unheil stehen.

Der bestimmte Artikel vor „Gleim“ wird im Bairischen erst von „die“ auf „d“ abgekürzt, dann zu „g“ assimiliert und verschwindet schließlich ganz, weil er mit dem ersten Buchstaben des folgenden Substantivs („Gleim“) identisch ist.

Eine ähnliche Bedeutung hat die nächste bayerische Lebensweisheit:

Wer mit de Hundt ins Bett geht, steht mit de Fläch auf. / Wer mit den Hunden ins Bett geht, steht mit den Flöhen auf.

Wer sich in schlechte Gesellschaft begibt, muss damit rechnen, dass diese auf ihn abfärbt.

D’Àntn und d’Sau – nehmà’s mi’m Fuàtter net gnau. / Die Enten und die Schweine – nehmen es mit dem Futter nicht genau.

Sowohl Enten als auch Schweine haben einen gesegneten Appetit, sie fressen alles, was man ihnen gibt und sind überhaupt nicht wählerisch.

Auch die übrig gebliebenen Speisereste der bäuerlichen Familie stehen auf ihrem Speiseplan. Glaubt man folgendem Spruch, dann macht ihnen die Hausherrin aber meistens die Speisereste streitig: „D'Màmm wemmà net hättn, na kànnt mà uns glatt à Sau hoitn." (Die Mutter wenn wir nicht hätten, dann könnten wir uns doch tatsächlich ein Schwein halten.)

Hunde

Soist àà net leem wià-r-à Hund. / Du sollst auch nicht leben wie ein Hund.

Früher wurden Hunde oft sehr schlecht behandelt. Das sprichwörtliche Hundeleben bestand meist aus Wach- oder Hütearbeit und einem wind- und wettergeplagten Platz im Freien. Elend und Armut mancher Menschen ließen sich gut damit vergleichen.

Gibt man heute einem Mitmenschen eine Kleinigkeit, so kann man diese Geste – in der Regel scherzhaft – mit der vorliegenden Wendung begleiten.

Um à Fuchzgàl wås für'n Hund. / Um fünfzig Pfennige etwas für den Hund.

Mit diesen Worten haben früher Hundebesitzer den Einkauf beim Metzger abgeschlossen. Peinlich wurde es allerdings, wenn die Bitte noch ergänzt wurde: „Aber net so fett, weil dà Vattà 's letzte Moi spiem håt." (Aber nicht so fett, weil der Vater beim letzten Mal brechen musste.)

À braver Hund kriàgt nià koàne Boànà. / Ein braver Hund bekommt nie Knochen.

Dà bäsà Hund kriàgt des grässer Trumm. / Der böseste Hund bekommt das größte Stück.

Wer stets brav und zurückhaltend ist, wird leicht vergessen, wenn Wohltaten verteilt werden. Die größten Schreihälse werden dagegen immer bevorzugt. Die doppelte Verneinung der ersten Wendung („nià – koàne": nie – keine) ist eine Besonderheit der bairischen Grammatik und betont die Aussichtslosigkeit der diskreten und friedlichen Menschen auf Belohnung dieser Eigenschaften.

Der håt à Gmiàt wià-r-à Metzgerhund. / Der hat ein Gemüt wie ein Metzgerhund.

Der Viehhandel lag im 19. Jahrhundert in der Hand der Metzger. Diese setzten Hunde zur Bewachung und zum Treiben von Großviehherden ein. Für die Verwendung als „Metzgerhunde" wurden vor allem Rottweiler gezüchtet, die schon wegen ihrer kräftigen Gestalt gerne als Wachhunde gehalten wurden. Entgegen ihres Respekt gebietenden, manchmal sogar furchteinflößenden Äußeren haben sie ein freundliches und friedliches Gemüt, ihr Verhalten ist selbstsicher und unerschrocken. Wer ein solches Gemüt besitzt, den bringt nichts aus der Ruhe.

I håb von jedem Dorf àn Hund. / Ich habe von jedem Dorf einen Hund.

Vor allem der Schafkopfspieler beklagt damit, dass in seinem Blatt jede Spielfarbe vertreten ist. Eine ungünstige Mischung, da man bei diesem Kartenspiel immer die ausgespielte Farbe zugeben muss. Man kann also bei keiner Farbe mit einer Trumpfkarte stechen und kommt deshalb nicht zu „Aung" (Augen, Punkten).

„Nur net reißn", håt dà Schåfboog gsagt, wià 'n dà Hund beim Sàcke backt håt. / „Nur nicht reißen", sagte der Schafbock, als ihn der Hund an den Hoden packte.

Der Hund des Schafhirten hat die Aufgabe, die Herde zusammen zu halten. Zeigt sich ein Schafbock unfolgsam, ist der vorliegenden Wendung zu entnehmen, dass der rebellische Bock mit einem beherzten Schnappen nach den Testikeln zur Räson gebracht werden kann: Wer an dieser empfindlichen Stelle gepackt wird, bewegt sich sicherlich nicht mehr. Gebärdet sich jemand sehr hektisch und ungeduldig, fordert man ihn mit dem Spruch dazu auf, die Sache in aller Ruhe anzugehen.

Katz und Maus

Jetz gherst dà Katz! / Jetzt gehörst du der Katze!

Jetzt bist du fällig! Jetzt befindest du dich in einer ausweglosen Situation – wie die Maus, die von der Katze erwischt und von ihr gefressen wird.

Des is ois für 'Katz. / Das ist alles für die Katz.

Sagte der Apotheker, wenn er nach einem Heilmittel für die kranke Hauskatze gefragt wurde, und deutete auf seinen gesamten Medizinvorrat. Ein

Scherz: Wenn etwas „für die Katz" ist, dann ist es sinnlos bzw. wirkungslos und man könnte es sich auch sparen.

Der schleicht umànand wià-r-à drågàde Katz. / Der schleicht umher wie eine trächtige Katze.

Eine Katze, die kurz vor dem „Kàtzln", also dem Gebären ihrer Jungen steht, schleicht in ungewohnter Weise in Haus und Hof suchend umher. Sie will ihre Jungen an einer möglichst unzugänglichen und damit sicheren Stelle zur Welt bringen. Wer sich ähnlich unruhig verhält, muss sich den Vergleich anhören.

À Katz im Arm wàrmt àà. / Eine Katze im Arm wärmt auch.

Ein – zugegeben schwacher – Trost für einen Mann, den seine Liebste verlassen hat. Es stimmt zwar, dass eine Katze – zumal eine gut gelaunte, schnurrende – angenehme und auch wärmende Gesellschaft sein kann, aber ein Ersatz für ein nettes Mädchen ist sie sicher nicht.

Der kennt koàn andern Vogl wià-r-à Katz. / Der kennt keinen anderen Vogel als eine Katze.

Nur sehr beschränkte Menschen glauben, dass eine Katze eine Vogelart ist.

Na springt 'Katz auf de oidn Fiàß. / Dann springt die Katze auf den alten Füßen.

Springt die Katze auf „de oidn Fiàß", dann ist wieder alles so, wie es ursprünglich war. Man ist keinen Schritt weitergekommen. Die Wendung ist vor allem bei der Diskussion verschiedener Alternativen gebräuchlich, um zum Ausdruck zu bringen, dass einer der vorgeschlagenen Wege zwar anders als bisher verlaufen, aber zum selben Ergebnis führen wird – es wäre damit also nichts gewonnen.

Wenn 'Katz à Roß wàr, na kànnt mà àn Bààm naufreitn. / Wenn die Katze ein Pferd wäre, könnte man den Baum hinaufreiten.

Mit ihren Krallen und Kletterfähigkeiten würden sich mit einer Katze als Reittier völlig neue Möglichkeiten auftun … wenn die Realität dem keinen Strich durch die Rechnung machen würde.

Oder:

Häde, dàde, wàre. / Hätte ich, täte ich, wäre ich.

Wenn das Wörtchen „wenn" nicht wäre!

Wenn 'Katz aus'n Haus is, ham b'Meis àn Kirtà. / Ist die Katze aus dem Haus, haben die Mäuse Kirchweih.
Im Schriftdeutschen bekannt unter: Ist die Katze aus dem Haus, tanzen die Mäuse auf dem Tisch.
Kirchweih war früher eines der schönsten Feste im Jahr. Es gab ausgiebig zu essen, vor allem auch besonders schmackhafte und nahrhafte Gerichte, z. B. die berühmten Kirchweihnudeln. Auch auf den Kirchweihtanz hat sich insbesondere die Jugend gefreut. Katze und Maus sind im Spruch Synonyme für den Bauern und seine Dienstboten. Ist nämlich der Hofherr aus dem Haus, dann genießen auch Mägde und Knechte die Freiheit, weil niemand sie zur Arbeit anhält.

„Des is à-n anders Koun", håt d'Muierin gsagt, wià's auf à Mausboiàl bissn håt. / „Das ist ein anderes Korn", sagte die Müllerin, als sie auf ein Mäusekot-Kügelchen biss.
Überall, wo Getreide gelagert wurde, waren früher auch Mäuse zu finden. In Mühlen waren deshalb sowohl die kleinen Nager als auch deren Hinterlassenschaften nicht zu vermeiden. Da konnte es durchaus vorkommen, dass sich der kleine, kugelförmige Mäusekot mit dem Getreide vermischte und so versehentlich in die Nahrung gelangte. Das „Boiàl" ist der Diminutiv von „Boin" (Bollen), der auch als „Boitàl" vorkommt.

Pferde, Kühe und Ziegen

Is Kuàh hi, na soi 's Keiwe àà hi sei. / Ist die Kuh hin, dann soll das Kalb auch hin sein.
Wenn schon die Hauptsache verloren ist, kommt es auf weitere Verluste nicht mehr an. Dann kann man ruhig ein zusätzliches Risiko eingehen. Diese Wendung ist vor allem beim Schafkopfspiel häufig zu hören, wenn ein Spieler ein teures Solo verloren hat und sich traut, gleich anschließend nochmals ein riskantes Spiel zu machen.

'S Dengà soi mà de Roß überlassn, de ham de grässàn Kepf. / Das Denken sollte man den Pferden überlassen, die haben die größere Köpfe.
Das entgegnet man jemandem, der ausführlich seine Überlegungen und Planungen erklärt und dabei ziemlichen Unsinn erzählt.

Des Roß wo àn Håwàn verdeànt, des kriàgt'n oft net. / Das Pferd, das den Hafer verdient, bekommt ihn oft nicht.

Pferde fressen am liebsten Hafer. Der schmeckt ihnen nicht nur gut, der gibt auch besonders viel Kraft, was bei Zugtieren sehr wichtig ist. Es wäre ein Akt der Gerechtigkeit, dem Pferd, das sich am meisten geschunden und geplagt hat, am Ende des Tages die verdiente Sonderration Hafer zu geben. Die Welt ist aber – leider – oft ungerecht, und nicht die Fleißigen, sondern der halbwegs brauchbare Rest, wenn nicht gar die Faulen, werden belohnt – im Tier- wie im Menschenreich.

Vui Kiàh machà àn warmà Stoi. / Viele Kühe machen einen warmen Stall.

Eine Kuh macht „Muh", viele Kühe machen Mühe, außerdem geben sie ständig Körperwärme ab. Im Kuhstall ist es deshalb immer warm. Darauf nimmt man mit diesem Spruch scherzhaft Bezug, wenn sich sehr viele Menschen in einem großen Raum befinden, der eine dementsprechend hohe Temperatur aufweist.

Der stinkt wià-r-à Goàßboog. / Der stinkt wie ein Geißbock.

Mitmenschen mit unangenehmem Körpergeruch werden mit verschiedenen Tieren verglichen, die sich ebenso dadurch auszeichnen, dass man sie schneller riechen als sehen kann. Neben dem Hausschwein (der „Sau") und dem männlichen Wildschwein (dem „Oàchebär") gehört dazu auch der Ziegenbock.

Unser Herrgod håd dà Goàß àn Schwoàf net länger wachsn lassn, ois wås s'n braucht. / Unser Herrgott hat der Ziege den Schweif nicht länger wachsen lassen, als sie ihn braucht.

Auch der Mensch sollte sich deshalb mit dem begnügen, was ihm mitgegeben wurde. Diesen Spruch bekamen früher vor allem Mitmenschen mit überzogenen und unrealistischen oder auch risikoreichen Plänen zu hören.

Wobei so mancher einstige Pädagoge offenbar seine liebe Not mit der bairischen Ziege im Spruch hatte:

Es heißt nicht „Goàß", es hoàßt „Geiß".

Mit dieser Klarstellung wird der dialektsprechende Schüler von seinem ebenfalls des Schriftdeutschen nicht uneingeschränkt mächtigen Lehrer korrigiert.

De Viechà fressn mià no d'Håår vom Kopf. / Die Tiere fressen mir noch die Haare vom Kopf.

Das Futter für die Haustiere kostet mich den letzten Cent und trotzdem reicht es nicht für das gesamte Vieh. Das geht sogar so weit, dass mir die Tiere vor Hunger die Haare vom Kopf fressen. Für die Familie bleibt kaum noch etwas übrig.

Die Wendung kann man auch auf gefräßigen Besuch beziehen, der sich rücksichtslos den Bauch vollschlägt, ohne an die schmale Kasse des Gastgebers zu denken.

RENGDS DRAUSSD?
WARUM?
WEIS AN DREEG SO EINÀSCHWOABD.

Scheiß dà nix!

Nichts für die feine Gesellschaft

Die in diesem Kapitel versammelten Redewendungen sind nichts für zart besaitete Leser. Empfindsamen Gemütern wird deshalb empfohlen, beherzt weiter zu blättern. Kinderaugen und -ohren hält man von den folgenden Seiten ebenfalls am besten fern. Schnappt der Nachwuchs doch den ein oder anderen Begriff auf, kann den Erziehungsberechtigten nur noch geraten werden, mit möglichst hoher Autorität in der Stimme „Des sagt mà net!" (Das sagt man nicht!) oder „Des derf mà net sång!" (Das darf man nicht sagen!) zu entgegnen und zu hoffen, dass der Befehl fruchtet.

Alle fraglichen derben Ausdrücke dürften im Garten Eden noch nicht gebräuchlich gewesen sein, schließlich verbindet man das Paradies kaum mit einer Sprache, nach deren – sagen wir mal: farbenfrohem – Gebrauch einem die Ohren rot glühen. Andererseits: „Nix Gwiss woàß mà net." (Nichts Gewisses weiß man nicht.) Vielleicht hat auch der bayerische Literat Josef Hofmiller recht, der geschrieben hat, die bairische Sprache sei „geistreich, witzig, originell, sprachschöpferisch und fein – fein sogar noch in seiner humoristischen Derbheit". Selbst in ihrer Derbheit ist das Bairische noch so lebensnah und vertraut, dass es den Eindruck des vor-paradiesischen Bayern nicht trübt. Das Rustikale, Grobe, Ungeschliffene ist unverzichtbarer Bestandteil des bairischen Dialekts. Ein Bairisch ohne Kraftausdrücke wäre wie eine Mass Bier ohne Schaum – eine geschmacklose „Briàh" (Brühe). Wer des Bairischen mächtig ist, sieht darin auch keine Verrohung der Sprache, wie vielleicht manche Nordlichter, sondern eine zwar deftige, aber keinesfalls kulturlose Ausdrucksform für absolut menschliche und unvermeidliche Abläufe im bäuerlichen Leben. Außerdem erkennt das geübte Ohr – im Falle des Lesers: Auge – auch in fast jeder bairischen Derbheit das ebenso typische hintersinnige Element, das dem Dialekt sogar in seiner rauesten Form noch einen gewissen Charme verleiht.

Scheiß dà nix – na feid dà nix! / Denke dir nichts dabei – dann fehlt dir nichts!

Ängstige dich nicht, dann geht's dir gut! Trau dich! Mach einfach, was du für richtig hältst.

'S Lem is wià-r à Kinderpfoàd: kurz und ogschissn. / Das Leben ist wie ein Kinderhemd: kurz und beschmutzt.

In Altbayern hieß das Hemd früher die (!) „Pfoàd". Mit dieser Wendung klagt der depressive Bayer darüber, dass das Leben zu wenige schöne Seiten zu bieten hat.

Då scheiß-b-mà net lang umànand. / Da tun wir nicht lange herum.

Bloß keine Umstände: Über diese einfache Frage werden wir nicht lange diskutieren und große Pläne machen. Wir nehmen den Weg, der sich auf den ersten Blick anbietet und der einfach erscheint.

Die gleiche Bedeutung hat die Wendung:

Då mach-b-mà fei koà Dokterarwàt draus. / Da machen wir aber wirklich keine Doktorarbeit daraus.

Für dieses Problem gibt es einfache Lösungen, da müssen wir keine langen Untersuchungen anstellen.

Wenn oànà àn Scheißdreeg im Hirn håt, na derf er se net schneizn, sunst kimmt's auf. / Wenn einer Exkremente im Hirn hat, dann darf er sich nicht schnäuzen, sonst kommt es auf.

Hier wird unterstellt, dass der Inhalt des Kopfes, also das Gehirn, beim Schnäuzen im Taschentuch landet. Woraufhin jeder Beobachter sehen könnte, ob das Hirn des Taschentuchbesitzers nicht doch aus minderwertigem Material besteht.

Håt dà Oànà in's Mai gschissn? / Hat dir jemand in den Mund gemacht?

Besonders derb veranlagte Wirtshausbesucher stellten diese vulgäre Frage anderen Gästen, die sich nicht an der Unterhaltung am Tisch beteiligten.

Die gleiche Bedeutung hat folgender Spruch:

Der håt sei Zungà àà bloß desweng im Mai, wei's àn Årsch drin koàn Blåtz håt. / Der hat seine Zunge auch nur deshalb im Mund, weil sie im Hintern nicht ausreichend Platz hat.

Die große Zunge ist hier ein Synonym für ein loses Mundwerk.

Es làfft se net leichter, wemmà d'Hosn voi håt. / Mit vollen Hosen kann man nicht schneller laufen.

Angst haben, sich deshalb in die Hose machen und schließlich vor lauter Furcht davonlaufen gehören eng zusammen. Die Quintessenz aus der

genannten Wendung lautet aber: Man verkneife sich nach Möglichkeit den Mittelteil, weil die dann vorhandene „Einlage“ bei der Flucht sehr hinderlich ist.
Ein damit lose verwandter Spruch lautet: „Mit vollen Hosen ist gut stinken.“ Man kann hier ergänzen: „Aber nicht gut laufen!“

Gegà-r-à Fuàdà Mist kommà net ostingà. / Gegen ein Fuder Mist kann man nicht anstinken.
Mist riecht bekanntermaßen streng. Eine große Menge Mist auf einem Mistwagen riecht extrem streng. Diesen Gestank durch den eigenen Körpergeruch, und sei er noch so durchdringend, zu übertreffen, ist nicht möglich. Gemeint ist mit der Erkenntnis, dass man trotz intensiven Bemühens keine Chance gegen offensichtlich Stärkere bzw. gegen eine Übermacht hat, vor allem wenn es sich dabei um Menschen ohne Gewissen oder gar mit krimineller Energie handelt. Für Letztere steht hier der Mist als Synonym.

I konn jetz net åbzwickà. / Ich kann jetzt nicht unterbrechen.
Diese Situation kann eintreten, wenn man sich gerade auf der Toilette befindet und von der anderen Seite der hoffentlich nach wie vor geschlossenen Tür eine Information bekommt, die dringendes Handeln erfordern würde. Während man hier tatsächlich „abzwicken“ müsste, um wieder voll einsatzfähig zu sein, wird die Wendung auch dann verwendet, wenn in unverfänglicherer Lage – aus welchen Gründen auch immer – eine Unterbrechung nicht möglich ist.

Wer hinter mein’ Buckl redt, der redt mit mein’ Årsch. / Wer hinter meinem Rücken redet, sprich mit meinem Hinterteil.
Wer hinter meinem Rücken schlecht über mich redet, begibt sich im wahrsten Sinne des Wortes auf das Niveau meines Hinterns. Und anders herum: Ich begebe mich nicht auf dieses Niveau. Der Lästerer ist derart unbedeutend, dass ich mich mit ihm überhaupt nicht befassen möchte. Eine derbe, modernere Wendung (ja, die gibt es auch heute noch!) dazu lautet: Der/Das geht mir am Arsch vorbei.

’S Glick håt à lachàds Gsicht, aber àn koidn Årsch. / Das Glück hat ein lachendes Gesicht, aber einen kalten Arsch.

So wie alles im Leben hat auch das Glück zwei Seiten. Allein schon begrifflich überwiegt beim Glück natürlich die positive Seite. Allerdings erlebt man – meist mit zeitlicher Verzögerung – oft auch seine negativen Nachwehen. So kann ein hoher Lottogewinn zu Neid und Missgunst oder dazu führen, dass man Opfer von Betrügern wird. Auch nach der Heirat des hübschesten und begehrtesten Mädchens muss mancher frischgebackene Ehemann zu seinem Leidwesen feststellen, dass er ein genaueres Auge auf den inneren Werten der Schönheitskönigin hätte haben sollen.

Àn neià Årsch, weil dà oide à Loch håt. / Einen neuen Hintern, weil der alte ein Loch aufweist.
Scherzhaft gemeinte Antwort auf die Frage, was man sich zum Geburtstag oder zu Weihnachten wünscht. Der Witz hat allerdings einen unfrohen Kern: Angesichts der Mittellosigkeit der Leute, die früher kaum Geld hatten, bestand keinerlei Hoffnung auf schöne, teure Geschenke. Man erfreute sich stattdessen schon an solch derben Sprüchen.

Manchmoi muàß mà' hoit d'Årschbackà zammzwickà. / Manchmal muss man eben die Pobacken zusammenkneifen.
Manchmal muss man sich besonders anstrengen, um ein bestimmtes Ziel zu erreichen.

Jetz is mà oànà auskemà. / Jetzt ist mir einer ausgekommen.
Dabei kann es sich um einen Darmwind handeln, der unkontrolliert und ungewollt den Körper verlassen hat. Auch über eine E-Mail, die sich zu früh oder durch gänzlich irrtümlichen Druck auf den „Senden-Button" auf den Weg gemacht hat, informiert man den Empfänger mit den Worten: „Entschuldige, jetz is mà oàne auskemà."

À Schoàß is besser wià-r-à Haglwedà. / Ein Darmwind ist besser als ein Hagelwetter.
Dieser scherzhaft gemeinte Satz dient der Entschuldigung, wenn einem ein Darmwind entfleucht ist. Er soll zeigen, dass es sich um etwas völlig Unbedeutendes, Unschädliches handelt.

Då kànnt mà oàn drunternei mischn. / Da könnte man einen darunter mischen.

Gemeint ist damit ein „Schoàß“ (Darmwind), den man beim Passieren eines frisch mit Jauche gedüngten Feldes angesichts des damit verbundenen Gestanks loswerden könnte, ohne dass andere dessen Geruch bemerken.

À jeder Koppàrà is à Schoàß – der wo den rechtn Weg zum Årsch net woàß. / Jeder Rülpser ist ein Darmwind – der den rechten Weg zum Hintern nicht kennt.
Ein derber Reim, den man sicher nicht in einer feinen Gesellschaft zum Besten geben kann.

Den dreibt's um wià-r-àn Schoàß in der Reitern. / Den treibt es um, wie einen Darmwind in einem grobmaschigen Sieb.
Der ist sehr unruhig – ein scherzhaft gemeinter, allerdings inhaltlich abwegiger Spruch, schließlich stellt ein Sieb für einen Darmwind kein wirkliches Hindernis dar, das ihn umtreiben würde.

Der schmeckt àn Schoàß in der Finstern. / Der riecht einen Darmwind im Dunkeln.
„Schmecken“ bedeutet im Bairischen auch „riechen“. Einen entkommenen Darmwind kann man allerdings sowohl im Hellen als auch im Dunkeln riechen. Insoweit ist auch dieser Spruch nicht recht sinnvoll. Der Experte weiß aber, dass hier jemand beschrieben wird, der „das Gras wachsen hört“, also beim Verbreiten von neuen Gerüchten immer ganz vorne mit dabei ist.

Wenns Åschàl brummt – is's Baucherl gsund. / Wenn das Ärschchen brummt – ist das Bäuchlein gesund.
Das Geräusch eines Darmwinds wird als gutes Zeichen für eine einwandfrei funktionierende Verdauung interpretiert. Ganz konkret bedeutet der entwichene „Schoàß“ auch eine Entspannung des Darmtrakts – woraufhin sich der gerade noch von Druck geplagte Bauch gleich viel besser fühlt. Gelegentlich hört man anstelle des „Baucherl“ auch, dass dann das „Herzerl“ (Herzlein) gesund ist.

Wer moidt – der proidt. / Wer meldet – der prellt.
Wer etwas als Erster meldet, der möchte möglicherweise von sich selbst und den eigenen fragwürdigen Taten ablenken. Früher war dieser Reim

insbesondere dann zu hören, wenn sich der Geruch eines Darmwinds unweigerlich bemerkbar machte und man auf der Suche nach dem Schuldigen war.

Wer mi'n Kout (Koàt) wirft, der werd soiwer dregge. / Wer mit Dreck wirft, wird selber dreckig.

Das bairische Wort für Erde ist – je nach Region – „Kout" oder „Koàt". Ein weiteres Synonym für Erde ist „Dreeg" (Dreck). Man könnte auch sagen: Wer eine Schlammschlacht beginnt, muss damit rechnen, auch selbst mit Schmutz beworfen zu werden. Der Spruch ist eine Warnung an jene, die beabsichtigen, über andere schlecht zu reden. Sie müssen damit rechnen, dass die andere Seite umgekehrt genauso verfährt.

In die gleiche Kerbe schlägt folgender Imperativ:

Wasch' de, bist soiwà voi Ruàß! / Wasch dich, du bist ja selbst voller Ruß (Schmutz)!

Kümmere dich nicht um andere, kehre lieber vor deiner eigenen Tür. Da gibt's genug zu tun. Oder mit einem schriftdeutschen Spruch ausgedrückt: Wer selbst im Glashaus sitzt, soll nicht mit Steinen schmeißen.

I brauch net vo jedn Dreeg à Muster. / Ich brauche nicht von jedem Dreck ein Muster.

Ich muss nicht überall dabei sein, wo es Ärger und Probleme gibt.

Du muàßt àmoi à Håfner wern, du verstehst wås von Dreeg. / Du musst ein Hafner werden, du verstehst etwas vom Dreck.

Diese Empfehlung richtet sich vor allem an Buben, die völlig verdreckt nach Hause kommen. Ein Hafner, also Töpfer, fertigt auf der Töpferscheibe aus Ton bzw. Lehm schöne keramische Produkte. Dabei ist es unvermeidlich, dass seine Hände – und je nach Intensität der Arbeit auch Unterarme, dazu sein Schoß und seine Kleidung – mit dem Ton bzw. Lehm verschmiert werden.

Friàhrà håt dà Dreeg gschdungà, heit redt er. / Früher hat der Dreck gestunken, heute spricht er.

Als „Dreeg" (Dreck) wird hier eine unbedeutende Person bezeichnet, die sich erdreistet, einen eigenen Beitrag in die laufende Diskussion einzubringen. Geradezu als Provokation wird eine solche Einlassung empfunden, wenn sie im krassen Gegensatz zur Meinung der am Tisch sitzenden Honoratioren steht.

Oá Dreeg schaugt aus wià dà ander. / Ein Dreck sieht aus wie der andere.
Dreck hat immer das gleiche Aussehen. Mit diesem Spruch waren Menschen mit geringem Ansehen gemeint, die keinen Platz in der Gesellschaft hatten, wie z. B. Diebe und andere Kleinkriminelle. Man könnte auch sagen: Gauner bleibt Gauner.

Du bist àn Dreeg sei Dreeg. / Du bist dem Dreck sein Dreck.
Du bist völlig unbedeutend. Um die Abneigung gegenüber einem derart abgewerteten Menschen zu beschreiben, kann man auch sagen: „Den ignorier e net àmoi." (Den ignoriere ich nicht einmal.)
Ebenfalls sehr abwertend:
Des is ja bloß à so à aufgstoidà Mausdreeg. / Das ist doch nur ein aufgestellter Mäusekot.
Personen, denen man jegliche Bedeutung absprechen möchte, vergleicht man mit der winzigen Hinterlassenschaft einer Maus. Nicht weniger beleidigend kommt der Spruch daher, wenn man damit einen kleinwüchsigen Menschen abfällig beschreibt.

„Rengds draussd?" „Warum?" „Weis an Dreeg so einàschwoabd." / „Regnet's draussen?" „Warum?" „Weil es den Dreck so hereinschwemmt."
Dialog zwischen Wirtshausgästen und neu eintreffenden Besuchern. Diese neuen Gäste als Dreck zu bezeichnen, ist natürlich eine grobe Unverschämtheit, kann aber unter guten Bekannten auch als Scherz aufgefasst werden.

Es gibt Leit, de rèmmà àn Fliàngdreeg mit dà Schaufe weg. / Es gibt Leute, die räumen den Fliegendreck mit der Schaufel weg.
Wer Kleinigkeiten mit großem Gerät bearbeitet, muss sich nicht wundern, wenn er kritisiert oder ausgelacht wird. Der Grundsatz der Verhältnismäßigkeit gilt nicht nur in der Juristerei.

De war bein Kuàhdreeg-Dreschn dabei. / Die war beim Kuhdreck-Dreschen dabei.
Beim Dreschen des Getreides hat es früher extrem gestaubt, sodass Körper und Kleidung der Drescher über und über mit Staub bedeckt waren.

Kuhdreck, also der Kot der Kühe, wird natürlich nicht gedroschen. Die Wendung soll auf scherzhafte, wenn auch grobe Weise beschreiben, wie jemand aussehen würde, der diese Tätigkeit ausgeführt hätte: Über und über mit dunklen Spritzern bedeckt. Sprich: die beschriebene Person hat Sommersprossen. Auf Bairisch: Sie ist „gmèèlt" (auch: „gmerlt").

Des konnst scho essn, des is bloß à Dreeg. / Das kannst du schon essen, das ist nur Dreck.
Damit beruhigte die Bäuerin den Gast, der die nicht definierbaren Flecken auf seinem Teller für scharfen Pfeffer gehalten hatte.

Eine feine Dàme
Frisst àn Nåsnràme
Und à Stickl Brot dàzuà.
Hàt de Dreegsau no net gmuà? /
Eine feine Dame
Isst ihren Nasenschleim
Und ein Stückchen Brot dazu.
Hat die Drecksau noch nicht genug?
Mit diesem Spruch machten sich gerne die unteren Schichten in der ihnen eigenen grobschlächtigen Art über die Damen der feinen Gesellschaft lustig. Und wahrscheinlich lagen sie mit ihrer Unterstellung noch nicht einmal komplett daneben: Unter dem schönen, meist nur nach Außen gewahrten Schein lauern oft ganz fürchterlich schlechte Manieren.

D' Lindn stinkt wià-r-à Henàdreeg. / Die Linde stinkt wie Hühnerdreck.
Der Holzspezialist weiß, dass Lindenholz einen speziellen Geruch verströmt, den nicht jeder als Wohlgeruch empfindet. Diese Holzart eignet sich deshalb nur bedingt für die Möbelproduktion.

I bin no nià so drèckè gwen, dass i 's Båån braucht hätt. / Ich war noch nie so schmutzig, dass ich das Baden gebraucht hätte.
Die sanitäre Ausstattung der Häuser war früher sehr spartanisch: Toiletten waren außerhalb der Wohngebäude in windschiefen Hütten untergebracht, bestanden teils aus kaum mehr als einem Loch im Boden und waren natürlich nicht beheizt; Bäder im heutigen Sinn gab es überhaupt nicht, allenfalls verzinkte Badewannen. Auch warmes Wasser war

meistens nur in geringen Mengen verfügbar. Abgesehen von einem sommerlichen Bad in einem nahen Gewässer, und das auch mehr zur Erfrischung als zur Reinigung, war ein Vollbad kaum üblich. Folgerichtig stellte auch niemand hohe Ansprüche an die eigene Sauberkeit und die Reinlichkeit seiner Mitmenschen. Die Nasen der früheren Bayern müssen wohl robuster gewesen sein als die Organe der heutigen Bevölkerung.

Alternativ konnte der Bayer anno dazumal seine fragwürdige Beziehung zu Wasser und Seife auch folgendermaßen kundtun:

I wasch mà jeds Jåhr meine Fiàß, obs-às braucht oder net. / ich wasche mir jedes Jahr die Füße, ob es notwendig ist oder nicht.

Heute ausgesprochen, ist es ein scherzhafter Hinweis darauf, dass man es früher mit der Sauberkeit nicht so genau genommen hat.

Net kratzn. Waschn! / Nicht kratzen. Waschen!

Nicht ganz ernst gemeinte Empfehlung, wenn sich jemand recht ausgiebig auf der Haut kratzt. Wobei die Ursache für das Bedürfnis, sich zu kratzen, durchaus auch in mangelnder Hygiene liegen kann.

Wemmà oiss wissàd, dààt's oàn grausn. / Wenn man alles wüsste, würde es einen gruseln.

Hier ist die Rede von einem Blick in fremde Küchen und Schlachthäuser, in denen es früher nicht immer so hygienisch zuging, wie man es erwartet hätte.

HUIFT’S NET, SO
SCHADT’S ÀÀ NET.

De scheenste Grangàt taugt nix

Die schönste Krankheit taugt nichts

Krankheiten existierten im Paradies nicht. In Bayern muss man sich bedauerlicherweise noch mit Schnupfen und Co. herumschlagen, von der kleinen Beschwerde bis zum ernsten Leiden. Allerdings befindet sich das bayerische Gesundheits- und Sozialwesen auf einem Niveau, das es rechtfertigt, auch bei diesem Sektor vom Leben in der bayerischen Vorstufe zum Paradies zu sprechen.

Der Bayer misst seiner Gesundheit einen hohen Stellenwert zu. Er ernährt sich deshalb sehr gesund, indem er viel Gemüse isst (Kraut und „Ruàm"), vorwiegend heilkräftige Getränke zu sich nimmt (Bier, Blutwurz, Enzian) und dafür sorgt, dass sein Körper stets über genügend Reserven verfügt (Bierbauch respektive „Hendlfriedhof") – für den Fall, dass einmal eine schlechte Zeit kommt. Bekannt sind deshalb auch die hin und wieder zur Lederhose getragenen Hosenträger, bei denen auf Brusthöhe die Worte „Gsund samma" (Gesund sind wir) eingestickt sind. Weite Verbreitung hat ein Foto gefunden, das einen verstorbenen, aufgebahrten Trachtler mit Lederhose und solchen Hosenträgern zeigt. „Gsund sàmmà nimmer" kann man da nur sagen. Oder in Abwandlung eines bekannten Spruchs: „Gsund gstorm is àà koà scheenà Tod." (Gesund gestorben ist auch kein schöner Tod.)

Liàwà stermvoidreeg ois sterwàdskrank. / Lieber sternvolldreck als sterbenskrank.

„Stermvioidreeg" und „sterwàdskrank" sind ähnlich klingende Wörter, bedeuten aber völlig Unterschiedliches: Wer sterbenskrank ist, wird nicht mehr lange leben, wer dagegen lediglich von Dreck übersäht ist wie der Himmel von den Sternen, muss sich nur waschen, dann ist wieder alles in Ordnung.

„Guàt gehts mà", håt der Buà gsagt und håt gwoànt. / „Gut geht es mir", sagte der Bub und weinte.

Früher gaben Eltern ihren Kindern oft die Antworten auf die von der Verwandtschaft zu erwartenden Fragen vor. Auch wenn die eigene Situation prekär war und man vielleicht nicht einmal genug zu essen hatte, gab man dies äußerst ungern zu. Der Stolz war einfach zu groß. Auch Verwandten gegenüber durften noch nicht einmal die Kinder einräumen, dass es ihnen nicht gut ging, selbst wenn es ihnen am Notwendigsten mangelte. Die vorstehende Wendung wurde gern als Antwort auf die Frage nach dem eigenen Befinden gebraucht. Man brachte damit zum Ausdruck, dass die eigene Lage derzeit nicht rosig war – oder verwendete den Spruch ironisch, auch wenn es keinen Grund zu klagen gab.

Mir gehts net so ràr. / Mir geht es nicht so gut.

Das Wort „ràr“ bedeutet neben selten oder knapp im Bairischen auch kostbar, wertvoll oder besonders gut. Reimt man über ein Mädchen „Màre, du bist à ganz à ràre“, so beschreibt man eine junge Frau mit vielen positiven Eigenschaften. Umgekehrt spielt einem das Schicksal gerade übel mit, wenn man sich „nicht ràr“ fühlt; alternativ kann man diesen Zustand auch mit dem Adjektiv „lause“ (lausig) betiteln.

Guàt schaugst aus. Håst gschpiem? / Gut siehst du aus. Hast du gespuckt (gebrochen)?

Diese Frage kommt eher aus dem Mund eines Spötters als dem eines besorgten Mitmenschen: Wer gebrochen hat, der ist meistens sehr blass um die Nase und sieht keineswegs gut aus.

War die letzte Mahlzeit Schuld am grünlichen Teint und schmerzenden Magen, dann gilt für die unverträglichen Speisen:

Des konn e net dàbackà. / Das kann ich nicht aushalten.

Diese Feststellung passt auf unterschiedliche Situationen: Von den Lebensmitteln, die einem nicht bekommen über den Nachbarn, der regelmäßig Trompete übt, bis zum Kollegen, der sich ständig vor der Arbeit drückt. „Dàbackà“ heißt wörtlich „derpacken“. Das hier verwendete Präfix „dà-“ (der-) ist eine bairische Besonderheit und fällt der Übersetzung ins Schriftdeutsche meist vollständig zum Opfer.

Då werd's oàn ganz zwoàràloà. / Da wird einem ganz zweierlei.

Da wird einem ganz unwohl, da bekommt man ein flaues Gefühl im Magen, da bekommt man Angst.

Ågschoid, 'kocht oder bleim lassn. / Abgeschält, gekocht oder bleiben lassen.

Ratschlag für Fernreisende oder generell magenempfindliche Esser.

Der Simmerl konn kàm no hupfà. / Der Simon kann kaum noch hüpfen.

Das bairische Wort „hupfà“ entspricht dem schriftdeutschen „hüpfen“, umfasst aber zusätzlich noch die Bedeutungen „springen“ und – entgegengesetzt – „hinken“, „ungleichmäßig gehen“. Ein „Hupfàdà“ ist jemand, der eine Gehbehinderung hat. Wer kaum noch „hupfà“ kann, hat erhebliche Schwierigkeiten beim Gehen und kommt selbst hinkend kaum noch voran.

Huift's net, so schadt's àà net. / Wenn es nicht hilft, so schadet es auch nicht.

Getreu diesem Grundsatz, nimmt man manche Medikamente ein oder wendet bestimmte Haus- und Heilmittel an, obwohl man an deren heilender Wirkung gewisse Zweifel hegt. Genauso ist es, wenn man gut gemeinten Ratschlägen folgt – z. B.: „Du muàsst mehrà làffà.“ (Du musst mehr laufen.) – oder ein Gebet Richtung Herrgott schickt.

B'Fiàß warm und dà Kopf koit, so werd mà oid. / Die Füße warm und den Kopf kalt, so wird man alt.

Wer immer warme Füße hat, wird selten eine Erkältung bekommen, und wer stets einen kühlen Kopf bewahrt, wird die im Laufe seines Lebens auftretenden Schwierigkeiten gut meistern. So verbinden sich ein gesunder Körper und ein gesunder Geist und ermöglichen ein langes Leben.

Mià brauchà koà Impfung gegà Gripp, mià ziang mà uns warm o. / Wir brauchen keine Grippeschutzimpfung, wir ziehen uns warm an.

In den 1980er Jahren wurde ein Impfstoff gegen Grippe entwickelt. Die Mediziner empfahlen die Impfung nachdrücklich zur Vorbeugung, aber auch weil manche Grippeerkrankungen sogar tödlich verlaufen können. Meine Mutter lehnte diese Impfung kategorisch ab. Nach ihrer Meinung war Grippe ausschließlich auf unzureichend warme Kleidung zurückzuführen und damit ausnahmslos selbstverschuldet.

Interessant ist hier das „mà“ im zweiten Halbsatz – eine Besonderheit des bairischen Dialekts: Nach dem anfänglichen „mià“ steht es nochmals für „wir“, besitzt aber keine eigenständige, weitere Bedeutung.

Bluàtskàdàrrh, àgràtt beim Niàsn hȧw e àà no bieslǹ miassn. / Verdammter Katarrh, ausgerechnet beim Niesen musste ich auch noch pinkeln.

Ein zwar unangenehmes Erlebnis, es hätte aber auch noch schlimmer kommen können …

Der konn à bloß no d'Hautkrangàd und àn Boàfråß kriàng. / Der kann auch nur noch die Hautkrankheit und den Knochenfraß bekommen.
Wird so über eine übertrieben schlanke Person gesprochen, kann das aus Mitleid mit einem krankheitsbedingt stark abgemagerten Menschen geschehen. Als Kritik geäußert, weist man auf den Raubbau hin, den der Betroffene an seiner Gesundheit betreibt, z. B. durch übertriebenen Alkohol- oder Zigarettengenuss.

Der hat Arm wià-r-à Weißwurschthaut. / Der hat Arme wie eine Weißwursthaut.
Die so beschriebene Person besaß in ihren guten Tagen eine kräftige Oberarmmuskulatur, die sich aber infolge von Krankheit oder Alter zu schlaffem Fleisch zurückgebildet hat. Früher, zu ihren besten Zeiten rief der Anblick solcher Arme ein „Der håt vielleicht so Arm her!" (Der hat aber kräftige Arme!) voller Bewunderung hervor, jetzt denkt man mit Bedauern an eine ähnlich schlaff im Teller liegende Weißwursthaut.

Beiß Zähn zamm und mach 's Mai weit auf! / Beiß die Zähne zusammen und mache den Mund weit auf!
Die Zähne soll man zusammenbeißen, wenn man Schmerzen hat oder – dann im übertragenen Sinn – eine schwierige Situation bewältigen muss. Dies gilt grundsätzlich beides auch für Zahnbehandlungen, die vor allem früher beim medizinisch kaum ausgebildeten Bader ziemlich schmerzhaft und blutig abliefen. Den Mund zur Zahnbehandlung weit zu öffnen und gleichzeitig die Zähne zusammenzubeißen, dürfte aber ein sehr schwieriges Unterfangen sein.

Oán Apfe am Dåg, na håst mi'n Dokter koà Blåg. / Ein Apfel am Tag, dann hast du mit dem Doktor keine Plage.
Wer täglich einen Apfel ist, bleibt gesund und braucht keinen Arzt. Im Englischen: An apple a day keeps the doctor away. (Ein Apfel am Tag hält den Arzt fern.)

Und sunst bist gsund? / Und ansonsten bist du gesund?

Diese Frage stellt man jemandem, der eine dermaßen abwegige Forderung oder einen unerfüllbaren Wunsch geäußert hat, dass man an der geistigen Gesundheit des Fordernden zweifelt. Alternativ kann man sein Erstaunen über die absurden Illusionen des Gegenübers auch folgendermaßen zum Ausdruck bringen: „Und sunst geht's dà guàt?" (Und ansonsten geht es dir gut?)

BLÄD DÀHERREEN KONN I SOIWER.

OH MEI, JETZ FANGT ER WIEDER BEI ADAM UND EVA O.

Sperr' deine Ohrwàschl auf!

Sperre deine Ohren auf!

Als der Herrgott Adam und Eva erschuf, gab er ihnen je ein volles Set menschlicher Sinnesorgane mit, dieselben, mit denen auch wir heute noch mit unseren Mitmenschen kommunizieren und unsere Umwelt wahrnehmen. Nun sind diese Fähigkeiten in erster Linie ein großer Segen – können aber in bestimmten Situationen zum Fluch werden: Wie hätte Eva den Adam überreden können, in den verbotenen Apfel zu beißen? Sie konnte reden und er konnte hören. Eine Konstellation, die sich noch heute in den zahlreichen Nachkommen der beiden erhalten hat: Das weibliche Geschlecht besitzt in der Regel das geschicktere und besser geölte Mundwerk, während sich der Großteil der Männer durch gekonnt eingesetztes Schweigen auszeichnet.

Natürlich konnten Adam und Eva auch sehen, riechen, schmecken und fühlen. Was wäre ein Paradies, wenn man seine Schönheit nicht sehen, seine wunderbaren Düfte nicht riechen und die wie im Schlaraffenland vorhandenen vielfältigen Speisen nicht schmecken könnte? Genau diese Möglichkeiten sind es, die die verführerischen Angebote des Lebens erst zu einem echten Paradies werden lassen.

Kein Wunder also, dass alles, was sich um die menschlichen Sinnesorgane dreht, auch im bairischen Dialekt seinen Niederschlag gefunden hat und dass sich im Laufe der Jahrhunderte viele Redensarten dazu herausgebildet haben. Dass dabei das Reden den größten Raum einnimmt, kommt nicht überraschend, ist es doch bereits Teil des Wortes „Redensarten". Inzwischen spricht man sogar vom „Kommunikationszeitalter", weil man mittels Internet und durch die verschiedenen sozialen Netze praktisch ununterbrochen mit seinen Mitmenschen verbunden ist und sich mit ihnen austauschen kann – auch wenn es heute leider oft nur noch schriftlich geschieht.

Reden, schweigen und hören

Eine Sprache gab es zwar im Garten Eden bereits, wir wissen aber nicht, mit welchen Lauten genau sich die ersten Menschen verständigt haben. Man kann allerdings davon ausgehen, dass der damalige Wortschatz noch sehr begrenzt war. Bei den im Paradies herrschenden idealen Bedingungen bestand kaum eine Notwendigkeit zu differenzierten Diskussionen. Mangels weiterer Menschen konnte man weder mit ihnen noch über sie reden. Auch über die Arbeit musste nicht gesprochen werden, sie war noch nicht erfunden.

Ein dementsprechend einfaches Wortmaterial verlangte sicher noch nicht nach komplizierten, mehrsilbigen Ausdrücken. Die ersten Wörter erfüllten ihren Zweck wohl perfekt in Form kurzer, prägnanter Laute, wie etwa „dou" (da), „wou" (wo) oder „Kou" (Kuh). Manche vermuten deshalb, dass sich schon damals der Volksstamm der Oberpfälzer herausgebildet hat.

Beim Reen kemà d' Leit zamm. / Beim Reden kommen die Menschen zusammen.
Bestehende Probleme oder Differenzen kann man am besten beseitigen, wenn man miteinander spricht.

Wer vui redt, werd vui innà. / Wer viel redet, wird viel inne.
Wer sich viel mit anderen Leuten unterhält, erfährt dabei viel.

I såg net à so und i såg net à so, sunst sång d'Leit, i hätt à so oder à so gsagt. / Ich sage nicht so oder so, sonst sagen die Leute, ich hätte so oder so gesagt.
Ich lege mich da nicht fest, sonst heißt es nachher, ich hätte mich für den falschen Weg ausgesprochen. Ich will hier keine Verantwortung übernehmen.

Ja, wås soi i då jetz sång? /Ja was soll ich dazu jetzt sagen?
Da fällt mir nichts mehr ein.

Då <u>derf</u> mà scho <u>går</u> nix mehr <u>sång</u>. / Da darf man schon gar nichts mehr sagen.
Stößt eine kritische Anmerkung auf wenig Gegenliebe, beschwert sich der Kritiker mit dieser Replik. Sie wird in der Form des Daktilus betont.

Mià håd neàmd nix gsagt. / Mir hat niemand nichts gesagt.
Auch hier ist wieder auf die bairische Besonderheit der doppelten Verneinung hinzuweisen: Mir hat niemand etwas gesagt, absolut keiner hat mir auch nur das Geringste mitgeteilt.

Mà muàß d'Leit reen lassn. / Man muss die Leute reden lassen.

Die Leute reden über alles und jedes, sie haben an vielem etwas auszusetzen. Das muss uns aber nicht belasten. Sollen sie doch reden und sich ihr Maul zerreißen. Das kümmert uns doch nicht.

Die Wendung gibt es bei Schmeller in der Fassung: „Mà muàß d'Leit reen lassn, 'Gäns kennà's net." (Man muss die Leute reden lassen, die Gänse können es nicht.)

Liàwà foi i in à Mischtgruàm nei, wià in à bäs' Mai. / Lieber falle ich in eine Mistgrube hinein, als in ein böses Mundwerk.

Sollte man in eine Mistgrube fallen, so ist das höchst unangenehm, man braucht danach sofort ein Vollbad. Mit einer solchen Intensivreinigung lässt sich dieses Problem aber relativ schnell lösen – im Gegensatz zu den üblen Folgen, wenn man in ein böses Mundwerk „fällt". Damit ist üble Nachrede gemeint, die man nur sehr schwer widerlegen und aus der Welt schaffen kann und die einen oft noch viele Jahre lang belastet, weil „à bissl wås immer hängàbleibt" (ein bisschen etwas immer hängen bleibt).

Då håwe wenigstens à-n Ansprach. / Da habe ich wenigstens einen Gesprächspartner.

Was gibt es schlimmeres als Langeweile, vor allem wenn man ständig alleine ist? Um sie zu vermeiden, nimmt man auch die Gesellschaft eines weniger idealen Gesprächspartners in Kauf. Deshalb möchten manche Krankenhauspatienten nicht in einem Einzelzimmer liegen.

Reiß mà-r-àn Hàx aus, dass e lachà konn! / Reiß mir ein Bein aus, damit ich lachen kann!

Anmerkung von ebenso fragwürdigem Witz wie der Scherz, den man damit kommentiert: Über diesen Witz kann jedenfalls niemand mehr lachen.

Jetz bi àmoi stààd, sunst kriàgst no Blådàn auf der Schnådàn. / Jetzt sei endlich mal still, sonst bekommst du noch Blasen auf der „Schnattern" (Lippe).

Redet jemand ununterbrochen und sehr lange, muss man befürchten, dass es ihm ergeht wie einem Wanderer: Die hauptsächlich beanspruchte Stelle des Körpers bekommt Blasen, beim Läufer sind es die Füße, beim Dauerquatscher die Lippen. Eine „Blådàn" (schriftbairisch: Blattern) ist eine Hautblase, eine „Schnådàn" (Schnattern) ist ein gesprächiges Mundwerk, das vom Schnattern der Gänse abgeleitet ist.

Der Miche konn doch sei Mai net hoitn. / Der Michael kann doch seinen Mund nicht halten.
Diese Wendung hat zwei Bedeutungen: Wer seinen Mund nicht halten kann, ist entweder jemand, der ununterbrochen redet, oder einer, der Geheimnisse nicht für sich behalten kann.

Dir muàß mà jeds Wort vom Mai åbbettln. / Dir muss man jedes Wort vom Mund abbetteln.
Dir muss man jedes Wort aus der Nase ziehen. Freiwillig sagst du gar nichts.

Då håw e mà's Mai sauber verbrennt. / Da habe ich mir meinen Mund ziemlich verbrannt.
Da habe ich etwas gesagt, was gar nicht gut angekommen ist. Das hätte ich lieber lassen sollen. Es wird schwierig werden, das wieder auszubügeln.

De Plärrerei geht mà durch und durch. / Dieses Geschrei geht mir durch Mark und Bein.
Eine „Plärrerei" kann von verschiedensten Quellen ausgehen: von Babys, die aus unerfindlichen Gründen schreien, von größeren Kindern, die herumtoben, von Männern, die sich ihren Zorn von der Seele brüllen oder über ihre faulen Mitarbeiter fluchen, von Frauen, die ihren Ehemann unentwegt beschimpfen oder die einem mit ihrer lauten Stimme auf die Nerven gehen, oder von Sängern, Sängerinnen bzw. ganzen Gesangsgruppen, die glauben, dass ihre Kunst umso schöner ist, je lauter sie ihre Stimme herauspressen.

Macht's doch net à so à Mettn. / Macht doch nicht so einen Lärm.
Diese Wendung geht zurück auf die „Pumpermette", eine noch bis ins 19. Jahrhundert übliche österliche Feier, bei der durch Klopfen auf die Kirchenbänke „gepumpert", also Lärm geschlagen wurde. Damit sollte an den Tumult bei der Gefangennahme Jesu erinnert und die Empörung über den Verrat des Judas zum Ausdruck gebracht werden. Auch heute noch wird an Ostern mit der „Ràtschn" Lärm gemacht.

Der Schorsch verzàpft doch lauter Schmarrn. / Der Georg erzählt doch nur Unsinn.

Der „Schmarrn" ist nicht nur eine wohlschmeckende Mehlspeise – vor allem der „Kaiserschmarrn" muss hier erwähnt werden –, sondern auch ein Synonym für Unsinn oder Blödsinn. Wenn jemand dummes Zeug daherredet, sagt man: „Der redt doch lauter Schmarrn." Benutzt man dabei anstelle des Verbs „reden" das Wort „verzàpfen", wird die negative Wirkung dieser Aussage noch verstärkt.

Möchte man den Redefluss so eines Dummschwätzers abblocken, bieten sich folgende Sprüche an:

Verzoi koàn Schmarrn net! / Erzähle doch keinen Unsinn!

Man beachte die bairische Besonderheit der doppelten Verneinung.

Dir foit àà nix Gscheits net ei. / Dir fällt auch nichts Vernünftiges ein.

Du hast auch nur Unsinn im Kopf. Auch hier ist wieder auf die bairische Besonderheit der doppelten Verneinung hinzuweisen.

Bläd dàherreen konn i soiwer. / Blöd daherreden kann ich selber.

Auf unsinnige oder wenig hilfreiche Ratschläge kann man verzichten. Vor allem sollte man sich kritische oder ironische Bemerkungen sparen, wenn eher mentale Unterstützung erwartet wird.

Oh mei, jetz fangt er wieder bei Adam und Eva o. / Oje, jetzt fängt er wieder bei Adam und Eva an.

Wer bei Adam und Eva anfängt, der holt sehr weit aus. Als armer Zuhörer muss man längere Ausführungen über sich ergehen lassen, bevor der entscheidende Punkt endlich erreicht wird.

Bewirb de doch ois Grabredner! / Bewirb dich doch als Grabredner!

Diese Empfehlung gilt jemandem, der über die zweifelhafte Begabung verfügt, stundenlang über äußerst langweilige Themen referieren zu können, und dies auch zum Leidwesen seiner Zuhörer ständig tut. Die Reden am Grab eines Verstorbenen sind selten interessant. In der Regel ist man froh, wenn sie beendet sind und man die Trauerfeier verlassen kann.

Hoit dein Schnåwe! / Halte deinen Schnabel!

Halte deinen Mund , sei still! Anstelle des „Schnåwe" kann auch das „Mai", die „Bàppm" oder die „Fotzn" stehen, die ebenfalls Synonyme für den Mund sind.

Såg no gråd koàn wås! / Sage bitte niemandem etwas!

Die Sache muss streng geheim bleiben. Es hätte gravierende negative Konsequenzen für mich, wenn das jemand erfahren würde.

Oft äußern sich Kinder in diesem Sinne, wenn sie etwas angestellt haben. Dann kommen sie meistens reumütig zur Mutter und bitten: „Såg no gråd àn Bàpp nix!" (Sag bloß dem Vater nichts!) Die Väter waren nämlich früher bei Verfehlungen ihrer Kinder nicht zimperlich und als „Lausbuà" musste man in solchen Fällen schmerzhafte körperliche Züchtigung fürchten.

Sperr deine Ohrwàschl auf, wenn i dir wås såg! / Sperre deine Ohren auf, wenn ich dir etwas sage!

Pass gefälligst auf, wenn ich dir etwas sage, erkläre oder befehle!

Då håwe d'Ohrwàschl gspitzt. / Da habe ich die Ohren gespitzt.

Da habe ich aufmerksam hingehört.

Dem feits an de Ohrwàschl. / Dem fehlt es an den Ohren.

Der hört schlecht. Damit sind vor allem Zeitgenossen gemeint, die insbesondere dann einen schweren Hörfehler entwickeln, wenn ihnen etwas aufgetragen wird.

I bi do net doràt. / Ich bin doch nicht schwerhörig.

„Doràt" ist ein altes bairisches Wort für schwerhörig. Es hieß ursprünglich „dosoret" bzw. „dosohrert", kommt also von „dosn" (hören) in Kombination mit dem „Ohr".

À guàts Wort findt à offns Ohr. / Ein gutes Wort findet ein offenes Ohr.

Es ist oft besser, einen Wunsch oder ein Problem in aller Freundlichkeit zu äußern, statt mit harschen Worten Forderungen aufzustellen. Eine ähnliche Wendung lautet: „À guàts Wort kost àà net mehrà wià-r-à bäs." (Ein gutes Wort kostet auch nicht mehr als ein böses.)

Im Dialog

Die in diesem Abschnitt versammelten Redewendungen zeigen das breite Spektrum an Floskeln und kleinen Ratschlägen, die sich im Laufe der Jahrhunderte im bairischen Dialekt herausgebildet haben. Sie wurden von den

Bayern fast jeder Generation zu allen Zeiten bei immer wieder auftretenden, gleichen Situationen spontan abgerufen und eingesetzt – ein praktisches Repertoire an geschickten Sprachwerkzeugen.

Im Himmel, in den wir nach unserem irdischen Aufenthalt eines Tages hoffentlich aufgenommen werden, werden wir diesen Wortschatz gut gebrauchen können. Schließlich wissen wir von verschiedenen bayerischen Literaten, dass sich dort für den braven Bayern nicht nur das vorparadiesische Erdenleben in himmlischer Perfektion fortsetzen wird – man denke an den gemütlichen Platz am Wirtshaustisch in angenehmer Gesellschaft und samt nie endendem Biervorrat. Dort oben soll auch ein lupenreines Bairisch gesprochen werden – vielleicht nicht nur, aber auch. Nicht zuletzt deshalb ist es so wichtig, den bairischen Dialekt zu pflegen und zu erhalten. Denn eine selige Ewigkeit ohne Gesprächspartner wäre doch sehr fad und auf die stilechte Unterhaltung mit seinen Vorfahren möchte sicherlich kein Bayer verzichten.

Floskeln und Bekräftigungen

Auf dem Dorf gab es früher verschiedene Kommunikationszentren: für die Frauen das „Millibànkl" (Milchbank) oder den Kirchgang, für die Männer das Wirtshaus. Dort wurden ausgiebig die neuesten Informationen ausgetauscht und nicht selten die – nicht anwesenden – Mitbürger durch den Kakao gezogen. Trotz der Fülle der Nachrichten wiederholten sich bestimmte Situationen oft. Dementsprechend kamen in der Unterhaltung auch immer wieder dieselben Redewendungen zum Einsatz, die ein echter Bayer fast schon von Kindesbeinen an aus dem Effeff beherrscht.

So schaugt's aus. / So sieht es aus.

So ist es. Das ist die aktuelle Lage. Da kann man nichts machen. Worte zum Abschluss oder Zwischenabschluss eines Gesprächs.

À so schaugst du aus! / So siehst du aus!

Das sieht dir ähnlich. So eine Äußerung kann nur von dir kommen.

Des såg i dà fei! / Das sage ich dir nachdrücklich!

Eine Warnung, deren konkreter Inhalt sich an die Wendung anschließt.

Dass d'às woàßt! / Damit du es weißt!

Das musste ich dir einfach einmal sagen – eine Bekräftigung des soeben Gesagten. Verwendet man diesen Spruch, ist die Atmosphäre ziemlich angespannt.

Glàbst-à-s! / Glaubst du es!

Das ist doch unglaublich! Ein Ausruf eines Bayern, der sich soeben über etwas recht geärgert hat.

Des is dà wås. / Das ist dir etwas.

Damit bringt man seine Enttäuschung, Verzagtheit oder Resignation zum Ausdruck. Interessant ist dabei der Einschub der Partikel „dà" (dir), die keine eigenständige Bedeutung hat und weder für Aussage noch Verständnis der Floskel gebraucht wird. Dies ist eine häufig vorkommende bairische Besonderheit, eine andere Variante ist das eingeschobene „mà" (mir): „Dássd mà fei koàn Dreeg hermachst då!" (Mach mir hier bloß keinen Schmutz her!) Oft hört man auch die gleichbedeutende Abwandlung obiger Wendung: „Sei duàt's wås." (Sein tut es etwas.)

Jetz kimmst du dro. / Jetzt kommst du dran.

Jetzt kannst du deine Gegenrede anbringen oder meinen ausgiebig erläuterten und mit handfesten Argumenten unterfütterten Standpunkt endgültig akzeptieren.

Des konnst dà dengà. / Das kannst du dir denken.

Das gibt es nur in deiner Vorstellung. Glaube nur nicht, dass das jemals Wirklichkeit werden könnte. Das kommt ja überhaupt nicht in Frage.

Des hoàßt mà d'Leit ausfrång. / Das nennt man die Leute ausfragen.

Erkennt man, dass einem jemand mit seiner Äußerung eine bestimmte Aussage oder Information entlocken möchte, von der er weiß, dass man sie nicht preisgeben will, dann antwortet man ihm mit diesem Spruch – im Sinne von: Ich habe dich durchschaut, auf deine List falle ich nicht herein und du kannst lange darauf warten, dass ich deine Neugier befriedige. Eine andere Formulierung für diese Wendung lautet: „So fragt mà d'Leit aus." (So fragt man die Leute aus.)

De zreißt's glei vor lauter Neigier. / Die platzt gleich vor lauter Neugier.

In jedem Dorf gibt es Frauen, die in dem Ruf stehen, besonders neugierig zu sein. Sie lassen nicht locker, bis sie einen für sie interessanten Sachverhalt aufgeklärt haben. Gelingt ihnen das nicht, weil sich die Informanten bedeckt halten, hat man das Gefühl, dass sie vor Ungeduld gleich platzen.

Ja, wo sàmmà denn? / Ja, wo sind wir denn?

Das geht aber jetzt wirklich zu weit. Mit diesen Worten bringt der Bayer seinen Unmut zum Ausdruck, z. B. über die absolut unbairischen Abschiedsformeln „Tschüss, Bene“, „Tschau, Màràl“, „Bye bye, Loisl“ oder „So long, Anne“.

Ja, du gfreist me! / Ja, du freust mich!

Ja, du gfoist mà! / Ja, du gefällst mir!

Beide Sprüche sind ironisch gemeint, sie bedeuten das genaue Gegenteil: Was du mir da soeben gesagt hat, bereitet mir überhaupt keine Freude. Mit einer derart unerfreulichen Nachricht habe ich überhaupt nicht gerechnet.

Jetz werd's Dåg. / Jetzt wird es Tag.

Jetzt kommt Licht in die Angelegenheit. Aber nicht nur das: Das Licht gibt überraschend eine völlig neue, unerwartete Sicht der Dinge frei. Diese Überraschung kann man auch mit den Worten kommentieren: „Jetz werd's hint häher wià vorn.“ (Jetzt wird es hinten höher als vorne.)

Haut scho! / Haut schon hin!

Super! Es hat geklappt! Ein Ausdruck der Freude über einen eingetretenen oder voraussichtlichen Erfolg.

Des is scho schee. / Das finde ich recht schön.

Damit antwortet der Bayer auf die Frage „Wià gfoit dà'n des?“ (Wie gefällt dir denn das?), wenn er die Sache zwar nicht außerordentlich schön, aber doch ganz gut gelungen findet. Möchte er echte Begeisterung über etwas Wunderschönes bekunden, beantwortet er vorige Frage mit: „Schee, so schee scho!“ (Schön, so schön schon!)

Schee wàr's scho. / Schön wäre es schon.

Schlecht wàr's net. / Es wäre nicht schlecht.

Beide Wendungen bedeuten – von einer gegensätzlichen Betrachtungsposition aus gesehen – das Gleiche: Es wäre gut, es wäre schön, wenn ….

Ja, mi håst ghaut. / Ja, mich hast du geschlagen.

Ja, mir wàr's gmuà. / Ja, mir wäre es genug.

Die Wendungen sind nicht wörtlich zu nehmen. Es handelt sich um Stoßseufzer, die in etwa bedeuten: Mir reicht's. Auch im Sinne von „Das ist ja Wahnsinn!" oder „Das ist ja unglaublich!" oder „Da bin ich sprachlos!" Ähnlich verhält es sich mit dem Spruch: „Ja spinnt der Bäppe?" (Ja spinnt der Beppi?) Oder: „ Ja, då verreck!" (Ja, da verrecke!)

Des is do koà Zuàstand net! / Das ist doch kein Zustand!

Die momentanen Verhältnisse sind auf die Dauer nicht zumutbar, nicht vertretbar oder nicht akzeptabel, sie müssen möglichst bald geändert und in Ordnung gebracht werden. Ein solcher Zustand lag früher zum Beispiel dann vor, wenn ein Mann und eine Frau ohne den Segen des Pfarrers wie ein Ehepaar unter einem Dach zusammenlebten. Ein solches sündiges Verhältnis wurde oft nicht aus Überzeugung, sondern wegen des enormen Drucks der Verwandtschaft bzw. der Gesellschaft durch Eheschließung legitimiert.

Då hert se (fei) dà Gmiàshandl auf. / Da hört sich (aber) der Gemüsehandel auf.

Da hört der Spass aber auf. Dieses Verhalten ist unerhört und absolut inakzeptabel.

I kimm mà vor wià dà Buàchbinder Wanninger. / Ich komme mir vor wie der Buchbinder Wanninger.

In einem Sketch von Karl Valentin wird der Buchbinder Wanninger, der bei einer Firma anruft, mehrfach von einer Stelle zur anderen verbunden, bis er am Schluss entnervt aufgeben muss. Passiert einem ähnliches oder wird man von einer Stelle zu anderen geschickt, dann kommt man sich vor wie dieser legendäre Buchbinder Wanninger. Dieselbe Bedeutung hat die Aussage, dass man „von Pontius zu Pilatus" geschickt wird. Der Beschwerde kann noch die empörte Frage angehangen werden:

Liàssàdst du dir des vielleicht gfoin? / Ließest du dir das vielleicht gefallen?

Das war doch eine grobe Unverschämtheit, da muss man sich doch dagegen wehren. Das lässt sich doch kein Mensch gefallen.

Då mächàt e di hern. / Da würde ich dich hören wollen.

Da wäre es interessant, wie du reagieren würdest, wenn du betroffen wärst. Mit einem gewissen Abstand kann man leicht klug daherreden. Ist man selbst betroffen, sieht die Sache meistens ganz anders aus, z. B.: „Då mächàt e di hern, wenns dir dein Hausbau net genehmigt hättn." (Da würde ich dich hören wollen, wenn man dir deinen Hausbau abgelehnt hätte; da hättest du dich sicher auch zur Wehr gesetzt.)

Des muàsst do soiwà sång. / Das musst du doch selber sagen.

Das musst du doch zugeben, dass das stimmt. Darüber müssen wir doch nicht diskutieren oder?

Wost recht håst, håst recht. / Wo du recht hast, hast du recht.
Då mågst recht håm. / Da hast du wohl recht.

Da hast du recht, da gebe ich dir uneingeschränkt recht.

Des kimmt me aber hart o. / Das fällt mir aber sehr schwer.

Das macht mir aber Kummer. Dabei kann es sich um einen finanziellen oder ideellen Verlust, aber auch um den Verlust eines lieben Menschen handeln.

I woàß' no guàt. / Ich weiß es noch gut.

Ich kann mich noch gut daran erinnern. Hier schließt sich in der Regel ein „wià" (als) und die Beschreibung eines früheren Ereignisses an. Die Wendung kann auch abgewandelt werden in „I woàß no so guàt." (Ich kann mich noch ganz genau daran erinnern.) Oder in eine Frage gekleidet sein: „Woàßt-às àà no so guàt?" (Kannst du dich auch noch so gut daran erinnern?)

Wo aus? / Wohin gehst du?

Wo willst du denn hin? Ein Beispiel dafür, dass sich der Bayer mit möglichst wenigen Wörtern begnügt.

Bin e dir wås schuide? (I moàn, i bin dir wås schuide.) / Bin ich dir etwas schuldig? (Ich habe den Eindruck, ich bin dir etwas schuldig.)

Begegnet man jemandem rein zufällig mehrfach nacheinander, so stellt man diese nicht ernst gemeinte Frage. Es könnte ja theoretisch sein, dass das wiederholte Zusammentreffen nicht dem Zufall zuzuschreiben ist, sondern dass der andere es bewusst herbeiführt, um schon allein durch sein Erscheinen an die ihm geschuldete Summe oder Leistung zu erinnern.

Machts-às guàt – oder besser besser! / Macht es gut – oder besser besser!
Macht es besser. Ein Abschiedsgruß mit den besten Wünschen.

Machts-às guàt, aber net z'oft. / Macht es gut, aber nicht zu oft.
Der zweite Teil des Spruchs wird mit einem Augenzwinkern verbunden, womit der Bayer der erotischen Komponente genüge tut.

Wahrheit, Lüge und Neugier

Beim „Ràtschn", das den Frauen zugeschrieben wird, aber auch beim Wirtshausdiskurs der Männer nehmen es die Bayern oft mit der Wahrheit nicht so genau. Es wird zwar selten bewusst gelogen, aber ein Sachverhalt gern nach Kräften aufgebauscht, um die Botschaft interessanter zu machen. Oder man reimt sich aus wenigen bekannten Fakten eine Geschichte zusammen, eine möglichst interessante, womöglich sogar recht skandalöse Story, die aber nur wenig mit den tatsächlichen Gegebenheiten zu tun hat. Völlig ausgeschlossen sind natürlich auch handfeste Lügen nicht. Vor allem die Verbreitung von bösartigen Verleumdungen über einem verhasste Personen war früher nicht selten und soll auch heute noch vorkommen.

Der Bayer scheint aber eine gute Nase zu haben, wenn es um das Erkennen von Spruchbeuteln und Lügnern geht. Deshalb besteht neben den zahlreichen Redewendungen, die einen dreisten Lügner anprangern, vor allem auch Bedarf an Floskeln, mit denen man den Wahrheitsgehalt seiner eigenen Aussagen unterstreicht.

Wenns gwieß is! / Wenn es gewiss ist!
Wenn es überhaupt stimmt! Wer weiß, ob das, was du erzählst oder andere sagen, überhaupt der Wahrheit entspricht.

Auf Ehr und Seligkeit! / Auf Ehre und Seligkeit!
Es ist nicht gelogen, es stimmt, ich verspreche es hoch und heilig.

I håb då wås leitn hern. / Ich habe da etwas läuten gehört.

Mir ist da ein Gerücht zu Ohren gekommen. Daran schließt sich meistens die Frage nach dem Wahrheitsgehalt dieses Gerüchts an.

Des derfst mà glààm. / Das darfst du mir glauben.

Des is gwieß wåhr. / Das ist wirklich wahr.

Mit solchen Wendungen bekräftigt man den Wahrheitsgehalt seiner Äußerungen.

Des kààf e dir net åå. / Das kaufe ich dir nicht ab.

Das glaube ich dir nicht, das nehme ich dir nicht ab. Oder etwas kreativer formuliert: „Wenn des stimmt, na frieß e àn Bäsn." (Wenn das zutrifft, dann fresse ich einen Besen.) Die Wendung kann zur Verstärkung noch um die Worte „mitsamt àn Stui" (mitsamt dem Stiel) oder „mitsamt àm Buutzwei" (mitsamt der Putzfrau) ergänzt werden.

Der håt de gscheit ogsungà. / Der hat dich heftig angesungen.

Der hat dich angelogen. Das Wort „ogsungà" (angesungen) weist dabei auf die besonders perfide Art dieser Lüge hin. Sie wird wie ein schönes Lied vorgetragen, sodass man nicht im Traum daran denkt, dass kein Wort wahr, sondern alles erlogen ist.

Des is à Luàngbeil. / Das ist ein Lügenbeutel.

Das ist ein Lügner. Mit dem „Beitl" (Beutel) bezeichnet man im Bairischen den Mann an sich als den Besitzer eines „Beutels". Andere Formen sind der „Spruchbeil" (Spruchbeutel; Sprücheklopfer) und der „Stierbeil" (Stierbeutel, Stierhoden; Schimpfwort für einen frechen Kerl, auch anerkennend für einen mutigen Burschen).

Der wui de do bloß für'n Narrn hoitn. / Der will dich doch nur zum Narren halten.

Hier kann ein Liebhaber gemeint sein, der keine ernsten Absichten hat, oder jemand, der unwahre Gerüchte in die Welt setzt und hofft, dass sie ihm abgenommen werden.

Von der Nàchàt is guàt schiàssn, von dà Weitn guàt liàng. / Aus der Nähe ist gut schießen, aus der Ferne gut lügen.

Sind Personen oder Sachverhalte zeitlich oder örtlich weit entfernt, so können unwahre Behauptungen über sie nicht nachgeprüft werden. Es ist in diesem Fall ein Leichtes, Lügen darüber zu verbreiten, weil hier niemand die Wahrheit kennt.

Wenns àà net wåhr is, na is' trotzdem schee glong. / Auch wenn es nicht wahr ist, so ist es doch schön gelogen.
Die Geschichte ist so schön erfunden, dass man sie fast glauben möchte.

Ratschläge

Die Kommunikation der Bayern beschränkt sich selbstverständlich nicht auf den Austausch von Neuigkeiten und Gerüchten – zumindest in den Augen der älteren Bevölkerung ist ein guter Ratschlag nie fehl am Platz. In neuen, ungewohnten Situationen ist man meist auch für die Weisheiten seiner kundigeren Mitmenschen dankbar. Bayern mit entsprechender Lebenserfahrung haben in der Regel für alle Lebenslagen einen passenden Tipp in Form eines Spruchs parat, den sie gerne an die Jüngeren weitergeben. Hier nur ein kleiner Auszug:

À Suppm, de wo mà net isst, soi mà net blåsn. / Eine Suppe, die man nicht isst, soll man nicht blasen.
In fremde Angelegenheiten mischt man sich nicht ein.

Mà soi net mehrà schlachtn, ois wià mà eisoizn ko. / Man soll nicht mehr schlachten, als man einsalzen kann.
Würde man mehr Fleisch produzieren, als man verbrauchen oder haltbar machen kann, würde der Überschuss verderben. Dies wäre ein ausgesprochen unwirtschaftliches Ergebnis. Dieser Spruch eignet sich ganz allgemein, wenn es um die Frage geht, welche Menge einer Sache für ein bestimmtes Vorhaben angemessen wäre, von der Menge des Fleischs für ein Grillfest bis zu den Aufträgen, die ein Handwerker für die kommende Woche annimmt.

Mà soi koà triàbs Wasser net ausschien, bevor mà net à sauwàs håt. / Man soll trübes Wasser nicht ausschütten, bevor man nicht sauberes Wasser hat.

Auch trübes, also schmutziges Wasser kann man vielleicht noch nutzen. Zumindest gilt: Besser trübes Wasser als gar kein Wasser. Gemeint ist damit allgemein, dass man nicht vorschnell oder unüberlegt handeln, sondern immer versuchen soll, im Vorhinein alle möglichen Entwicklungen zu bedenken. Der Nachdruck, mit dem die vorliegende Lebensweisheit verkündet wird, zeigt sich auch in der für das Bairische typischen doppelten Verneinung.

À Glump kàffst zwoàmoi. / Schlechte Ware kaufst du zweimal.

Wer zu sehr auf einen günstigen Preis schaut, muss oft feststellen, dass der Grund dafür in schlechterer Qualität liegt. Die Folge davon ist kürzere Haltbarkeit oder andauernde Unzufriedenheit mit dem minderwertigen Produkt. In beiden Fällen ist man über kurz oder lang gezwungen, erneut Geld auszugeben – in der Regel für ein teureres, aber haltbareres Erzeugnis, das seinen Dienst viele Jahre lang ohne Wenn und Aber verrichtet.

D'Stiàng putzt mà vo om nåch unt. / Die Treppe putzt man von oben nach unten.

Es ist wichtig, geltende Regeln einzuhalten, zumal sie meist einen tieferen Sinn haben. Würde man z. B. eine Treppe von unten nach oben putzen, so würden die unteren Stufen beim Reinigen der oberen erneut beschmutzt. Diese Grundregel gilt nicht nur bei der Treppensäuberung sondern generell: Die Erfahrung gibt normalerweise eine einzig sinnvolle und erfolgversprechende Reihenfolge der Abläufe vor.

Schaung

In den bairischen Redewendungen ist vor allem das Substantiv „Gschau" (Geschau) von Bedeutung. Es bezeichnet die Miene, den Gesichtsausdruck und damit auch die Stimmung eines Menschen. Das Mienenspiel in all seinen Facetten dürfte es bereits im Paradies gegeben haben, war doch Adam der Verführung der Eva gegenüber zunächst eher skeptisch. Erst nach einigem guten Zureden legte er seinen ablehnenden, mürrischen Gesichtsausdruck ab und entschied sich für eine positive Miene zu Evas Vorschlag. Dass ihm allerdings das Lachen sehr schnell vergangen ist und er bald erkennen musste, in welches Schlamassel er geraten war, ist bekannt. Seither sind Zeitgenossen mit verdrießlichem „Gschau" und Leichenbittermiene aus dem Alltag der Menschheit – auch der Bayern – nicht mehr wegzudenken. Will allerdings ein Mann seine Frau oder Freundin bezirzen, ist es ein wahrer Augenöffner, wie schnell sich seine Miene aufhellen und er der Begehrten ein verliebtes „Spatzl, schau wià-r-e schau!“ (Spatzl, schau wie ich schaue!) zurufen wird.

Der schaugt, ois hätt'n de oid Pfarrerkechin åbbusslt. / Der schaut, als ob ihn die alte Pfarrerköchin geküsst hätte.

Der schaut ganz entgeistert, total überrascht. Von einer alten Pfarrerköchin wird man nicht alle Tage abgeknutscht. Abgesehen davon, dass Küssen im Pfarrhaus allein schon deshalb nicht vorkommt, weil es sündhaft ist, haben Pfarrerköchinnen auch noch den Ruf, kratzbürstige Frauenzimmer zu sein. Es würde deshalb an ein Wunder grenzen, wenn so eine Dame ihren Gefühlen freien Lauf lassen würde. Passiert es trotzdem, so schaut der Geküsste natürlich ganz verdutzt und weiß im ersten Moment gar nicht, wie ihm geschieht.

Der schaugt drei wià-r-à Denglhammer. / Der schaut drein wie ein Dengelhammer.

Mit dem Dengelhammer wurden früher die Sensen gedengelt. Dabei wurde das Sensenblatt auf den Dengelamboss gelegt und entlang der Schneidkante mit stakkatoartigen Hammerschlägen verdünnt und dadurch geschärft. Dies ist eine weder körperlich noch geistig sonderlich anspruchsvolle Tätigkeit mit der Folge, dass der Dengler durch einen besonders starren oder auch leeren Blick auffällt. Hätte der Dengelhammer Augen, hätte er sicherlich auch einen solch starren Blick.

Då håut's eàhm aber d'Schusser naus. / Da haut es ihm aber die Schusser hinaus.

Då håt's eàhm d'Schusser naustriem. / Da hat es ihm die Schusser hinausgetrieben.

Die „Schusser“ stehen hier für die Augen, weil es sich in beiden Fällen um kugelförmige Gebilde handelt. Die Wendung beschreibt die Reaktion auf eine Überraschung: erstaunte, groß aufgerissene Augen samt allgemeiner Sprachlosigkeit.

Mit de Hendd schaugt mà net. / Mit den Händen schaut man nicht.

Will man etwas anschauen, so macht man das mit den Augen, Finger haben dabei nichts zu suchen. Vor allem bei Lebensmitteln ist das verpönt. Ein netter, etwas verschrobener Spruch dazu lautet: Das Berühren der Figüren mit den Pfoten ist verboten. Insbesondere Frauen wehrten sich mit diesem Reim in freundlicher Art gegen allzu aufdringliche Verehrer.

Då schaugst mit deine Aung, weilst mit de Ohrschàschl nix siegst. / Da schaust du mit deinen Augen, weil du mit den Ohren nicht sehen kannst.
Unbestechliche bairische Logik.

Bei deim Gschau geht d'Mille zamm. / Bei deiner Miene wird die Milch sauer.

Mach net à so à Bàppm hi! / Mach nicht so ein trauriges Gesicht!
Wer seine Mundwinkel herunterhängen lässt und recht verdrießlich dreinschaut, muss damit rechnen, dass er mit einer dieser beiden Wendungen auf sein so gar nicht ansehnliches Mienenspiel hingewiesen wird. Die „Bàppm" nennt man bei Kindern „Bàbbàl". Die „Bàppm" steht auch für den Mund. Will man jemanden zum Schweigen auffordern, bekommt er zu hören: „Hoit dei Bàppm!" (Halte deinen Mund.)

Is dei Vattà à Glåser? / Ist dein Vater von Beruf Glaser?
Wenn ja, dann könnte er nämlich dafür sorgen, dass ich durch dich hindurchschauen kann! Ein Spruch bzw. eine Frage, den/die jemand zu hören bekommt, der einem dreist die Sicht versperrt.

Zum Abschluss noch einige Bedeutungsvarianten des bairischen Verbs „schaung" (sehen):

Ja wià schaugts'n <u>då</u> aus? / Ja, wie siehts denn <u>hier</u> aus?
Offenbar sehr schlimm: Ausruf beim Anblick einer totalen Unordnung, eines Chaos.

Des schaugt net guàt aus. / Das sieht nicht gut aus.
In die Zukunft gerichtetes Sehen: Nach allem, was wir wissen, sind die Aussichten in diesem Fall nicht rosig.

Jetz schaug den o: Auf oàmoi wàr <u>i</u> schuid. / Jetzt schau den an: Plötzlich wäre <u>ich</u> schuld.
Empörter Ausruf: Ja, den schau an! Wie kommst du denn da drauf, dass ich schuld bin an dem Schlamassel?

ES IS NIX SO WICHTIG,
OIS DASS’ NET MOING SCHO
WIEDER WURSCHT WÀR.

Gegà 'Zeit und gegà 's Wedà konnst nix machà

Gegen die Zeit und gegen das Wetter kannst du nichts machen

Ach, war das doch schön im Garten Eden: Alles war auf die Ewigkeit ausgerichtet, alles stand in Hülle und Fülle zur Verfügung – auch die Zeit. Oder gab es die Zeit noch gar nicht? Jedenfalls hatte man noch nie etwas von Termindruck, Freizeitstress oder der Angst, etwas zu verpassen, gehört. Obwohl man noch darüber streiten kann, ob Adam und Eva angesichts des Fehlens von so schönen Dingen wie Erotik oder bayerischem Bier wirklich in paradiesischen Verhältnissen lebten, so ist doch die Existenz der Zeit für uns im Vergleich zum Paradies eine Belastung, auf die wir gerne verzichten würden. Selbst das sonst vor-paradiesische Bayern ist davon nicht ausgenommen. Das liegt in der Natur der Sache: Entweder die Zeit existiert, oder sie existiert nicht, Zwischenlösungen gibt es nicht. Der Bayer versucht allerdings, das Beste aus dieser Situation zu machen. Die ihm ureigene Gemütlichkeit ist ihm dabei eine große Hilfe: Wer den Sekunden, Minuten und Stunden nicht ständig atemlos hinterher rennt, hat mehr von der ihm gegebenen Zeit. Man kann für die armen „Preißn" mit ihrem gehetzten Lebenswandel nur hoffen, dass sie noch rechtzeitig auf den Trichter kommen, um wenigstens einen Teil ihrer Tage nicht nur mit dem furchtsamen Blick auf die Uhr zu verplempern. Die Zeit verstreicht unerbittlich – aber das heißt noch lange nicht, dass man sie nicht genießen könnte.

Genauso verhält es sich mit dem Wetter. Es lässt sich von den Menschen nicht, jedenfalls nicht spürbar beeinflussen. Nicht einmal an den Wetterbericht, zu dem es eigentlich einen guten Draht haben müsste, hält es sich. Langfristig ohnehin nicht, aber auch kurzfristig schlägt es oft unerwartete Kapriolen. Wenn das Wetter nur anders wird als prognostiziert, dann mag das ja noch angehen, aber Orkane, Sturmfluten, sintflutartige Wolkenbrüche oder verheerender Hagelschlag sind alles andere als paradiesisch. Versuche, das Wetter durch Beschuss von Hagelwolken oder durch Beten und Bittgänge zu beeinflussen, sind jedenfalls insoweit gescheitert, als der Erfolg solcher Maßnahmen nicht nachgewiesen werden konnte. Es bleibt daher nur festzustellen: Das Wetter macht was es will. Manchmal bringt es uns paradiesische Sonnentage, die aber gerade in jüngster Zeit immer wieder von eher höllischen Unwettern abgelöst werden.

Trotz der Nähe der Bayern zum Herrgott, ist ihnen in den Punkten Wetter und Zeit ein Blick ins Paradies bisher verwehrt geblieben. Umso mehr Anlass, den beiden so lebensbestimmenden Phänomenen in zahlreichen Redewendungen auf den Grund zu gehen.

Zeit

De Zeit bringts, de Zeit nimmts. / Die Zeit bringt es, die Zeit nimmt es.

Es geht alles vorüber, es geht alles vorbei. Die Wendung ist vor allem bei Krankheiten ein Trost. Über sie sagt man auch: „Des is vo soiwà kema, na werds àà wieder vo soiwà vergeh." (Das ist von alleine gekommen, dann wird es auch wieder von alleine vergehen.)

I woàß går koà Zeit nimmer. / Ich weiß gar keine Zeit mehr.

Ich kann mich gar nicht mehr erinnern, wann eine bestimmte Situation zuletzt eingetreten ist bzw. ein bestimmter Sachverhalt gegeben war. Nach meinem Empfinden ist das schon eine Ewigkeit her.

Die Steigerung des Spruchs ist folgende Redewendung:

Des is scho går nimmer wåhr, so lang is des scho her. / Das ist schon gar nicht mehr wahr, so lange ist das schon her.

Das weiß heute keiner mehr, so lange ist das schon her. Ob das wahr ist oder nicht bzw. wie das wirklich ablief, wird man nicht mehr feststellen können, weil es dafür keine Zeugen mehr gibt.

Ewig und drei Dåg. / Ewig und drei Tage.

Ein Ausdruck für eine lange Zeitspanne, vor allem wenn etwas viel, viel länger dauert als erwartet.

De ander Wochà / Die andere Woche

Eine bereits vergangene Woche: Das kann die letzte oder auch die vorletzte Woche sein, z. B.: „À derà Wochà is's eàm scho wieder ganz guàt gangà, aber de ander Wochà war er no recht haude beinand." (Diese Woche ging es ihm schon wieder ganz gut, aber die Woche vorher war er noch schlecht beisammen.)

I bin net lang aus. / Ich bin nicht lange unterwegs.

Ich bin bald wieder da.

Kimme heit net, kimme moing. / Komme ich heute nicht, so komme ich morgen.

Nur Geduld, irgendwann werde ich schon kommen. Nichts ist so eilig, als dass man es nicht auf den nächsten Tag verschieben könnte.

Das Gegenstück dazu ist das altbekannte: „Liàwa heit wià moing." (Lieber heute als morgen; je früher, desto besser, idealerweise sofort.)

Es is nix so wichtig, ois dass' net moing scho wieder wurscht wàr. / Nichts ist so wichtig, als dass es nicht morgen schon wieder egal wäre.

Oft wird eine Sache sehr brisant präsentiert und so getan, als ob alles zusammenbrechen würde, wenn sie nicht umgehend erledigt wird. Die Erfahrung lehrt aber, dass es sich meistens um eine künstlich erzeugte Hektik handelt und es vollkommen ausreicht, sich einfach bei der nächsten Gelegenheit der Aufgabe zu widmen. Vor allem vor der Jahreswende hat man in den meisten Betrieben den Eindruck, dass alle Rückstände unbedingt noch im alten Jahr aufgearbeitet werden müssen. Offenbar hegt vor allem die Chefetage die eigenartige Befürchtung, dass nach Silvester die Zeit nicht mehr weiterläuft. Kommt man dann im neuen Jahr aus dem Urlaub zurück, stellt man fest, dass alles weiterhin seinen gewohnten Gang geht und die Rückstände aus dem alten Jahr problemlos auch im neuen Jahr noch bearbeitet werden können.

À schlechts Jåhr dauert à net länger wià-r-à guàts. / Ein schlechtes Jahr dauert auch nicht länger als ein gutes.

Damit tröstet man sich und seine Familie über schlechte Zeiten hinweg: Es wird wieder besser werden.

Der woàß doch net, wià-r-à àn Dåg rumbringà muàß. / Der weiß doch nicht, wie er den Tag hinter sich bringen kann.

Rentner, Pensionisten, Austragsbauern, aber auch reiche Leute, die andere für sich arbeiten lassen können, stehen bei ihren Mitmenschen im Verdacht, alle Zeit der Welt zu haben. Mit latentem Neid blickt man auf die vielen Stunden, die ihnen zur freien Verfügung stehen, womöglich leiden sie sogar unter ihrer Nichtbeschäftigung an der damit verbundenen Langeweile. Mitfühlende Zeitgenossen erinnern sich an solche Personen, wenn es darum geht, jemanden für ein „Schànzlerl", also eine kleine, nicht oder schlecht bezahlte Nebenbeschäftigung zu finden – sei es als Vereinsfunktionär, in einer sozialen Aufgabe oder zur Mithilfe im Haushalt. Die Betroffenen selbst sehen das meistens gar nicht so und hassen es, wenn man sie fragt: „Was tust du denn eigentlich den ganzen Tag?"

Dà Rudi schtuid àn Herrgod àn liàbn Dåg. / Der Rudolf stiehlt dem Herrgott den lieben Tag.

Der Rudolf ist ein nichtsnutziger Tagedieb, ein Faulenzer, der zu nichts zu gebrauchen ist. Der Herrgott hat ihm, wie allen Menschen, den Tag geschenkt, damit er ihn nützt und etwas daraus macht. Er aber lebt untätig in den Tag hinein, ohne die Möglichkeiten, die volle 24 Stunden bieten, auszuschöpfen.

Der Alois kimmt oiwei wià dà Zoàger. / Der Alois kommt immer wie der Zeiger.

Der Alois ist zuverlässig, der kommt immer pünktlich – wie der Zeiger der Uhr. Das kann eine positive Eigenschaft sein, aber durchaus auch eine negative. Wird nämlich jemand, der einem lästig ist, zu einem regelmäßigen Besucher, dann wünscht man sich, er wäre nicht so zuverlässig.

D'Zeit vergeht, s'Liàcht verbrennt und de Oid is no net gstorm. / Die Zeit vergeht, das Licht verbrennt, und die Alte ist noch nicht gestorben.

Einer der vielen recht derben bairischen Sprüche, die sich vordergründig gegen eine böse Ehefrau richten, deren Ableben heiß erwartet wird. Zum Einsatz kommt er allerdings meistens ohne Bezug zu einer konkreten Person, sondern soll ganz allgemein augenzwinkernd diese Problematik thematisieren: So viel Zeit ist nun vergangen und das gewünschte Ereignis ist immer noch nicht eingetreten.

Wetter

Wer jede Woikn scheicht, der soi koà Baur net wern. / Wer jede Wolke fürchtet, der sollte kein Landwirt werden.

Der Landwirt lebt mit dem Wetter und nimmt es, wie es kommt. Wehklagen über schlechtes Wetter sind müßig, schließlich geht jede auch noch so unangenehme Wetterlage einmal zu Ende. Wer damit nicht zurechtkommt, sollte einen anderen Beruf ergreifen.

Heit is der Himme glàmpèt. / Heute ist der Himmel gelampelt.

Heute sieht der Himmel aus wie das Fell eines Lamms: ganz viele kleine weiße Wölkchen.

Wo's hoit higengà. / Wo sie halt hingehen.

Die Rede ist von Gewittern, die der Wetterbericht zwar angekündigt hat, bei denen man aber nie exakt sagen kann, wo sie niedergehen.

Gestern håt's à so gschitt, dass d'Rossboin ghupft sàn. / Gestern hat es so stark geregnet, dass sogar die Pferdeäpfel hochgesprungen sind.

Vermutlich lässt aber sogar der extremste Starkregen nicht komplette Pferdeäpfel in die Luft hüpfen. Realistischer ist das Bild schwerer Regentropfen, die mit Wucht von den Pferdeäpfeln abprallen und zusammen mit etwas „Material" des Dungs erneut in die Höhe spritzen – oder kurz: Man spricht von sehr heftigen Regenfällen.

Heit rengt's gråd rå. / Heute regnet es gerade herunter.

Heute regnet es senkrecht, schnurgerade. Das ist immer dann der Fall, wenn sich die Luft nicht bewegt. Die Regentropfen erreichen dann die Fensterscheiben nicht.

Im Gegensatz dazu peitscht bzw. prasselt der Regen umso lauter an die Fenster, je stärker der Wind bläst. So ein Sturmregen kündigt sich meist schon am Horizont an:

Då hint' schiàm's scho wieder nàch. / Da hinten schieben sie schon wieder nach.

Gemeint sind dunkle Regenwolken, die nach einem gerade abgeklungenen Regenschauer schon den nächsten mit sich bringen.

Wenns gschliffàne Hàcke rengt, na kimme fei net. / Wenn es geschliffene Beile regnet, komme ich aber nicht.

Ich habe fest vor, dich zu besuchen. Nur extrem widriges Wetter kann dem Plan einen Strich durch die Rechnung machen. Ein „Hàcke" ist ein kleines Beil, frisch geschliffen hat es eine sehr scharfe Schneide. Was passieren würde, wenn geschliffene Beile vom Himmel fallen, mag man sich gar nicht vorstellen.

Koà Reng geht weidà wià bis auf d' Haut. / Kein Regen geht weiter als bis auf die Haut.

Egal wie stark es auch regnet, der Regen wird allenfalls die Haut nass machen. Das mag unangenehm sein, ist aber absolut ungefährlich.

Jetz rengts-à-se langsam ei. / Jetzt regnet es sich langsam ein.

Bei dem so beschriebenen Regen ist kein Ende in Sicht. Fallen erste Regentropfen, keimt meist die zarte Hoffnung auf, dass es bald wieder aufhören wird. Diese Hoffnung hegen vor allem Wanderer, Fahrradfahrer und andere Outdoor-Aktivisten. Landwirte sehen dagegen den Regen in der Regel positiv – sofern er nicht zu viel wird: Keiner mag endlosen Dauerregen.

Wenn der Pflàtsch gfriert, na werds hài. / Wenn der Schneematsch gefriert, wird es glatt.

Die Wendung ist vor allem wegen der heute selten gewordenen Wörter „Pflàtsch“ für Matsch und „hài“ für glatt interessant. „Hài“ kommt von dem alten Begriff „hàl“, das auch in nordischen Sprachen zu finden ist.

Pflanzt du im Aprui, kimm e wenn e wui – Pflanzt du im Mai, kimm e glei. / Planzt du im April, komme ich, wann ich will – Pflanzt du im Mai, komme ich gleich.

Diesen Vers hat man den Samen und Pflänzchen in den Mund gelegt, die nur bei warmer Witterung gedeihen. Es kann sein, dass sie bei den noch niedrigen Temperaturen im April schon wachsen, bei der Wärme im Mai kann man sich dessen aber ganz sicher sein. Oder anders ausgedrückt: Aussäen und Pflanzen von Gemüse und Sommerblumen haben keine Eile, der scheinbare Vorsprung einer frühen Pflanzung im April wird im Mai schnell aufgeholt.

Wer gegàn Wind schbeibt, trifft se soiwà. / Wer gegen den Wind spuckt, trifft sich selbst.

Erkenntnis von bestechender Logik. Die derbere Variante hierzu lautet: „Wer gegàn Wind brunzt, macht se soiwà nàß.“ (Wer gegen den Wind pinkelt, der macht sich selbst nass.)

'S Wedà und b'Verwandtschaft kommà se net raussuàchà. / Das Wetter und die Verwandtschaft kann man sich nicht aussuchen.

Beides ist vorgegeben und kann von den Menschen weder geändert noch beeinflusst werden. Hier hilft zur Schonung der Nerven nur die gelassene Akzeptanz von allem, was da kommen möge. Bei dem „b“ vor „Verwandtschaft“ handelt es sich um eine Assimilierung von „d“ (für „die“) zur Erleichterung der Aussprache.

'S STERM HAM SCHO SO VUI ÜBERSTANDN, NA WERD'S UNS ÀÀ NET UMBRINGÀ.
WÅS NUTZT MIR À SCHEENE LEICH, WENN I DEN DOUDN SPUIN MUÀß?

Dà Dout màht ziemle diàf

Der Tod mäht ziemlich tief

Unsere christliche Religion verspricht uns ewiges Leben im Paradies. Früher war an diese hoffnungsfrohe Aussicht die eherne Bedingung geknüpft, während unserer irdischen Tage ein gottgefälliges Leben zu führen und uns keiner schweren Sünden schuldig zu machen – heute wird das im Sinne der grenzenlosen göttlichen Vergebung etwas weniger streng gesehen. Damals wie heute war und ist aber der Tritt durchs Tor des himmlischen Paradieses für den Bayern fast eine Selbstverständlichkeit, hat er sich doch bereits in seinem diesseitigen Leben in der Vorstufe zum Paradies befunden. Und schließlich sollte es nach dem leider unvermeidlichen Ableben noch schöner werden. Natürlich – dem Glauben von anno dazumal entsprechend – nach einem vorübergehenden Aufenthalt im Fegefeuer, was die meisten Bayern in ihrer wirtschaftlich geprägten Art des Abwägens bei manchen ihrer Handlungen bewusst einkalkulierten: Vieles in diesem Leben galt als Sünde vor dem Herrgott, obwohl der Betroffene es selbst eher als paradiesisch empfand. Da hieß es Kompromisse eingehen und schon im Diesseits einen kleinen Blick ins Paradies werfen, selbst auf die Gefahr hin, dass der Weg ins Himmelreich sich verzögerte und mit etwas größeren Unannehmlichkeiten gepflastert war.

Wahrscheinlich lag es an diesen Unannehmlichkeiten, sprich: am zu erwartenden Aufenthalt im Fegefeuer, dass sich die meisten Bayern in ihren letzten Stunden gar nicht so besonders auf den Übergang in die Ewigkeit freuten. Vielleicht konnten sie sich auch einfach nicht vorstellen, dass eine Steigerung des vorparadiesischen bayerischen Labens noch möglich sein sollte. Jedenfalls zeigen die Redewendungen dieses Kapitels, dass der Bayer früher keine Freude am Sterben hatte – eine Haltung, die ihre Nachkommen in der Regel immer noch teilen. Um den Übergang also etwas zu erleichtern und dem Tod seine dramatische Seite zu nehmen, versucht man es in Bayern nach wie vor mit einer gut abgewogenen Portion Humor: Sprüche rund ums Lebensende gehen mit dem Thema oft schelmisch bis offen scherzhaft um. Gut so – der Tod an sich ist ja traurig genug.

Ja, lebst du àà no? / Ja, lebst du auch noch?

Ja, lebt-s es àà no? / Ja, lebt ihr auch noch?

Ausruf der Überraschung, wenn man eine oder mehrere bekannte Personen nach langer Zeit – in der Regel zufällig – wieder trifft. Scherzhaft schwingt dabei der Gedanke mit, dass man gar nicht damit gerechnet hat, dass sie noch am Leben sind.

Iwàgeem – nimmer leem. / Übergeben – nicht mehr leben.

Die wirtschaftliche Situation eines Altbauern, der seinen Hof an die nächste Generation übergeben hatte, verschlechterte sich dadurch erheblich. Nicht nur, dass er auf dem Hof nichts mehr zu sagen hatte, er musste auch mit dem „Austrag" auskommen, den er sich für seine Altersversorgung ausbedungen hatte. Angesichts der meist geringen Ertragskraft der landwirtschaftlichen Anwesen konnte das nicht allzu viel sein. Austragsbauer und Austragsbäuerin hatten deshalb zunehmend das Gefühl, nur noch eine Belastung für den jungen Bauer und seine Familie zu sein, die schon auf ihr Ableben warteten.

Nix is ürger, ois wià auf àn Ast hockà und wartn miàssn, bis à dürr is. / Nichts ist schlimmer, als auf einem Ast zu sitzen und warten zu müssen, bis er vertrocknet ist.

Hier wird die gleiche Situation wie beim vorhergehenden Spruch geschildert, allerdings aus der Sicht des designierten Hoferben. Dieser kann es kaum erwarten, bis er Herr auf dem Bauernhof wird. Besonders schwer ist diese Wartezeit zu ertragen, wenn die vorhergehende Generation die Übergabe ungewöhnlich lange hinauszögert.

Der håt d'Soi nåch der Zwerch drin. / Bei dem befindet sich die Seele schräg bzw. diagonal im Körper.

Wie so vieles andere Überirdische stellte sich die Volksfrömmigkeit früher auch die Seele als etwas durchaus Materielles vor. Hing jemand sehr zäh am Leben, dann ging man davon aus, dass die Seele den Weg aus dem Körper nicht fand oder bei dessen Verlassen behindert wurde – wie manche Babys, die man wegen ihrer ungünstigen Lage im Mutterleib mit Hilfsmitteln auf die Welt bringen muss.

Wuist ausgricht wern, na muàßt heiràn, wuist globt wern, na muàßt sterm. / Willst du, dass man schlecht über dich redet, dann musst du heiraten, willst du gelobt werden, dann musst du sterben.
Bayerische Lebenserfahrung: Vor allem auf dem Dorf, wo jeder jeden kennt, wurde vor und bei jeder Hochzeit u. a. gern darüber spekuliert, mit wem Hochzeiter und Hochzeiterin vor ihrer Liaison anderweitige „Techtlmechtl" (Liebschaften) hatten. Auch jede sonstige potenziell skandalöse Information wurde mit Vorliebe heftig diskutiert. Ganz anders bei einer Beerdigung: Offiziell jedenfalls hörte man dann nur das Beste über den Verstorbenen.

'S Sterm ham scho so vui überstandn, na werd's uns àà net umbringà. / Das Sterben haben schon so viele Leute überstanden, da wird es uns auch nicht umbringen.
Die Erwartung, dass einen das Sterben nicht umbringt, könnte der Hoffnung auf das anschließende ewige Leben entspringen. Nachdem aber auch fromme Bayern daran gewisse Zweifel haben, dürfte es sich hier eher um die bayerische Form schwarzen Humors handeln.
'S Sterm hebt mà se bis ganz auf d'Letzt auf. / Das Sterben hebt man sich bis ganz zum Schluss auf.
Wir wollen jetzt noch nicht ans Sterben denken, das kommt erst ganz am Ende und bis dahin dauert es hoffentlich noch lange.

Wenn des Sterm net åbgschafft werd, na kemà mir à d'Letzt àà no dro. / Wenn das Sterben nicht abgeschafft wird, dann kommen wir am Ende auch noch dran.
Man sollte die Hoffnung, dass das Sterben abgeschafft wird, nie ganz aufgeben. Eine sarkastische Bemerkung, die man vorwiegend bei Trauerfeiern hört.

Der Dout is mà über's Gråb gloffà. / Der Tod ist mir über das Grab gelaufen.
Ich hatte ein Gefühl, als ob der Tod über mein Grab gelaufen wäre. Es hat mich ein Schauer überfallen. Mir ist es vor Schreck kalt über den Rücken gelaufen.

Wenns zon Sterm is, muàßt àà Dàwei håm. / Wenn es ans Sterben geht, wirst du dir dafür auch Zeit nehmen müssen.

Diesen Spruch hält man Leuten entgegen, die es immer eilig haben und denen ständig die Zeit davon rennt. Spätestens wenn es ans Sterben geht, ist mit der Hektik Schluss. Das bairische Wort „Dàwei" (Derweil) steht für die Zeit.

Ja mei, mir miàssn ålle àmoi sterm. / Ach ja, wir müssen alle einmal sterben.
Diese Erkenntnis ist zwar kein wirklicher Trost angesichts der Endlichkeit unseres irdischen Daseins, sie gibt uns aber die Gewissheit, dass es zumindest in diesem existenziellen Punkt gerecht zugeht.
Diese Wendung benutzt man nicht nur in ernsten und traurigen Momenten, sondern auch wenn sie gar nicht erwartet wird: Beschwert sich z. B. ein Gast über eine tote Fliege in seiner Suppe, kann ihn der Wirt mit dem Spruch davon überzeugen, dass dies der Weg alles Irdischen und deshalb kein Grund zur Klage sei.

'S Oiddà bringt d'Leit um. / Das Alter bringt die Menschen um.
Eine Binsenweisheit: Mit zunehmendem Alter kommt der Tod näher.

Bist schaugst, bist hi. / Bis du dich umschaust, bist du tot.
Das Leben ist schneller um, als du denkst.

Lass de do eigråm. / Lass dich doch eingraben.
Lass dich doch beerdigen. Ein Ratschlag für einen langweiligen Menschen, der nur herumsitzen, sich nicht bewegen will und sämtliche Vorschläge für eine unterhaltsame Freizeitgestaltung ablehnt. So einen nennt man in Bayern „Loàmsiàder" (Leimsieder). Nachdem er die schönen Seiten des Lebens nicht genießen möchte, kann er sich die Blumen doch gleich von unten anschauen.
Alternativ kann man einer solchen faden Person auch raten:
Lass de do eiglåsn. / Lass dich doch einglasen.
Lass dich doch in einer Glasvitrine ausstellen.
Lass de do eirahmà. / Lass dich doch einrahmen.
Lass dich doch als Gemälde ausstellen.
Lass de do eisoizn. / Lass dich doch einsalzen.
Lass dich doch durch Einsalzen haltbar machen.

Wer bloß in Gruàm neischaugt, der siegt àn blauà Himme net. / Wer nur in die Grube blickt, der sieht den blauen Himmel nicht.

Mit der „Gruàm“ (Grube) ist das offene Grab gemeint. Wer seinen Blick nur in diese „Gruàm“ richtet, ist jemand, der blind für die schönen Seiten des Lebens ist, obwohl er davon umgeben ist (heute nennt man diesen Zustand Depression). Würde er öfter einen Blick nach oben riskieren, könnte er sich am strahlend blauen Himmel und der Schönheit der Welt erfreuen und seine trübe Miene hoffentlich gegen ein kleines Lächeln tauschen.

Wer is gstorm? / Wer ist gestorben?

Beim täglichen Treffen der „Dorfràtschn“ (Klatschweiber; wobei hier auch die seltenere männliche Sorte der „Ràtschn“ inkludiert ist) werden vor allem Informationen darüber ausgetauscht, wer schwanger ist, wer wen heiraten wird, wer fremdgeht und wer gestorben ist. Da Letzteres mit zuverlässiger Regelmäßigkeit vorkommt, kann man nach kurzer körperlicher oder geistiger Abwesenheit mit obiger Frage leicht wieder ins Gespräch einsteigen. Gemeint ist damit allerdings meistens etwas weniger konkret: „Was hast du gesagt? Ich habe dich nicht verstanden.“

Der Kerl is's net wert, dass eàhm 's Wei gstorm is. / Der Kerl ist es nicht wert, dass ihm die Frau gestorben ist.

Diese Wendung beschreibt ein unbeliebtes Ehepaar: sie ein böses Weib, ein Hausdrache, er ein arbeitsscheuer Taugenichts. Normalerweise würde man sich für jeden Ehemann freuen, der durch ihr plötzliches Ableben von seiner unangenehmen Frau befreit wird, dieser Kerl hat es aber nicht verdient, dass ihn seine Frau nicht mehr drangsaliert.

Net um's Vàrreckà! / Nicht ums Verrecken!

Net um's Sterm! / Nicht ums Sterben!

Net um vui Goid! / Nicht um viel Geld!

Nicht um alles in der Welt werde ich dieses oder jenes tun. Du kannst mir bieten, was du willst, sogar ein ewiges Leben – ich gebe nicht nach, ich komme dir nicht entgegen.

Der drågt sei Soi scho unter der Irxn. / Der trägt seine Seele schon unter der Achsel.

Dem nackelt d'Soi scho. / Dem wackelt die Seele schon.

Dem hängt d'Soi scho raus. / Dem hängt die Seele schon heraus.

Diese drei Sprüche haben dieselbe Bedeutung: Der wird nicht mehr lange leben, sein letztes Stündlein wird bald schlagen.

Der Huàwà liegt scho auf der Freidhofsmauer, er foit eher nei ois naus. / Der Huber liegt schon auf der Friedhofsmauer, er fällt eher hinein als heraus.
Bildhafte Beschreibung eines älteren Herrn, der dem Tod so schnell nicht mehr von der Schippe springt.
Der „Freidhof" ist die alte bairische Variante des Friedhofs. Schon damals ging es aber um den ewigen Frieden, den die Seele an diesem Ort finden sollte, und nicht um die – sehr ähnlich klingende – Freude, die z. B. so mancher von seiner Ehefrau malträtierter Mann empfand, nachdem die alte Giftnudel endlich in der geweihten Erde verschwunden war.

I wer net gsund, bis mà mir 's Freidhofskout überlegt. / Ich werde nicht gesund, bevor man mich mit Friedhofserde zudeckt.
Nur besonders hartgesottene Mitmenschen werden über den Tod einen solchen Scherz machen können, wenn er schon kurz bevorsteht. „Kout" (auch „Koàt") ist die alte Bezeichnung für lockere Erde, sie hat nichts mit menschlichem oder tierischem Kot zu tun.

Jetz sàn d'Wåå gscheil brochà. / Jetzt sind die „Waagscheitl" gebrochen.
Die „Wåågscheitl" sind Teil der Anspannvorrichtung bei Zugtieren. Wenn sie brechen, ist das Fahrzeug nicht mehr fahrtüchtig. Ein Mensch, bei dem – im übertragenen Sinn – die „Wåågscheitl" gebrochen sind, ist nicht mehr lebensfähig und wird sterben.

Der hoit des letzte Moi aus der Mui. / Der holt das letzte Mehl aus der Mühle.
Wer das letzte Mehl aus der Mühle holt, der liegt im Sterben.

Narràd wenn s'me machà, na stirb e überhaupts net. / Wenn sie mich wütend machen, dann sterbe ich überhaupt nicht.
Wenn sie mich recht ärgern, dann werde ich alle überleben, dann wird es nichts mit der Erbschaft. So äußert sich eine im Sterben liegende Person, wenn sie mit ansehen muss, wie die Verwandten schon um die Verteilung der Erbschaft streiten.

I håb's eàhm in d'Hand nei versprechà miàssn. / Ich musste es ihm in die Hand versprechen.

Es war früher Ehrensache, dass man Versprechen, die per Handschlag besiegelt wurden, auch eingehalten hat. Es kam vor, dass ein Sterbender einen letzten Wunsch äußerte und man ihm per Handschlag versicherte, dass man ihn erfüllen wird. Darauf konnte sich der Sterbende verlassen und unbelastet die Reise ins Jenseits antreten.

Dem ham's d'Eisn rågrissn. / Dem haben sie die Eisen heruntergerissen.

Mit den „Eisen" sind hier die Hufeisen gemeint, die man toten Pferden abgenommen hat. Der Spruch wird auch auf Menschen bezogen, die das Zeitliche gesegnet haben.

Dem ham's d'Schaufe naufghaut. / Dem hat man die Schaufel draufgehauen.

Die ländliche Bevölkerung war früher nicht zimperlich. Ungeziefer wie Ratten oder Mäuse mussten bekämpft werden. Liefen sie einem Bauern oder Dienstboten über den Weg, so wurden sie mit der Schaufel erschlagen, wenn eine solche gerade greifbar war. Diese grobe Todesart wird in der vorliegenden Wendung wenig feinfühlig auch auf einen verstorbenen Menschen bezogen.

Wenn dà Nachbar stirbt, is leicht vom Dout reen. / Wenn der Nachbar stirbt, kann man leicht über den Tod reden.

Wenn man nicht selbst der Betroffene ist, dann ist der Verlust nicht so schmerzlich.

Bein Dout konnst de duckà wiàst wuist, der màht ziemle diàf. / Beim Tod kannst du dich ducken wie du willst, der mäht ziemlich tief.

Der Tod wird häufig als Sensenmann dargestellt, der die Seelen abmäht wie der Bauer das Getreide. Er mäht sehr tief, also ganz knapp über der Erde. Seine Opfer haben keine Chance, ihm zu entkommen, auch wenn sie sich noch so klein machen.

Sehr eindrucksvoll ist der „Dout z' Äding" (Tod zu Altötting), eine kleine Statue in der Stiftspfarrkirche im oberbayerischen Wallfahrtsort Altötting, die den Sensenmann darstellt und sich im Schwung des Mähens hin und her bewegt. Der Legende nach stirbt mit jedem Schwung der Figur – etwa alle zwei Sekunden – auf der Welt ein Mensch.

Angesichts der in den letzten Jahrzehnten stark gewachsenen Weltbevölkerung müsste man diesen Wert entweder aktualisieren oder die Mähgeschwindigkeit des Sensenmanns anheben.

Liàwà fünf Minutn feig ois wià-r-à Leem lang doud! / Lieber fünf Minuten feige als ein Leben lang tot!
Ein Plädoyer dafür, nicht den Helden zu spielen, sondern im Gefahrenfall lieber das Weite zu suchen, statt sich in einen aussichtslosen Kampf zu stürzen.

Der Dout ghert zum Lem; wenns'n net scho gàb, miàssàd mà'n aufbringà. / Der Tod gehört zum Leben; wenn es ihn nicht schon gäbe, müsste man ihn erfinden.
Ewiges Leben kommt schon deshalb nicht in Frage, weil dies nach kurzer Zeit zur totalen Übervölkerung der Erde führen würde. Der Spruch war bereits zu einer Zeit gebräuchlich, als man noch nicht ahnte, dass die demografische Entwicklung trotz der Existenz des Todes schon in sehr naher Zukunft zu massiven Problemen und Verteilungskämpfen führen würde.

Des war heit à druckàne Leich. / Das war heute eine trockene Beerdigung.
Als „Leich" bezeichnet man in Bayern die gesamte Bestattungszeremonie einschließlich Leichenmahl. Eine trockene „Leich" kann dabei eine Beerdigung sein, bei der keine Tränen fließen, oder aber ein Leichenmahl, bei dem es wenig zu Trinken, vor allem kein Freibier gab.

Wenn à Brootz stirbt, làffà b'Fresch zamm, aber wenn à Froosch stirbt, kimmt koà oànziger Brootz. / Wenn eine Kröte stirbt, laufen die Frösche zusammen, aber wenn ein Frosch stirbt, kommt keine einzige Kröte.
Das Wort „Brootz" hat im Bairischen zwei Bedeutungen: 1) eine große Kröte, 2) ein reicher Mensch, der mit seinem Besitz prahlt (protzt).
Hier liegt also ein Wortspiel vor: Zur Beerdigung eines reichen, bedeutenden Menschen erscheinen aus Respekt vor dem Ansehen des Verstorbenen zu Lebzeiten auch viele arme Mitbürger, während im umgekehrten Fall kaum ein angesehener Bürger zum Begräbnis eines armen Schluckers geht.

Dir geh i àmoi net auf d'Leich. / Dir gehe ich eines Tages nicht auf die Beerdigung.

Wir zwei sind geschiedene Leute. Das werde ich zu gegebener Zeit auch dadurch zum Ausdruck bringen, dass du ohne mich in der Friedhofserde verbuddelt wirst.

Wås nutzt mir à scheene Leich, wenn i den Doudn spuin muàß? / Was nützt mir ein schönes Begräbnis, wenn ich den Toten spielen muss?

Bei meinem eigenen Begräbnis ist es mir kein besonderes Anliegen, ob es schön begangen wird. Dies ist zwar ein durchaus nachvollziehbarer Standpunkt, trotzdem legen viele Menschen großen Wert darauf, dass sie mit einer angemessenen Feier verabschiedet werden. Früher war es vor allem für den großen Bauern ausnehmend wichtig, dass man seine Bedeutung auch am hohen Aufwand für die Beerdigung und das Leichenmahl ablesen konnte.

Der håt àà oiwà gmoànt, dass er beim Woit-Abbrechà dabei sei derf. / Der hat auch immer gemeint, dass er beim Abbrechen der Welt dabei sein darf.

Nach der christlichen Religion wird es ein Ende der Welt geben, den „Jüngsten Tag". In Bayern stellt man sich dieses große Finale offenbar vor wie den Abbruch eines Gebäudes. Es gibt Mitmenschen, die noch im hohen Alter Pläne für eine lange Zukunft schmieden. Ihnen unterstellt man, dass sie ihren Aufenthalt auf dieser Erde bis zum Jüngsten Tag ausdehnen möchten und fest davon ausgehen, dieses Großereignis auch noch mitzuerleben. Werden sie dann doch vor diesem Tag zu Grabe getragen, kann man den Spruch aus dem Mund von so manchem Trauergast hören.

EPILOG

Das Bairische in anderen Sprachen

Zweideutigkeiten scheinbar fremdsprachlicher Texte

Eine Reihe bairischer Ausdrücke haben starke Ähnlichkeit mit einigen Begriffen aus anderen Sprachen. Liest man einen solchen geschriebenen Text nur stumm, erkennt man oft seine bairische Bedeutung nicht auf den ersten Blick. Spricht man die Zeichen allerdings laut aus, wird schnell klar, was gemeint ist – und dass es sich hier nicht um eine fremde Sprache, sondern um das vertraute Bairisch handelt.

Dies gilt vor allem für lateinisch klingende Passagen – vielleicht deshalb, weil Bayern schon einmal für längere Zeit von den alten Römern besetzt war. In so manchem heutigen Bayer muss noch mehr römisches Erbe stecken, als er oder sie wahrhaben möchte, denn die folgenden Sprüche gehen den Dialektliebhabern sehr leicht von der Zunge:

Lex mihi Mars! / Leckts mi im Arsch!

Dieser Satz lautet richtig übersetzt: Mein Gesetz ist der Krieg (Mars als Kriegsgott). Er erinnert phonetisch sehr stark an das berühmte Götz-Zitat, das bei Goethe folgendermaßen zu lesen ist: „Er kann mich im Arsche lecken."

Per aspera ad astra. / Vom Asperagus zu den Astern.

Übersetzungsversuch eines Gärtnersohnes. Korrekt müsste es allerdings heißen: Über raue Pfade zum Licht.

Requiescat in pace. / Requiescat der Bàzi.

Dieser lateinische Spruch bedeutet: Ruhe in Frieden. Mit ihm beendete früher der Pfarrer jede Beerdigung. Das einfache Volk – des Lateinischen nicht mächtig – verstand die Formel nur zu gern falsch – jedenfalls bei der Beerdigung eines ortsbekannten Schlitzohrs, bairisch „Bàzi": „Requiescat der Bàzi." (Es ruhe der Lump.)

Summa Summarum. / Der Summer, der Summer ist rum.

Wörtlich aus dem Lateinischen übertragen: alles zusammengerechnet. Die Floskel ist im deutschen Sprachgebrauch ein Synonym für „alles in allem", oder „insgesamt" und wird wegen der phonetischen Nähe zum bairischen „Summer“ (Sommer) von Dialektsprechern gern ein wenig verballhornt.

Umgekehrt könnte auch das Bairische die lateinische Sprache um einige Redewendungen bereichern – wenn letztere nicht schon längst ausgestorben wäre. Aber Vorsicht: Eine korrekte Übersetzung bringt hier keine Erhellung, man hat es nur mit scheinbarem Latein zu tun. Lehrer an humanistischen Gymnasien, dem letzten Hort der antiken Kommunikationsmittel, werden an den folgenden Sprüchen wohl keine Freude haben.

Mare, tradantum. /Mare, dràh d'Ànt' um

Maria, dreh die Ente (im Bratrohr) um.

Oder ähnlich:

Mare, vantantum prozenta. / Mare, wend' d'Ànt' um, bråt's ent àà.

Maria, wende die Ente, brate sie auch auf der anderen Seite.

Res tua themata rei simi(l)is. / Rääs, duà d'Hemàdà rei, sieme is.

Therese, tue die Hemden herein, es ist sieben Uhr.

Vena laus amoris, pax, d(r)ux, garis. / Wenn à Laus am Ohr is, pack's, druck's, går is.

Wenn du eine Laus am Ohr hast, pack sie, (zer)drücke sie, aus ist es (mit der Laus).

Auch wenn das Bairische dem Lateinischen besonders verbunden ist, haben auch andere Sprachen geradezu erstaunliche Anklänge des vermutlich schönsten aller Dialekte:

I bin der Burger-King. / Ich bin der König der Bürger.

So stellte sich ein bayerischer Bürgermeister einmal einer amerikanischen Besuchergruppe vor.

Der Wisch

Arabisches Wort für „Schulzeugnis“.

Hell Sinki

Sonnenuntergang auf Finnisch

Recht weit viri-leinen / Recht weit vorlehnen

Finnischer Skispringer

Lars Tragl / Leerer Bierträger (Bierkasten)

Dänischer Minister gegen Alkoholmissbrauch

Olga Preschowa! / Olga, presch åwà!

Olga, presch runter! – Russische Skifahrerin mit Spezialgebiet Abfahrt.

Bevor wir dieses Buch beenden, hier noch ein Vers, den früher oft der Hochzeitslader am Ende einer bayerischen Hochzeitsfeier zum Besten gegeben hat – und dessen letzter Satz auch für Sie, liebe Leserinnen und Leser, gelten soll:

So, und jetz muàß i aufhern,
sunst dauert's nomoi à Stund.
Do hint wern's scho grànte.
Pfiat Eich God und bleibts gsund. /
So, und jetzt muss ich aufhören,
sonst dauert es nochmals eine Stunde.
Da hinten werden sie schon grantig.
Behüt euch Gott und bleibt gesund.

Und ganz zum Schluss noch ein passendes Gstanzl vom Roider Jackl:

Und wenns schneibt, na schneibts weiß
Und wenns gfriert, na machts Eis
Werd mà oid, verliert mà d'Håår
Und wenns aus is, is's går. /
Und wenn es schneit, dann schneit es weiß
Und wenn es friert, dann macht es Eis
Wird man alt, verliert man die Haar'
Und wenn's aus ist, ist's gar.

Quellenverzeichnis:

Baum, Karl: Aus Äbfe Amen, Schrobenhausen 2015.

Bekh, Wolfgang Johannes: Nur der Not koan Schwung lassn, München 2009.

Fendl, Josef: Nix wie lauter Sprüch, 7. Auflage, Pfaffenhofen 1984.

Fendl, Josef: Josef Fendls sprachlicher Firlefanz, 2. Auflage, Dachau 2000.

Fendl, Josef: Sprüche zum Gesundlachen, 4. Auflage, Dachau 2010.

Fendl, Josef: O du heiliger Strohsack, Dachau, 2012.

Gierl, Irmgard: Raritäten aus Schmellers Bayrischem Wörterbuch, Rosenheim 1974.

Höfer, Johann: Bairisch gredt, Bad Feilnbach 1995, Nachdruck 2002.

Kammermeier, Steffi: Von Abrahams Wurschtkessel bis zum Boandlkramer, Frankfurt 2011.

McCormack, R.W.B: Tief in Bayern, Frankfurt am Main 2002.

Retzer, Wugg: Der Stier von Pocking, München 1978.

Schmeller, Johann Andreas: Bayerisches Wörterbuch, 7. Nachdruck der von G. Karl Frommann bearbeiteten 2. Ausgabe München 1872 – 1877, München 2008.

Stadlbauer, Alfred Anton: Ergänzte Anmerkungen, ein Supplement zu Georg Queri: Kraftbayrisch, Jahrbuch der Johann-Andreas-Schmeller-Gesellschaft 2005 bis 2007, Bayreuth 2006.

Zehetner, Ludwig: Bairisches Deutsch – Lexikon der deutschen Sprache in Altbayern, 4. Auflage, Regensburg 2014.

Weitere Streifzüge durch die sprachlichen Eigenheiten Bayerns

Der „Grantler“ und der „Spitzbua“ dürften den meisten Bayern noch geläufig sein. Den „Loamsiader“, den „Trietschler“ und die „Matz“ hört man heutzutage nur noch selten und spätestens beim „Lattirl“ stößt man auch bei vielen Dialektkennern schon auf Unverständnis. Höchste Zeit, den bairischen Dialekt unter Artenschutz zu stellen! Nach seiner erfolgreichen Sammlung von bairischen Sprüchen, Redensarten und Lebensweisheiten nimmt sich Johann Rottmeir jetzt den Wörtern an, die es nur im Bairischen gibt. Unkompliziert und humorvoll, lebensnah und mit echtem Gebrauchswert – „sakrisch guat“ illustriert von Matthias Gwinner.

JOHANN ROTTMEIR
Bazi, Blunzn, Breznsoizer
Bairisch gredt von A bis Z
Hardcover, Schutzumschlag,
Leseband, 320 Seiten, 19,90 Euro

ISBN: 978-3-86222-184-4

Warum heißt es „oans, zwoa, drei“ und nicht „oans, zwoa, droa“? Dieses Buch ist ein heiterer Streifzug durch die bairische Sprache und ihre Geschichte. Gerald Huber will Bewusstsein und Selbstbewusstsein stiften bei Bayern, die bislang glaubten, ihre Sprache sei bloß eine verdorbene Variante des „richtigen“ Deutschen. Er erklärt, warum Bairisch das eigentliche – und natürlich das bessere – Hochdeutsch ist.

GERALD HUBER
Hubers bairische Wortkunde
Wissen woher Wörter kommen.
Hardcover, Schutzumschlag,
Leseband, 216 Seiten, 19,90 Euro

ISBN: 978-3-86222-107-3